beck'sche reihe

bsr

In der globalisierten Welt der Gegenwart lässt sich Geschichte nicht mehr so selbstverständlich wie früher auf die Geschichte einzelner Länder beschränken. Stattdessen hat das Interesse an grenzüberschreitenden Prozessen und globalen Verflechtungen sprunghaft zugenommen. Wie aber schreibt man Globalgeschichte und was ist ihr Gegenstand? Geht es um die Geschichte des gesamten Planeten? Um die Geschichte der menschlichen Spezies, gar um «Big History», die Zeit seit dem Urknall? Oder handelt es sich eher um eine bestimmte Perspektive, anhand derer auch die Geschichte eines kleinen Dorfes untersucht werden kann? Welche Fragen lassen sich in globaler Perspektive besser beantworten, welche Zusammenhänge kommen dadurch erst in den Blick? Sebastian Conrad, neben Jürgen Osterhammel wohl der bekannteste Vertreter der Globalgeschichte in Deutschland, führt in die wichtigsten Fragen und Themen, aber auch die Herausforderungen und die Kritik an der Globalgeschichte ein und zeigt, dass das Denken in globalen Horizonten keineswegs eine neue Erfindung ist – und auch keine Errungenschaft des Westens allein.

Sebastian Conrad ist Professor für Neuere Geschichte an der Freien Universität Berlin. Bei C.H.Beck sind von ihm erschienen: *Globalisierung und Nation im deutschen Kaiserreich* (2. Auflage 2010); *Deutsche Kolonialgeschichte* (2. Auflage 2012).

Sebastian Conrad

GLOBALGESCHICHTE

Eine Einführung

C. H. Beck

Originalausgabe

Satz, Druck und Bindung: Druckerei C.H.Beck, Nördlingen
Umschlagabbildung: Weltkarte von Henricus Hondius, Amsterdam 1630
© akg-images
Umschlagentwurf: + malsy, Willich
Printed in Germany
ISBN 978 3 406 64537 2

www.beck.de

INHALT

1 EINLEITUNG

«Alle Historiker sind heutzutage Welthistoriker», hat C. A. Bayly ein wenig provokant formuliert, um noch hinzuzufügen: «auch wenn vielen von ihnen das noch nicht bewusst ist.»[1] Tatsächlich kann kein Zweifel daran bestehen, dass Welt- oder Globalgeschichte gegenwärtig Konjunktur hat. In den Vereinigten Staaten ist sie seit 1990 das am schnellsten wachsende Feld innerhalb der historischen Disziplin.[2] Auch in Europa sowie in Teilen Asiens, insbesondere in Japan und China, ist Weltgeschichte auf dem Vormarsch und entwickelt sich zu einem Bereich, der besonders bei jüngeren Historikern regen Zuspruch findet. Zeitschriften und Fachkongresse schießen aus dem Boden, und Projektanträge kommen ohne Verweis auf globale Dimensionen kaum mehr aus. Aber macht diese Konjunktur bereits aus jedem Historiker einen Globalhistoriker? Was für eine Globalgeschichte ist dann damit gemeint? Und warum heute?

Die Gründe für den Boom der Globalgeschichte sind vielfältig. Zu den innerakademischen Ursachen gehört die Unzufriedenheit mit der lange Zeit verbreiteten Tendenz, nationale Geschichten als Geschichte in sich abgeschlossener Räume

1 C. A. Bayly, *The Birth of the Modern World, 1780–1914*, Oxford (Blackwell) 2004, 469. Deutsch: *Die Geburt der modernen Welt. Eine Globalgeschichte 1780–1914*, Frankfurt am Main (Campus) 2006.

2 Roxann Prazniak, Is World History Possible? An Inquiry, in: Arif Dirlik, Vinay Bahl und Peter Gran (Hg), *History After the Three Worlds: Post-Eurocentric Historiographies*, Lanham MD. (Rowman & Littlefield) 2000, 221–239; Philipp Curtin, Graduate Teaching in World History, *Journal of World History* 2 (1991), 81–89.

zu konzipieren. Diesem hermetischen Zugriff wollten vergleichend und transfergeschichtlich arbeitende Historiker schon länger entgegenwirken.[3] Hinzu kommen gesellschaftliche Erwartungen, darunter die Anforderungen der Schulkurrikula, vor allem in den Vereinigten Staaten. Vor dem Hintergrund der Einwanderungsprozesse und der Identitätspolitik ethnischer Minderheiten hat das Konzept der Weltgeschichte hier eine wichtige politische Funktion übernommen und die frühere Beschäftigung mit *Western Civilization* abgelöst. Vor allem aber hat das Ende des Kalten Krieges das Interesse an weltweiten Prozessen deutlich ansteigen lassen. Die Debatte über die Globalisierung und ihre historischen Wurzeln hat der Notwendigkeit, die Vergangenheit aus einer globalen Perspektive zu betrachten, eine scheinbar unmittelbare Evidenz verschafft.[4]

Zudem hat das von der Computertechnologie geförderte Denken in Netzwerken der Geschichtswissenschaft wichtige Impulse gegeben.[5] Historiker haben es mit einer Vielzahl konkurrierender Geschichten zu tun und sehen in dieser Vielstimmigkeit ein Potenzial. Das Internet und erhöhte Mobilität haben die Vernetzung der historischen Forschung erleichtert und die Entstehung globaler Foren ermöglicht, wenngleich die Stimmen von Historikern aus den ehemals kolonisierten Ländern, jedenfalls von solchen, die nicht in der Diaspora leben, oft nur schwach vernehmbar sind. Aber auch in Westeuropa oder den Vereinigten Staaten ist noch keineswegs ausgemacht,

3 Heinz-Gerhard Haupt und Jürgen Kocka (Hg), *Comparative and Transnational History: Central European Approaches and New Perspectives*, New York (Berghahn Books) 2009.

4 Vgl. Anthony G. Hopkins (Hg), *Globalization in World History*, London (Pimlico) 2002; Thomas Bender (Hg), *Rethinking American History in a Global Age*, Berkeley (University of California Press) 2002.

5 John R. McNeill und Willliam H. McNeill, *The Human Web: A Birds-Eye View of World History*, New York (Norton) 2003.

ob eine so nachhaltig von der Nationalgeschichte geprägte Fachkultur wie die Geschichtswissenschaft institutionell bereit sein wird, sich für globalgeschichtliche Fragestellungen zu öffnen.[6]

Was ist Globalgeschichte? Erste Annäherung

Gewiss ist Globalgeschichte nicht der einzige oder der prinzipiell überlegene Ansatz der Geschichtswissenschaft, sondern zunächst einmal ein Ansatz unter vielen, der sich für bestimmte Themen und Fragestellungen mehr eignet als für andere. Im Mittelpunkt stehen grenzüberschreitende Prozesse, Austauschbeziehungen, aber auch Vergleiche im Rahmen globaler Zusammenhänge. Die Verflechtung der Welt ist dabei stets der Ausgangspunkt, und die Zirkulation von und der Austausch zwischen Dingen, Menschen, Ideen und Institutionen gehören zu den wichtigsten Gegenständen dieses Zugriffs.

In einer ersten, noch sehr allgemeinen Annäherung bezeichnet Globalgeschichte eine Form der historischen Analyse, bei der Phänomene, Ereignisse oder Prozesse in globale Kontexte eingeordnet werden. Damit ist nicht notwendigerweise gemeint, dass die Untersuchung auf den ganzen Erdball ausgedehnt wird; bei vielen Themen werden die Bezugspunkte begrenzter sein. Das heißt auch, dass die meisten globalgeschichtlichen Ansätze nicht versuchen, das etablierte nationalgeschichtliche Paradigma durch eine abstrakte Totalität der «Welt» zu ersetzen, also eine Totalgeschichte des Globus zu schreiben. Häufig geht es eher um die Geschichtsschreibung begrenzter, also nicht «globaler» Räume, aber doch mit einem Bewusstsein für globale Zusam-

6 Christopher Bayly, History and World History, in: Ulinka Rublack (Hg), *A Concise Companion to History*, Oxford (Oxford University Press) 2011, 13.

menhänge.[7] Die Reichweite globalgeschichtlicher Studien kann daher nach Thema und Fragestellung variieren – sie kann global sein, je nach Gegenstand oder Fragestellung, muss aber keineswegs immer die ganze Welt umfassen.[8] Globalgeschichtliche Perspektiven müssen daher auch nicht zwingend makrogeschichtlich ausgerichtet sein. Die spannendsten Fragen stellen sich häufig am Schnittpunkt globaler Prozesse und ihrer lokalen Manifestationen.

Wie sieht nun der Bezug zu globalen Zusammenhängen konkret aus? Idealtypisch kann man drei Formen – eine Geschichte mit globalem Horizont, eine Geschichte globaler Verflechtungen und eine Geschichte vor dem Hintergrund globaler Integration – voneinander unterscheiden. Zunächst einmal, erstens, beziehen sich historische Arbeiten zunehmend auf globale Kontexte als Referenzrahmen, ohne notwendigerweise diese Kontexte selbst konkret zu untersuchen. Man könnte analog an Lothar Galls Geschichte der Mannheimer Familie Bassermann denken, bei der niemand Zweifel hegen würde, dass sie nicht nur Familiengeschichte oder Mannheimer Lokalgeschichte, sondern einen Beitrag zur deutschen Geschichte darstellt – weil der Interpretationsrahmen Ereignisse und Prozesse umfasst, die für die deutsche Geschichte des 18. und 19. Jahrhunderts charakteristisch waren.[9] Ähnlich ließe sich sagen, dass Untersuchungen zur Arbeiterschaft in Buenos Aires, Dakar oder Sindelfingen zu einer globalen Geschichte der Arbeit beitragen können – nicht zuletzt, indem sie Studien zu ähnlichen Phänomenen wahrnehmen, etwa Dipesh Chakrabartys Buch zu Jutearbeitern in Ben-

7 Vgl. etwa Natalie Zemon Davis, Global History, Many Stories, in: Max Kerner (Hg.), *Eine Welt – Eine Geschichte? 43. Deutscher Historikertag in Aachen 2000*, München (Oldenbourg) 2001, 373–380.

8 Vgl. dazu auch Charles S. Maier, Consigning the Twentieth Century to History: Alternative Narratives for the Modern Era, *American Historical Review* 105 (2000), 807–831.

9 Lothar Gall, *Bürgertum in Deutschland*, Berlin (Siedler) 1989.

galen oder Frederick Coopers Werk zu den Hafenarbeitern in Mombasa, und sich von ihnen inspirieren lassen.[10] Ein solches globales Bewusstsein der Historiker – der Vergleich mit anderen Fällen, aber auch der Bezug auf eine Historiographie zu anderen Weltgegenden – wird zunehmend zum Normalfall werden.

Eine Form von Globalgeschichte im engeren Sinn ist das jedoch noch nicht. Dafür ist es nötig, zweitens, den Gegenstand ganz explizit in globale Kontexte einzuordnen. Das kann auf unterschiedliche Weise geschehen, etwa auch durch den Vergleich – jedenfalls dann, wenn dabei eine weltgeschichtliche Fragestellung verfolgt wird. Noch häufiger sind jedoch Arbeiten, die nach Verbindungen fragen, nach Interaktionen und Austausch. Die Reichweite dieser Beziehungen hängt wiederum vom Gegenstand und von der Fragestellung ab – in manchen Fällen wird man sich mit Handelsbeziehungen im Mittelmeer begnügen, in anderen Fällen reichen die kommerziellen Kontakte bis in den Indischen Ozean oder darüber hinaus. Die Verflechtung der Welt, die sich Jahrhunderte lang zurückverfolgen lässt, ist dann der Ausgangspunkt globalgeschichtlicher Untersuchungen.

Von diesem weiteren Verständnis – als Geschichte globaler Verflechtungen – lässt sich noch ein drittes, engeres Verständnis von Globalgeschichte unterscheiden. Während es grenzüberschreitenden Austausch immer gegeben hat, sieht diese Variante den Prozess globaler Integration als Voraussetzung einer Globalgeschichte im engeren Sinn an. Erst wenn die Welt politisch, ökonomisch und kulturell zu einer Einheit geworden ist, könne man davon sprechen, dass lokale Ereignisse von einem globalen Kontext geprägt sind – ein Kontext, der dann strukturell oder sogar systemisch verstanden wird. «Globalgeschichte ist», so

10 Vgl. Dipesh Chakrabarty, *Rethinking Working-Class History: Bengal 1890–1940*, New Haven (Yale University Press) 1987; Frederick Cooper, *On the African Waterfront: Urban Disorder and the Transformation of Work in Colonial Mombasa*, New Haven (Yale University Press) 1987.

hat Jürgen Osterhammel gesagt, «Interaktionsgeschichte innerhalb weltumspannender Systeme.»[11] Nicht nur globale Verbindungen, sondern Verbindungen unter Bedingungen global wirksamer Strukturen stehen dann im Mittelpunkt.

Ist Globalgeschichte also eher ein Gegenstand oder eine Perspektive? In erster Linie ist es das Letztere – also ein Zugriff, der bestimmte Aspekte und Zusammenhänge in den Vordergrund rückt. Man kann den Kulturkampf in Bayern im 19. Jahrhundert, um ein Beispiel zu nennen, lokalgeschichtlich betrachten, mit kulturgeschichtlicher oder geschlechtergeschichtlicher Fragestellung oder als Teil der deutschen Geschichte. Man kann ihn aber auch globalgeschichtlich einordnen und dann als Teil von Auseinandersetzungen zwischen dem liberalen Staat und den Kirchen verstehen, die im 19. Jahrhundert in vielen Teilen der Welt – in ganz Europa, aber auch in Lateinamerika oder Japan – geführt wurden; über unterschiedliche Kanäle standen diese Konflikte miteinander in Verbindung. Globalgeschichte ist also in erster Linie eine Perspektive, und sie stellt andere Dimensionen, andere Fragen in den Vordergrund.

Andererseits handelt es sich aber auch nicht nur um eine Perspektive: Denn für eine globale Kontextualisierung ist es häufig wichtig, sich über den Grad und den Charakter der Vernetzung der Welt Rechenschaft abzulegen. Der Börsencrash von Wien 1873 hatte einen anderen Stellenwert als die Wirtschaftskrisen 1929 und 2008 – weil der Grad der Vernetzung der Weltwirtschaft, aber auch die mediale Verflechtung in den 1870er Jahren noch nicht die gleiche Dichte erreicht hatten wie später. Insofern ist Globalgeschichte-als-Perspektive doch auch, häufig implizit, an Annahmen über die Prägekraft grenzüberschreitender Strukturen zurückgebunden.[12]

11 Jürgen Osterhammel, «Weltgeschichte». Ein Propädeutikum, *Geschichte in Wissenschaft und Unterricht* 56 (2005), 452–479, Zitat: 460.

12 Vgl. die sehr hilfreichen Überlegungen bei Jürgen Osterhammel, Globalizations, in: Jerry

Globalgeschichte ist gegenwärtig ein breiter Trend, der sowohl die Forschung als auch die Lehre erfasst hat. In globalgeschichtlich ausgerichteten Zeitschriften, Buchreihen sowie Tagungen und Konferenzen sind Foren des wissenschaftlichen Austauschs und der Forschungsdiskussion entstanden. Sie stehen nicht parallel zum Rest des Faches, sind kein Luxus, den man sich leisten können muss; das ist anders als noch im 20. Jahrhundert, als Weltgeschichte eine Beschäftigung arrivierter und meist älterer Historiker war. Heute sind bisweilen schon Qualifikationsarbeiten globalgeschichtlich ausgerichtet. Der Ansatz ist auch in der Lehre angekommen, in einzelnen Seminaren oder ganzen Studiengängen. Auffällig ist zudem, dass die Diskussion von ganz unterschiedlichen Bereichen vorangetrieben wird. Umwelt- und Wirtschaftshistoriker erheben den Anspruch auf globalgeschichtliche Einordnung ebenso wie Sozial- und Kulturhistoriker. Im Prinzip lässt sich eine globalgeschichtliche Perspektive mit allen Zugängen der Geschichtswissenschaft verbinden.

Weltgeschichte, transnationale Geschichte, Geschichte der Globalisierung

Auf dem akademischen Marktplatz konkurriert Globalgeschichte gegenwärtig mit einer Reihe anderer Ansätze, die ebenfalls versprechen, enge nationalgeschichtliche Deutungsmuster zu überwinden. In erster Linie handelt es sich dabei um Weltgeschichte, transnationale Geschichte sowie die Geschichte der Globalisierung. Um es gleich vorweg zu sagen: Bei allen Nuancen im Einzelnen sollte man sich mit einer scholastischen Feinunterscheidung zwischen ihnen nicht allzu lange aufhalten. Die genannten Paradigmen haben viel gemein; vor allem teilen sie

H. Bentley (Hg), *The Oxford Handbook of World History*, Oxford (Oxford University Press) 2011, 89–104.

das Ziel, historische Fragestellungen zu verfolgen, ohne sich durch die Grenzen von Nationalstaaten, von Imperien oder anderen Einheiten beschränken zu lassen. Damit unterscheiden sie sich von einem Großteil der Historiografie, die in den vergangenen 150 Jahren entstand, als die Geschichtswissenschaft eng mit dem Projekt der Nationalstaatsbildung verbunden war.[13] Wenn im Folgenden die Besonderheiten dieser Ansätze typologisch skizziert und ihre Unterschiede zu einer idealtypisch verstandenen Globalgeschichte betont werden, sollte ihre prinzipielle Koalitionsfähigkeit daher immer mitgedacht werden.

Weltgeschichte ist der älteste Begriff, dessen Verwendung ins 19. Jahrhundert zurückreicht; noch heute bezeichnet er in vielen Ländern ein Schulfach und bleibt daher relevant. Er wird meist für Darstellungen verwendet, die die ganze Welt umfassen oder doch große Regionen vergleichend betrachten. Ein typisches Beispiel ist David Landes' Geschichte des letzten Millenniums, eine Geschichte der Welt, die zugleich eine stark komparative Dimension enthält, indem sie unterschiedliche Großregionen miteinander vergleicht und nach Besonderheiten sucht, die den europäischen Aufstieg erklären sollen.[14] Der eurozentrische Blick, der nicht nur Landes' Buch, sondern viele frühere Deutungen der Weltgeschichte kennzeichnet, ist aber nicht a priori mit diesem Ansatz verbunden. Ähnliches gilt für das Verhältnis von Vergleich und Verflechtung – die neueren weltgeschichtlichen Arbeiten vergleichen nicht nur, sondern beziehen Interaktionen und Austausch ebenso mit ein.[15]

13 Vgl. die Position von Sven Beckert in: AHR Conversation: On Transnational History, *American Historical Review* 111 (2006), 1441–1464, bes. 1445–1446.

14 David Landes, *Wohlstand und Armut der Nationen. Warum die einen reich und die anderen arm sind*, Berlin (Pantheon) 1999.

15 Vgl. etwa Jerry Bentley, Cross-Cultural Interaction and Periodization in World History, *American Historical Review* 101 (1996), 749–770; ders., *Old World Encounters: Cross Cultural Contacts and Exchanges in Pre-Modern Times*, New York (Oxford University Press) 1993.

Wem die Makroperspektiven der Weltgeschichte nicht ausreichen, kann räumlich und zeitlich noch weiter ausholen. Das Feld der *big history*, propagiert von dem australischen Historiker David Christian und dem niederländischen Biochemiker und Sozialhistoriker Fred Spier, ist noch viel umfassender definiert und reduziert die herkömmliche Weltgeschichte – die in der Regel mit geschriebenen Dokumenten einsetzt – fast schon auf den Status einer Mikrogeschichte. Christian und Spier beginnen ihre Geschichte mit dem *Big Bang* und verfolgen die Entstehung des Sonnensystems, des Lebens auf der Erde und schließlich auch die letzten 5000 Jahre der Entwicklung des *homo sapiens* bis in das 21. Jahrhundert; selbst die Geschichte der menschlichen Spezies macht in diesem Makroentwurf nur einen kleinen Teil aus.[16] Daniel Smail wiederum hat das Konzept einer «Deep History» entwickelt, eine Art der «Neuro-Geschichte», durch die er rekonstruieren möchte, wie kulturelle Strukturen auf die Mechanismen und Muster physischer und neurologischer Systeme zurückwirken.[17] Andere Autoren wie Jared Diamond betonen die Rolle kontinentaler Achsen und klimatischer Breiten und gehen den Auswirkungen auf die menschliche Geschichte nach – bis hin zu konkreten Fragen wie der nach den Ursachen der Überlegenheit der spanischen Eroberer Lateinamerikas.[18] Schließlich haben auch Umwelt- und Klimahistoriker den Interpretationsrahmen weit zurückverlegt – durchaus in welthistorischer Absicht: «Wenn Globalisierung und globale Erwärmung tatsächlich aus sich überschneidenden

16 David Christian, *Maps of Time: An Introduction to Big History*, Berkeley (University of California Press) 2004; Fred Spier, *The Structure of Big History: From the Big Bang Until Today*, Amsterdam (Amsterdam University Press) 1996.

17 Daniel L. Smail, *On Deep History and the Brain*, Berkeley (University of California Press) 2008.

18 Jared Diamond, *Arm und Reich. Die Schicksale menschlicher Gesellschaften*, Frankfurt am Main (Fischer) 1999.

Prozessen geboren sind», hat zum Beispiel Dipesh Chakrabarty bemerkt, «stellt sich die Frage, wie wir sie in unserem Verständnis der Welt zusammenführen können.»[19]

Während der Begriff der Weltgeschichte meist eine Makroperspektive impliziert, zielt transnationale Geschichte auf Phänomene, die räumlich deutlich beschränkter sind – und für die der Begriff der Globalgeschichte auch anmaßend wirken könnte. Ganz allgemein formuliert geht es bei transnationaler Geschichte darum, Gesellschaften in ihren grenzüberschreitenden Verflechtungsbeziehungen zu untersuchen. Inwiefern war gesellschaftliche Dynamik geprägt durch Prozesse, welche die Grenzen der jeweiligen Gesellschaften transzendierten? Auch hier handelt es sich in erster Linie um einen heuristischen Zugriff, nicht um eine Methode. Er bringt es mit sich, dass der Rolle von Mobilität, von Zirkulation und Transfers besonderes Augenmerk geschenkt wird. Von der Geschichte internationaler Beziehungen unterscheidet sich der Ansatz dadurch, dass nicht nur die Außenbeziehungen von Ländern thematisiert werden, etwa die Diplomatie oder der Außenhandel, sondern dass danach gefragt wird, inwiefern externe Kräfte in die Gesellschaft hineinreichten und sie prägten. Darüber hinaus geraten transnationale Organisationen und Akteure – NGOs, Unternehmen, transnationale Öffentlichkeiten – in den Blick.[20]

19 Dipesh Chakrabarty, Das Klima der Geschichte. Vier Thesen, in: Harald Welzer, Hans-Georg Soeffner und Dana Giesecke (Hg), *Klimakulturen. Soziale Wirklichkeiten im Klimawandel*, Frankfurt am Main (Campus) 2010, 270–301, Zitat: 273.

20 Vgl. etwa die Überlegungen bei Jürgen Osterhammel, Transnationale Gesellschaftsgeschichte. Erweiterung oder Alternative?, *Geschichte und Gesellschaft* 27 (2001), 367–393; Michael Werner und Bénédicte Zimmermann, Vergleich, Transfer, Verflechtung. Der Ansatz der Histoire croisée und die Herausforderung des Transnationalen, *Geschichte und Gesellschaft* 28 (2002), 607–636; Gunilla Budde, Sebastian Conrad und Oliver Janz (Hg), *Transnationale Geschichte. Themen, Tendenzen und Theorien*, Göttingen (Vandenhoeck & Ruprecht) 2006; Patricia Clavin, Defining Transnationalism, *Contemporary European History* 14 (2005), 421–439; Pierre-Yves Saunier und Akira Iriye (Hg), *The Palgrave Dictionary of Transnational History: From the Mid-19th Century to the Present Day*, Basingstoke (Palgrave Macmillan) 2009.

In der Praxis sind die Beziehungen zwischen transnationalen und globalen Perspektiven sehr eng. Wer gleichwohl an einer Feindifferenzierung interessiert ist, würde darauf verweisen, dass sich viele Untersuchungen zur transnationalen Geschichte auf Austauschprozesse zwischen zwei Gesellschaften konzentrieren. Diese bilaterale Struktur führt bisweilen dazu, dass darüber hinausreichende (globale) Zusammenhänge nicht in den Blick kommen; darin liegt eine Grenze transfergeschichtlicher Arbeiten. Eine andere Kritik richtet sich auf die konzeptionelle Rückbindung an die Nation. Ohne analytische Sensibilität für die große Prägekraft des Nationalstaats in vielen Bereichen historischer Wirklichkeit, so das Argument, erscheint auch eine transnationale Perspektive wenig sinnvoll.[21] Doch wird, so lautet die Gegenposition, dadurch nicht an genau jener Einheit festgehalten, die eigentlich überwunden werden soll? Darüber hinaus würde ein solcher Zugriff transnationale Perspektiven auf die Frühe Neuzeit, vor der Gründung von Nationalstaaten, schon terminologisch unmöglich machen.[22] Und schließlich: Auch in der modernen Welt waren Nationalstaaten lange Zeit eine Ausnahmeerscheinung – selbst Frankreich, für viele geradezu die Inkarnation eines modernen Nationalstaats, war bis 1962 ein Imperium.[23] Eine zu enge Auslegung des Begriffs «transnational» würde ihn also fast unbrauchbar machen – und ihm, angesichts der späten Nationalstaatsbildung in vielen Teilen der Welt, zugleich eine eurozentrische Schieflage geben. Ei-

21 Vgl. insbesondere Kiran Klaus Patel, *Nach der Nationalfixiertheit. Perspektiven einer transnationalen Geschichte*, Berlin (Humboldt Universität) 2004.

22 Vgl. Martin Krieger, «Transnationalität» in vornationaler Zeit? Ein Plädoyer für eine erweiterte Gesellschaftsgeschichte der Frühen Neuzeit, *Geschichte und Gesellschaft* 30 (2004), 125–136.

23 Vgl. Frederick Cooper, Provincializing France, in: Ann Laura Stoler, Carole McGranahan und Peter Perdue (Hg), *Imperial Formations*, Santa Fe (School of American Research Press) 2007, 341–377.

nige Autoren haben versucht, diesen begrifflichen Engpässen durch alternative Formulierungen – transregional, translokal – Rechnung zu tragen.[24] Es ist daher sinnvoll, mit *transnational* nicht nur auf einen Gegenstandsbereich oder spezifischen historischen Kontext (das Vorhandensein moderner Nationalstaaten) zu verweisen, sondern auch eine methodische Aussage zu machen: Es geht dann darum, den herkömmlichen nationalstaatlich (oder eben imperial) formatierten Untersuchungsrahmen zu überschreiten, und das heißt methodisch: über im Kern internalistische Analysen hinauszugehen.[25]

Schließlich ist die Geschichte der Globalisierung zu nennen – also die Geschichte zunehmender Vernetzung und Verflechtung im Weltmaßstab. Nachdem der Begriff zunächst vor allem bei Wirtschaftshistorikern Verwendung fand, ist die Geschichte der Globalisierung seit etwa der Jahrtausendwende auch jenseits der Frage nach der Entstehung eines Weltmarktes zu einem legitimen Gegenstand der Geschichtsschreibung geworden. Zahlreiche innovative Untersuchungen arbeiten mit diesem Begriff und versuchen, ihn für historische Analysen fruchtbar zu machen.[26] Hier sind die Austauschbeziehungen und Interaktionen zwischen Regionen und Gesellschaften nicht nur der Hintergrund und Kontext, sondern der eigentliche Gegenstand der Analyse.[27]

24 Ulrike Freitag und Achim v. Oppen (Hg), *Translocality – The Study of Globalising Phenomena from a Southern Perspective*, Leiden (Brill) 2010.

25 Vgl. hier die Bemerkung von Isabel Hofmeyer in: AHR Conversation: On Transnational History, *American Historical Review* 111 (2006), 1441–1464, 1444.

26 Vgl. Michael D. Bordo, Alan M. Taylor und Jeffrey G. Williamson (Hg), *Globalization in Historical Perspective*, Chicago (University of Chicago Press) 2003; Anthony G. Hopkins, *Globalization in World History*; Jürgen Osterhammel und Niels P. Petersson, *Geschichte der Globalisierung. Dimensionen, Prozesse, Epochen*, München (C. H. Beck) 2003; Michael Lang, Globalization and its History, *Journal of Modern History* 78 (2006), 899–931.

27 Vgl. auch die Überlegungen bei Osterhammel und Petersson, *Geschichte der Globalisierung*, 10–15.

Das Konzept der Globalisierung ist theoretisch vage und relativ unbestimmt. Es macht wenige Annahmen über die Qualität des historischen Wandels, und es bleibt unklar, ob Globalisierung die Ursache oder vielmehr die Folge eines grundlegenden historischen Prozesses darstellt. Auch die Datierung des Phänomens ist umstritten. Historiker wie Bruce Mazlish knüpfen an eine präsentistische Sicht auf Globalisierung an, die erst um 1970 eingesetzt habe, und postulieren eine *new global history*, die sich ganz auf diese Epoche konzentriert.[28] Die meisten Historiker nehmen hingegen an, dass der Prozess deutlich länger in die Vergangenheit zurückverfolgt werden kann. Aber wie immer man Globalisierung definiert: Globalgeschichte lässt sich nicht mit Globalisierungsgeschichte gleichsetzen. Vielmehr ist die Geschichte der Globalisierung nur ein Teilgebiet mit einer ganz spezifischen Fragestellung. Der Bereich der Globalgeschichte hingegen ist viel weiter gefasst und lässt sich auch nicht auf ein teleologisches Narrativ der immer größeren Vernetzung festlegen.[29]

Elemente der Globalgeschichte

Ein pragmatisches Verständnis von Globalgeschichte kann also an die Vielzahl eben skizzierter Ansätze anknüpfen, mit denen es zahlreiche Überschneidungen und gemeinsame Fragestellungen gibt. Hinzu kommt, dass eine ganze Reihe von Themen, die gegenwärtig globalgeschichtlich aufgearbeitet werden, schon länger im Visier der Historiker standen: etwa die Migration, die Geschichte des Handels oder des Kolonialismus. Der Impuls, grenzüberschreitende Phänomene zu untersuchen, ist also nicht

28 Vgl. Bruce Mazlish, Comparing Global History to World History, *Journal of Interdisciplinary History* 28 (1998), 385–95; Bruce Mazlish, *New Global History*, London (Routledge) 2006.

29 Vgl. Osterhammel, Globalizations.

neu. Wenn es doch so etwas wie eine Spezifik des Projekts Globalgeschichte gibt, dann zeichnet es sich durch eine doppelte Stoßrichtung aus: die wissenschaftspolitische Frontstellung und eine methodische Präferenz.

Erstens ist das Plädoyer für Globalgeschichte immer auch ein Absetzmanöver. Mit ihm positionieren sich Historiker gegen andere Ansätze der Geschichtswissenschaft – und gegen eine langjährige Praxis. Ohne die lange währende Fixierung auf die Kategorie der Nation bestünde schließlich gar nicht die Notwendigkeit, sich die Abkehr von internalistischen Erklärungsansätzen auf die Fahnen zu schreiben. Sobald dieser Schritt einmal akzeptiert ist – «die Vergangenheit» hört nicht wie selbstverständlich an den Grenzen einzelner oder mehrerer Nationen, Gesellschaften oder kultureller Zusammenhänge auf –, könnte man auch einfach von «Geschichte» sprechen. Das Projekt der Globalgeschichte hat insofern eine polemische Dimension.

Es zielt zugleich auf eine Veränderung der Organisation und institutionellen Ordnung des Wissens. An Schulen und Universitäten wurde «Geschichte» in der Praxis lange Zeit mit deutscher Geschichte gleichgesetzt. Wer ein Seminar zum transatlantischen Sklavenhandel besuchte, konnte nicht sicher sein, ob ihm das auch im Fach Geschichte angerechnet wurde. Der Ruf nach Globalgeschichte ist auch ein Plädoyer dafür, diese disziplinäre Engführung zu überwinden. Das heißt etwa, dass Einführungsveranstaltungen oder Examenswissen sich nicht mehr ohne weiteres auf die jeweils eigene Nationalgeschichte beschränken können. Generationen von Studierenden wurden durch Gebhardts Handbuch der Deutschen Geschichte initiiert; das wird in Zukunft nicht mehr ausreichen. Eine historische Allgemeinbildung schließt auch die Geschichten Chinas oder Afrikas mit ein. Das heißt auch, dass die weitgehende Spezialisierung historischer Fakultäten auf die Geschichte des eigenen Landes zu überwinden ist. Gegenwärtig kommt es kaum einer Studentin in den Sinn, eine Einführung in die Geschichte der Qing-Zeit zu besuchen – weil diese Veranstaltung, wenn es sie überhaupt gibt, nur in der Disziplin der Sinologie angeboten wird. Diese Trennung von Wirklichkeitsbereichen – die ja mit sich bringt, dass Parallelen und Verflechtungen gar nicht in den Blick geraten können – muss überwunden werden.

Zweitens ist das Plädoyer für Globalgeschichte mit einer methodischen Präferenz verbunden. Damit ist keine rigide Methode gemeint, sondern eine Tendenz zur Privilegierung bestimmter Ebenen. Im Kern sind es zwei Dimensionen, die hier zu nennen sind: Zum einen zielt Globalgeschichte auf eine Analyse der Vergangenheit, die sich nicht von bestehenden Grenzziehungen – etwa des Nationalstaats – limitieren lässt. Hinzu kommt, zum anderen, eine explizit anti-eurozentrische Stoßrichtung. Austauschbeziehungen zwischen dem «Westen» und anderen Regionen der Welt werden ebenso ernst genommen wie Süd-Süd-Beziehungen und die Rolle nicht-westlicher Akteure. Damit ist forschungspraktisch meist eine stärkere Einbeziehung regionalwissenschaftlicher Kompetenzen verbunden. Mit dieser Agenda schließt die Globalgeschichte auch an bestehende Ansätze wie die *postcolonial studies* an. Dazu gehört nicht zuletzt ein Bewusstsein für die europäische Herkunft vieler sozialwissenschaftlicher Begriffe, mit denen Historiker die Vergangenheit ordnen und erklären – und für die Problematik, die damit verbunden ist (vgl. unten Kapitel 5).

Zusammengenommen fügen sich diese beiden Punkte – eine nicht nationalstaatlich formatierte und nicht-eurozentrische Perspektive – zu einer Absage an Erklärungen, die weitgehend ohne externe Einflüsse und Kontexte auskommen. Darin liegt der methodische Kern globalgeschichtlicher Ansätze. Herkömmliche Sozialtheorien operierten in der Regel innerhalb eines internalistischen Paradigmas. In den *grand récits* (großen Erzählungen) der Modernisierung, auf denen ein Großteil der empirischen Forschung explizit oder unausgesprochen beruht –

seien sie nun marxistischer oder modernisierungstheoretischer Herkunft –, wurden historische Zusammenhänge endogen erklärt und typischerweise innerhalb einer Gesellschaft analysiert. Das globalgeschichtliche Projekt hingegen bevorzugt Interpretationen, die den Interaktionen und Verflechtungen sowie den gesellschaftsübergreifenden Strukturen eine wichtige Rolle zubilligen – und das heißt meist: ihnen kausale Erklärungskraft einräumen.

Nicht eurozentrisch und nicht internalistisch – auch in dieser Annäherung wird der Aspekt der Abgrenzung von vorherrschenden Deutungsmustern betont. Das gilt in unterschiedlichem Maße ebenso für die folgenden fünf Punkte, die die Basisbestimmung von Globalgeschichte ergänzen sollen.

Spatial turn: Globalgeschichtliche Untersuchungen knüpfen häufig an Einsichten aus den Diskussionen um einen «spatial turn» in der Geschichtswissenschaft an. Grundsätzlich bezeichnet diese «Wende» die Forderung, dass Konstellationen im Raum – etwa imperiale Formationen oder wirtschaftliche Vernetzung – gegenüber vornehmlich an der Zeit orientierten Narrativen stärkere Berücksichtigung erfahren sollen.[30] Das impliziert auch eine Absage an die Teleologien der Modernisierungstheorie, also eine Kritik an der Vorstellung, dass sich Gesellschaften gleichsam aus sich heraus transformieren und dass die Richtung des gesellschaftlichen Wandels – etwa von Tradition zu Moderne – dabei vorgegeben ist.

Relationale Geschichte: Anders als lange Zeit üblich können grenzüberschreitende Prozesse und die Herausbildung der modernen Welt nicht einfach als Ergebnis von Diffusion begriffen werden. Eine solche Sichtweise, deren Annahmen eine Vielzahl älterer welthistorischer Entwürfe durchzieht, lokalisiert die

30 Jörg Döring und Tristan Thielmann (Hg), *Spatial Turn. Das Raumparadigma in den Kultur- und Sozialwissenschaften*, Bielefeld (Transcript) 2008; Barney Warf und Santa Arias (Hg), *The Spatial Turn: Interdisciplinary Perspectives*, London (Routledge) 2008.

Dynamik der Weltgeschichte in Europa und in der Expansion europäischer Errungenschaften in die außereuropäische Welt: Weltgeschichte als Einbahnstraße. Neuere Arbeiten hingegen betonen die relationale Dimension historischer Prozesse und die konstitutive Rolle, welche die Interaktionen zwischen Regionen und Nationen, aber auch zwischen Europa und der außereuropäischen Welt für die jeweilige Herausbildung moderner Gesellschaften gespielt haben. Nicht zuletzt lässt sich auch die europäische Entwicklung nicht autonom, aus sich heraus erklären; sie war ebenso eingebunden in unterschiedliche Interaktionszusammenhänge.[31]

Synchronizität: Damit unmittelbar zusammenhängend betonen viele globalgeschichtliche Perspektiven auch die Synchronizität historischer Gegenstände. Damit wird keineswegs die Frage nach Kontinuitäten oder Pfadabhängigkeiten ausgeblendet – wie etwa C. A. Bayly argumentiert hat, verliefen viele Globalisierungsvorgänge der Moderne innerhalb der Bahnen, die von früheren Austauschbeziehungen vorgegeben waren.[32] Aber in Abgrenzung von langen zivilisationsgeschichtlichen Perspektiven und der Annahme von Kontinuitäten legt der globalhistorische Blick nahe, der Gleichzeitigkeit eine größere Rolle einzuräumen. Synchron wirksame Konstellationen und externe Kräfte waren für die Dynamik moderner Phänomene häufig mindestens so wichtig wie lange Vorgeschichten und Traditionen. Die strukturierende Kraft gleichzeitiger Prozesse wurde verstärkt, wenn sich historische Akteure in expandierenden Öf-

31 Vgl. etwa die Diskussion um Martin Bernal, *Schwarze Athene. Die afroasiatischen Wurzeln der griechischen Antike. Wie das klassische Griechenland «erfunden» wurde*, München (List) 1992. Vgl. auch Robert Bartlett, *The Making of Europe*, Princeton (Princeton University Press) 1994; Jack Goody, *The East in the West*, Cambridge (Cambridge University Press) 1996.

32 Vgl. C. A. Bayly, «Archaische» und «moderne» Globalisierung in Eurasien und Afrika, ca. 1750–1850, in: Sebastian Conrad, Andreas Eckert und Ulrike Freitag (Hg), *Globalgeschichte – Theorien, Ansätze, Themen*, Frankfurt am Main (Campus) 2007; Vgl. auch ders., *Birth of the Modern World*.

fentlichkeiten zunehmend auch über große Distanzen hinweg aufeinander bezogen.[33]

Nation: Globalgeschichte zielt auf eine Abkehr vom methodologischen Nationalismus. Damit ist nicht lediglich ein verengter Blick gemeint, der sich in erster Linie auf Ereignisse innerhalb der eigenen nationalen Gemeinschaft richtet. Vielmehr strukturierten in vielen Sozialwissenschaften die methodischen Standards die Analyse in einer Weise vor, die den Nationalstaat als grundlegende Untersuchungseinheit voraussetzte. Dabei wurde der Territorialstaat als Behälter, als «Container» der Gesellschaft gedacht, und soziale Zusammenhänge erschienen nur noch innerhalb nationalstaatlicher Grenzen beobacht- und auslegbar. Dadurch war das Wissen über die Welt diskursiv und institutionell in einer Weise vorstrukturiert, welche die konstitutive Rolle von Austauschbeziehungen tendenziell ausblendete.[34] Aber diese methodische Kritik bedeutet nicht, dass Nation und Nationalstaat fortan obsolet wären. Nationalstaaten haben viele Gesellschaften geprägt, und ihre institutionelle Wirklichkeit – die politische Ordnung, der Wohlfahrtsstaat, die Wissensordnungen und vieles mehr – bleibt bis heute in vieler Hinsicht national bestimmt. Für viele Fragen wird der nationale Rahmen von Politik und Gesellschaft daher maßgebend bleiben. Zunehmend wichtiger wird jedoch, die globalen Horizonte nationaler Geschichten systematisch zu rekonstruieren und zu fragen, in welchem Maße Nationalstaaten selbst als Produkt globaler Prozesse verstanden werden müssen. Generell kann man sagen, dass globalgeschichtliche Perspektiven die Nation als Kategorie keineswegs überflüssig machen, sondern

33 Vgl. zur Herausbildung von Gleichzeitigkeit David Harvey, *The Condition of Postmodernity: An Enquiry into the Origins of Cultural Change*, Oxford (Blackwell) 1989.

34 Zum methodologischen Nationalismus vgl. Anthony D. Smith, *Nationalism in the Twentieth Century*, Oxford (Robertson) 1979, 191 ff.; Ulrich Beck, *Was ist Globalisierung?*, Frankfurt am Main (Suhrkamp) 1997, 49 f.

häufig sogar die große Bedeutung der Nationalstaaten für soziale Prozesse unterstreichen.

Positionalität: Globalgeschichte wird meist in kosmopolitischer Absicht geschrieben. Auch darin unterscheidet sie sich von vielen Varianten der Geschichtsschreibung. Deutschlandhistoriker etwa schreiben in der Regel aus deutscher Perspektive und rechnen mit einem deutschen Publikum. Das muss nicht zu einer nationalistischen Perspektive führen; aber auch kritische Lesarten bleiben doch an die deutsche Gesellschaft zurückgebunden und besitzen nicht selten auch eine politische Dimension. Von wo aus schreibt man Globalgeschichte, und für welches Publikum? Muss man eine Weltgesellschaft und globale Öffentlichkeit voraussetzen, richtet man sich an die ganze Welt? Gewiss, diese Fragen betreffen nicht nur die Globalgeschichte. Angesichts von Übersetzungen und eines zunehmend global vernetzten Wissenschaftsbetriebs treffen Publikationen auf ein sehr heterogenes Publikum. Aber im Falle der Globalgeschichte stellt sich die Problematik doch in radikalerer Form. Die «Welt» und globale Zusammenhänge können von unterschiedlichen Orten aus ganz unterschiedlich erscheinen. Umso wichtiger ist es, das Bewusstsein dafür zu schärfen. Globalgeschichte lässt sich ohne eine Sensibilisierung für die Positionalität der Perspektiven kaum schreiben.

Der Trend zur Globalgeschichte ist gegenwärtig nicht aufzuhalten, und er hat schon zu maßgeblichen Veränderungen in der Geschichtswissenschaft beigetragen. Ein guter Indikator dafür ist die Tatsache, dass die großen Zeitschriften des Faches, etwa die *American Historical Review* oder *Past & Present*, inzwischen auch ein globalgeschichtliches Profil entwickelt haben – Globalgeschichte ist längst nicht mehr eine Nische oder Seitendisziplin. Angesichts der Vernetzung unserer gegenwärtigen Welt ist auch schwer vorstellbar, dass sich dieser Trend einfach zurückdrehen lässt. Insgesamt ist das eine begrüßenswerte Entwicklung, die dazu beiträgt, eine nur partielle Sicht auf die

Wirklichkeit zu überwinden. Im Rückblick könnte einem ein Teil der historischen Literatur wie Untersuchungen eines Fußballspiels erscheinen, bei denen nur eine der beiden Mannschaften betrachtet wird, von Kontextfaktoren wie Zuschauern, Wetter oder Tabellenstand ganz zu schweigen. Globalgeschichte eröffnet einen Blick auf Zusammenhänge, die innerhalb bestehender Ansätze lange Zeit unsichtbar waren oder zumindest als irrelevant angesehen wurden.

In mancher Hinsicht ist Globalgeschichte auch ein politisches – und nicht nur wissenschaftspolitisches – Projekt. Die nicht-eurozentrische und ökumenische Sicht der Vergangenheit lässt viele Geschichten wichtig und gleichberechtigt erscheinen. Allerdings besteht zwischen einer historischen Methode/Perspektive und einer politischen Position nie ein unmittelbarer Zusammenhang. Globalgeschichtliche Interpretationen können in kritischer Absicht für die Untersuchung transnationaler Akteure in Anspruch genommen werden, die sich gegen staatliche Autorität und kapitalistische Produktionsformen wandten; sie können aber auch nationalistisch gewendet und vereinnahmt werden.

Ihr grundsätzlich emanzipatorisches Potenzial ist ein doppeltes: Zum einen ist Globalgeschichte ein Schritt auf dem Weg zu einem globalen Bewusstsein und eröffnet Möglichkeiten der grenzüberschreitenden Kommunikation und Interaktion. So wie die im 19. Jahrhundert geschaffene Geschichtswissenschaft nationale Subjekte hervorbringen sollte, ist eine globale Perspektive eine Voraussetzung für ein Selbstverständnis als Bürger dieser Welt. Schließlich sind viele gesellschaftliche Probleme, von Umwelt- und Klimafragen über Arbeitsbedingungen und dem Funktionieren von Märkten bis hin zu kulturellem Austausch, gegenwärtig nur noch im globalen Maßstab zu lösen. Und zum anderen ermöglicht es die Absage an internalistische Erklärungen, historische Entwicklungen – das heißt etwa auch: Aufschwung und Niedergang, Prosperität und Mangel, Offenheit und Abgeschlossenheit – nicht unmittelbar einzelnen Personen, Gesellschaften und «Kulturen» zuzuschreiben und somit die Ideologie, dass jeder für sein Glück und Unglück selbst verantwortlich ist, kritisch zu hinterfragen.[35]

An der grundsätzlich positiven, in mancher Hinsicht sogar emanzipatorischen Wirkung dieser Entwicklung kann kein Zweifel bestehen. Allerdings gilt auch hier, dass das Neue nicht ohne Preis zu haben ist. Ein globalgeschichtlicher Blick ist kein Allheilmittel, kein *Passepartout*. Nicht jede Fragestellung erfordert eine globalgeschichtliche Perspektive; nicht immer ist der globale Kontext zentral. Nicht alles ist mit allem verbunden und vernetzt. Man darf daher Globalgeschichte auch nicht verabsolutieren, weder die historiografische Perspektive noch die Reichweite der von ihr in den Blick genommenen Verflechtungen selbst. In jeder Situation wirkt eine Vielzahl von Kräften, und die grenzüberschreitenden und erst recht die globalen Prozesse sind dabei nicht automatisch die wichtigsten. Viele Phänomene werden sich weiterhin in konkreten und genau begrenzten Zusammenhängen erforschen lassen. Der Siegeszug der Globalgeschichte darf nicht dazu führen, dass diejenigen historischen Akteure, die nicht in umfassende Netzwerke eingebunden waren, aus dem Blick geraten – als Opfer einer gegenwärtigen Obsession mit Mobilität, Zirkulation und *flows*. Und auch der globalgeschichtliche Ansatz selbst wird sich in den nächsten Jahren weiterentwickeln müssen. Gegenwärtig

35 Vgl. zu der politischen Dimension von Globalgeschichte etwa Jerry H. Bentley, Myths, Wagers, and Some Moral Implications of World History, *Journal of World History* 16 (2005), 51–82; Dominic Sachsenmaier, World History as Ecumenical History?, *Journal of World History* 18 (2007), 465–490. Kritisch dazu Arif Dirlik, History without a Center? Reflections on Eurocentrism, in: Eckhardt Fuchs und Benedikt Stuchtey (Hg), *Across Cultural Borders: Historiography in Global Perspective*, Lanham, MD. (Rowman & Littlefield) 2002, 247–284; Dirlik, Confounding Metaphors, Inventions of the World: What Is World History For?, in: Benedikt Stuchtey und Eckhardt Fuchs (Hg), *Writing World History, 1800–2000*, Oxford (Oxford University Press) 2003, 91–133.

liegt das Augenmerk häufig noch auf dem Nachweis, *dass* Phänomene, die man für besonders und für lokal spezifisch gehalten hatte, grenzüberschreitend verflochten waren; der Nachweis von Verbindungen selbst ist dann schon ein Argument. Diese Euphorie über aufgespürte Interaktionen und Netzwerke wird jedoch nicht allzu lange tragen. In Zukunft wird es sehr viel mehr darum gehen, genau nachzuweisen, wie diese Interaktionen sich auswirkten, wie weit sie trugen, welche sich überlagernden Strukturen am Werk waren – und wo Verbindungen ihre Grenze fanden.

2
GESCHICHTE DER WELTGESCHICHTE

Ökumenische Geschichtsschreibung

In gewisser Weise ist die Weltgeschichtsschreibung so alt wie die Geschichtsschreibung selbst. Die bekanntesten Historiker – von Herodot (ca. 484–424 v. Chr.) und Polybios (ca. 200–120 v. Chr.) bis zu Sima Qian (ca. 145–90 v. Chr.) oder Rashid al-Din (1247–1318) und Ibn Khaldun (1332–1406) – haben jeweils die Geschichte ihrer Ökumene geschrieben und zugleich die jeweils angrenzende «Welt» mitbehandelt. Dabei war die Beschreibung und Erklärung der Welt kein Selbstzweck; vielmehr ging es in erster Linie darum, aus der Kontrastierung das Wesen der eigenen Gesellschaft oder Ökumene zu profilieren; die jeweilige kulturelle Besonderheit – und in der Regel Überlegenheit – wurde dabei vorausgesetzt. In den ägyptischen Chroniken des Alten und Mittleren Reiches etwa (ca. 2137 bis 1781 v. Chr.) wurden alle Nicht-Ägypter als «wertlose Feinde» bezeichnet; auch dann, wenn es freundschaftliche Beziehungen oder Verträge mit diesen Gruppen gab. Ägypten wurde mit der sinnhaft geordneten Welt gleichgesetzt, während jenseits seiner Grenzen «absolute Fremdlinge» lebten, «mit denen jegliche Form von Beziehung undenkbar wäre».[36]

36 Jan Assmann, *The Mind of Egypt: History and Meaning in the Time of the Pharaohs*, New York (Metropolitan Books) 2002, 151. Vgl. auch die Überlegungen in Jan Assmann, Globalization, Universalism, and the Erosion of Cultural Memory, in: Aleida Assmann und Sebastian Conrad (Hg), *Memory in a Global Age: Discourses, Practices and Trajectories*, New York (Palgrave Macmillan) 2010, 121–137.

Eine solche Dichotomie zwischen eigener Gesellschaft und den «Anderen» blieb für die Geschichtsschreibung lange konstitutiv. Das war auch bei Herodot der Fall, dessen neun Bände umfassende *Historien* den griechischen Kampf gegen die Perser schilderten und den Konflikt zu einer Auseinandersetzung zwischen Okzident und Orient, zwischen Freiheit und Despotie stilisierten.[37] Die Dialektik zwischen Zivilisation und Barbarei, die Herodot berühmt machte, strukturierte lange Zeit die Historiographie und findet sich auch in den Werken arabischer oder chinesischer Chronisten.

Allerdings wird man die Behandlung der Welt außerhalb der eigenen Gesellschaft nicht allein auf die Strategie des «Othering» reduzieren können. Bereits bei Herodot – der angab, das Zweistromland, Phönizien und Ägypten selbst bereist zu haben – und auch bei Sima Qian findet sich die Hinwendung zu einer ethnographischen Schilderung anderer Menschen und Sitten. Insbesondere die Völker, mit denen die Griechen bzw. China engere politische und wirtschaftliche Beziehungen unterhielten, wurden zum Gegenstand eines detaillierten Interesses, das nicht lediglich durch den Willen zur Abgrenzung charakterisiert war. Die Grenzräume an den Rändern der eigenen Kultur erschienen in diesen Schilderungen nicht nur von Konflikt und Feindseligkeit geprägt, sondern auch von Austausch und Begegnung. Beispiele dafür finden sich an vielen Orten. So skizzierte Abu'l-Hassan Ali al-Mas'udi (ca. 895–956) aus Bagdad in einem Werk mit dem blumigen Titel *Die Goldwiesen und Edelsteinstuben* die ihm bekannte Welt und berichtete nicht nur von den islamischen Gesellschaften, sondern auch von den schon durch vorislamische Handelsverbindungen verbundenen Regionen des Indischen Ozeans sowie seiner Einzugsgebiete von

37 Vgl. James A. S. Evans, *Herodotus, Explorer of the Past: Three Essays*, Princeton (Princeton University Press) 1991; Ernst Breisach, *Historiography: Ancient, Medieval and Modern*, Chicago (Chicago University Press) 1994.

Galizien bis Indien. Das Werk war auch das Ergebnis der umfangreichen Reisetätigkeit Mas'udis, die ihn in weite Teile der islamischen Welt führte, so auch nach Indien und Ceylon, Ostafrika und Ägypten, vermutlich auch nach Indonesien und China.[38]

Dieser ethnographische Blick hing häufig auch mit Herrschaftsinteressen zusammen. Wenn etwa Sima Qian nomadische Gruppen außerhalb der chinesischen Zivilisation beschrieb, dann geschah das mit Blick auf die Bedeutung, die er der Expansion und Erweiterung des Reiches für die Entwicklung Chinas zuschrieb.[39] Das heißt schließlich auch, dass die jeweiligen «Welten» – in der Regel auf angrenzende Gebiete und Regionen beschränkt – aus dem Blickwinkel der eigenen Kultur erfasst wurden. Zwar gab es durchaus Historiker, deren erklärtes Anliegen es war, andere Gesellschaften aus sich heraus zu beschreiben und nicht durch eine Aneinanderreihung merkwürdiger Bräuche zu exotisieren. Fremde Institutionen wurden dann funktionalistisch und in ihrer eigenen Logik erklärt. Aber die Bewertung und moralische Einordnung anderer Gruppen blieb doch innerhalb der Parameter der eigenen Kultur.[40]

Diese Muster waren lange Zeit für die verschiedenen historiographischen Traditionen kennzeichnend. Natürlich gab es

38 Vgl. dazu Tarif Khalidi, *Islamic Historiography: The Histories of Mas'udi*, Albany (State University of New York Press) 1975.

39 Vgl. dazu Siep Stuurman, Herodotus and Sima Qian: History and the Anthropological Turn in Ancient Greece and Han China, *Journal of World History* 19 (2008), 1–40; Grant Hardy, *Worlds of Bronze and Bamboo: Sima Qian's Conquest of History*, New York (Columbia University Press) 1999.

40 François Hartog, *Le Miroir d'Hérodote*, Paris (Gallimard) 2001; Q. Edward Wang, The Chinese World View, *Journal of World History* 10 (1999), 285–305; ders., World History in Traditional China, *Storia della Storiografia* 35 (1999), 83–96. Vgl. auch Patrick O'Brien, Historiographical Traditions and Modern Imperatives for the Restoration of Global History, *Journal of Global History* 1 (2006), 3–39.

große Unterschiede, sowohl innerhalb als auch zwischen den Regionen. In Europa wird man die griechische Geschichtsschreibung und die spätere christliche Historiographie mit ihren an göttlicher Vorsehung orientierten Narrativen kaum gleichsetzen können. Auch zwischen den Regionen gab es große Differenzen. Weltgeschichtliche Entwürfe waren etwa im nichtmuslimischen Teil von Südasien, wo sich ein historiographisches Genre überhaupt erst spät herausbildete, kaum zu finden; ebenso wenig in Afrika. Anregende Ansätze zu einer Weltgeschichte stammen hingegen aus der muslimischen Tradition. Meist waren sie teleologisch auf den Aufstieg des Islam ausgerichtet und sprachen nur der eigenen Religion eine universale Mission zu. Neben dem bereits erwähnten Mas'udi sowie Rashid al Din (1247–1318), der sich explizit nicht nur an arabische, sondern auch an mongolische und chinesische Leser wandte und neben der islamischen Welt auch Indien und China ausführlich behandelte, ist hier vor allem Ibn Khaldun zu nennen. Khaldun (1332–1406) und insbesondere sein Hauptwerk, die *Muqaddima* (die eigentlich nur die Einleitung zu seiner Geschichte der Menschheit darstellt), gelten als Ausgangspunkt einer wissenschaftlichen, an kausalen Erklärungen orientierten islamischen Geschichtswissenschaft.

Die historiographischen Traditionen und die Perspektiven auf die Welt waren also sehr unterschiedlich. Aber über diese zahlreichen Differenzen hinweg gab es wichtige Gemeinsamkeiten. In der Regel wurde die jeweilige «Welt» aus der Perspektive der eigenen Ökumene konstruiert. Das hieß vor allem, dass die Vergangenheit – auch die anderer Völker und Gruppen – jeweils am Maßstab des eigenen moralischen und politischen Wertekanons bewertet und beurteilt wurde. Die Geschichten waren daher häufig auf ein Ziel hin formuliert – die Entwicklung der Menschheit hin auf ein christliches «Reich Gottes», die Formierung des Dar-al-Islam (wörtlich des «Hauses des Islam», also der Gebiete unter muslimischer

Herrschaft), die Teilhabe nicht-sesshafter und schriftloser Barbaren an den Segnungen der konfuzianischen Zivilisation Chinas.[41]

Weltgeschichtliche Tableaus, 16.–18. Jahrhundert

Die Grundpfeiler der ökumenischen Geschichtsschreibung blieben bis ins 19. Jahrhundert hinein im Großen und Ganzen bestehen. Aber das heißt nicht, dass es keinerlei Veränderung gab. Insbesondere in Zeiten, in denen regionen- und kontinentübergreifende Beziehungen sich intensivierten, wuchs auch das Bewusstsein für andere Welten, das Interesse an anderen Kulturen sowie das Bedürfnis, die eigene Gesellschaft innerhalb größerer Zusammenhänge zu verstehen. Daher entstanden seit dem 16. Jahrhundert an verschiedenen Orten Werke, die auf diese Nachfrage nach Weltdeutung reagierten.

Ein Beispiel dafür ist die Anbindung der beiden Amerikas an die Handels- und Wissenszirkulation in Europa, Afrika und Asien seit dem 16. Jahrhundert. Die transkontinentale Vernetzung der Welt, welche die Amerikas mit Afrika, Europa, dem Mittleren Osten sowie Ost- und Südostasien in Verbindung brachte, stellte auch eine kognitive und kulturelle Herausforderung dar. Vor diesem Hintergrund entwickelte sich allmählich eine «neue ‹Weltgeschichte› oder ‹Geschichte auf einer globalen Ebene›» und trat neben die traditionellen Formen dynastischer Geschichtsschreibung.[42]

41 Vgl. zur globalen Geschichte der Geschichtsschreibung Georg Iggers und Edward Q. Wang, *A Global History of Modern Historiography*, New York (Pearson Longman) 2008; Daniel Woolf (Hg), *The Oxford History of Historical Writing*, 5 Bände, Oxford (Oxford University Press) 2011–12.

42 Sanjay Subrahmanyam, On World Historians in the Sixteenth Century, *Representations* 91 (2005), 26–57, Zitat: 35–36.

Welthistorische Entwürfe entstanden daraufhin an vielen Orten. Schon um 1580 wurde in Istanbul eine «Geschichte des westlichen Indien» (*Tarih-i Hin-i garbi*) verfasst, die es unternahm, die unerwartete Horizonterweiterung und die kosmologische Herausforderung, die die Entdeckung der Neuen Welt darstellte, einzuordnen. «Seit der Prophet Adam in diese Welt kam und seinen Fuß auf die Erde setzte und bis zur heutigen Zeit», schrieb der anonyme Chronist, «hat sich keine so seltsame und wundervolle Sache zugetragen oder ereignet».[43] In Mexiko verfasste der Hamburger Heinrich Martin, der vorher lange Zeit im Baltikum gelebt hatte, eine dezidiert amerikanische Version der Weltgeschichte; er ging beispielsweise davon aus, dass die Amerikas von Asien aus bevölkert worden seien, weil ihn die indigenen Gruppen an die einheimische Bevölkerung in Kurland erinnerten. Andere Historiker ließen sich nennen: Der osmanische Historiker Mustafa Ali (1541–1600), dessen *Künh ül-Ahbâr* (The Essence of History) das Osmanische Reich in der aus seiner Sicht relevanten Welt situierte – mit ausführlichen Studien zu den mongolischen Imperien sowie den drei zeitgenössischen Reichen, die ihm am wichtigsten erschienen: den Usbeken, den persischen Safawiden sowie der indischen Mogul-Dynastie; Domingo Chimalpáhin (1579-ca. 1650), der seine auf Nahuatl verfasste Geschichte Mexikos in einen breiten Überblick über die ganze Welt einbettete – neben Europa behandelte er auch China und Japan, die Mongolen und Moskau, Persien und Teile Afrikas; Giovanni Battista Ramusio (1485–1557) in Italien und Marcin Bielski (1495–1575) in Polen, die auf der Basis einer dichter werdenden Berichterstattung in Europa eine Form der Lehnstuhl-Weltgeschichte verfassen konnten; und Tahir Muhammad in Mogul-Indien, der im frühen 17. Jahrhundert auch über Ceylon,

43 Zitiert nach Serge Gruzinski, *What Time is it There? America and Islam at the Dawn of Modern Times*, Cambridge (Polity Press) 2010, 73.

Pegu und Aceh und sogar über das portugiesische Königreich schrieb.[44]

Viele Werke dieser Zeit stammen von Amateur-Historikern, die nicht in offiziellem Auftrag schrieben und daher bislang weniger Beachtung gefunden haben. Sie zeigen jedoch, dass weltgeschichtliche Entwürfe schon vor dem späten 18. Jahrhundert entstanden sind, und keineswegs nur in Europa: Narrative, welche die eigene Gesellschaft in größere Kontexte einordnen, häufiger kumulativ als mit Betonung der Verbindungen und Interaktionen. Sie waren nicht primär mit dem Ziel der Differenzkonstruktion verfasst, auch wenn sie meist am Maßstab des jeweils eigenen Wertehimmels orientiert blieben. Diese welthistorischen Perspektiven konnten auf multiple Genealogien zurückblicken, mit je nach Ort und Zeit ihrer Entstehung unterschiedlichen Fragestellungen, aber auch unterschiedlichen Vorstellungen von der «Welt». «Die iberische Globalisierung», hat Serge Gruzinski formuliert, «führte überall zu der Entstehung von Blickwinkeln und Sichtweisen, die miteinander nicht in Einklang zu bringen waren, sich aber in ihrem Bemühen darum, den globalen Charakter der Welt zu erfassen, ergänzten.»[45]

Im Zuge der weiteren Verdichtung kommerzieller Netzwerke und imperialer Strukturen entstanden mit der Zeit immer ausführlichere, empirisch reichhaltigere Panoramen der Weltgeschichte. Ihr Ziel bestand in einer möglichst genauen und vollständigen Beschreibung sämtlicher Gesellschaften, über die Kenntnisse vorhanden waren. Eines der bekanntesten Beispiele war die große *Universal History*, 1736–1765 in London in 65 Bänden erschienen und später in vier weitere Sprachen übersetzt. Sie war im Wesentlichen kompilierend verfasst,

44 Subrahmanyam, On World Historians, 37. Vgl. zum Fall Chimalpáhins auch die eindrucksvolle Studie von Serge Gruzinski, *Les quatre parties du monde: Histoire d'une mondialisation*, Paris (Martinière) 2004.

45 Gruzinski, *What Time is it There?*, 69..

das heißt additiv: Im Mittelpunkt stand die Erfassung möglichst vieler Gesellschaften in Vergangenheit und Gegenwart, wie in einem großen Setzkasten. Sie stützte sich auf die großen Mengen an Reisebeschreibungen, die im Europa des 18. Jahrhunderts verfügbar waren.[46] Im zweiten Teil der *Universal History*, der die Zeit seit dem Mittelalter behandelte, war etwa die Hälfte des Textes der europäischen Vergangenheit gewidmet, ein weiteres Viertel Japan und China, während Südostasien, Peru und Mexiko sowie die Königreiche im Kongo und in Angola den Rest unter sich aufteilten. Die enzyklopädische Anlage des Werkes machte es allerdings eher zu einem Nachschlagewerk als zu einem Lesevergnügen; Edward Gibbon sah in ihm lediglich «eine geistlose Anhäufung [...] unberührt von jeglichem Funken Philosophie oder Geschmack».[47]

Um 1800 war das Genre der Welt- und Universalgeschichten in Europa besonders ausgeprägt. Sie verstanden sich als Geschichten der Menschheit und traten mit dem Anspruch auf, von sämtlichen Gegenden der Welt zu berichten und eine Art Tableau gesellschaftlicher Institutionen und Entwicklungen zu entwerfen. In der Zeit zwischen etwa 1770 und 1830 entstanden umfassend angelegte Überblicke über die Geschichte der Welt; etwa von Voltaire (1694–1778) oder von Edward Gibbon (1737–1794), dessen *Decline and Fall of the Roman Empire* den gesamten eurasischen Kontinent behandelte, bis zum Aufstieg der mongolischen Imperien und der Einnahme Konstantino-

46 Vgl. dazu Jürgen Osterhammel, *Die Entzauberung Asiens. Europa und die asiatischen Reiche im 18. Jahrhundert*, München (C.H. Beck) 1998, 271–348. Vgl. auch Geoffrey C. Gunn, *First Globalization: The Eurasian Exchange 1500–1800*, Lanham MD. (Rowman & Littlefield) 2003, 145–168; John J. Clarke, *Oriental Enlightenment: The Encounter between Asian and Western Thought*, London (Routledge) 1997.

47 Zitiert nach Johan van der Zande, August Ludwig Schlözer and the English Universal History, in: Stefan Berger, Peter Lambert und Peter Schumann (Hg), *Historikerdialoge. Geschichte, Mythos und Gedächtnis im deutsch-britischen kulturellen Austausch 1750–2000*, Göttingen (Vandenhoeck & Ruprecht) 2003, 135–156, Zitat: 135.

pels durch die Türken.[48] Ein frühes Zentrum der Universalgeschichtsschreibung war die Universität Göttingen, wo Historiker wie Johann Christoph Gatterer (1727–1799) ihre Gesamtdarstellungen der Menschheitsgeschichte vorlegten. Insgesamt blieben diese Weltgeschichten in vergleichender Absicht dem Konzept unterschiedlicher «Zivilisationen» verpflichtet und wurden vom Standpunkt der europäischen Kultur (oder, wie noch bei Gatterer, des biblischen Narrativs) aus verfasst.[49]

Weltgeschichte seit dem 19. Jahrhundert

Im Laufe des 19. Jahrhunderts veränderte sich der Zugriff auf die Vergangenheit in vielen Teilen der Welt grundlegend. Eine ältere Tradition hat darin vor allem ein Ergebnis der Verwestlichung erkannt. Diese Deutung ist, unter anderen Vorzeichen, auch im Kontext der *postcolonial studies* weitergeführt worden. Zwar galt die Verbreitung der modernen europäischen Geschichtswissenschaft in dieser Lesart nicht mehr als Beitrag zur Modernisierung des historischen Denkens, sondern als kulturelle Überformung und Ausdruck imperialer Hegemonie. Aber grundsätzlich hielten auch Autoren der *postcolonial studies* an der Vorstellung von der Diffusion einer europäischen Erfindung fest.[50]

48 Vgl. Karen O'Brien, *Narratives of Enlightenment: Cosmopolitan History from Voltaire to Gibbon*, Cambridge (Cambridge University Press) 1997. Vgl. zu Gibbon auch John G. A. Pocock, *Barbarism and Religion*, 5 Bände, Cambridge (Cambridge University Press) 1999–2011.

49 Vgl. etwa Michael Harbsmeier, World Histories before Domestication: The Writing of Universal Histories, Histories of Mankind and World Histories in Late Eighteenth-Century Germany, *Culture and History* 5 (1989), 93–131. Zur Langlebigkeit der biblischen Chronologie und Perspektive vgl. Suzanne L. Marchand, *German Orientalism in the Age of Empire: Religion, Race, and Scholarship*, Cambridge (Cambridge University Press) 2009.

50 Vgl. etwa Prasenjit Duara, *Rescuing History from the Nation: Questioning Narratives of Modern China*, Chicago (Chicago University Press) 1995.

Aus globalgeschichtlicher Perspektive wird man diese Sicht jedoch ergänzen und zum Teil korrigieren müssen. «Es wäre falsch, die Ausbreitung vom Westen zum Rest als die einzige Kraft hinter der weltweiten Genese der akademischen Geschichtsschreibung zu betrachten», hat Dominic Sachsenmaier unterstrichen. «Viele Charakterzüge der akademischen Historiographie – wie etwa die starke Präsenz eurozentrischer Weltbilder – dürfen nicht lediglich als Exportprodukte einer vorgeblich reinen europäischen Tradition verstanden werden, sondern waren ebenso das Ergebnis der Expansion des Kontinents und verschiedener komplexer sozio-politischer Transformationen, die daraus entstanden.»[51] Das heißt auch, dass die Durchsetzung der modernen Geschichtswissenschaft das Werk vieler Autoren in der ganzen Welt war, deren verschiedenen Bedürfnissen und Interessen sie entsprach. Das historische Wissen veränderte sich als Antwort auf eine zunehmend global integrierte Welt.[52]

Darüber hinaus haftete dem modernen Geschichtsverständnis nicht nur außerhalb Europas etwas Neues und damit auch Ungewohntes an. Der Fokus auf die Nation, das am Ideal des Fortschritts orientierte Konzept der Zeit, die quellenkritische Methode und die Einordnung in einen Weltkontext – all das stellte auch für viele europäische Akteure eine Herausforderung und Zumutung dar. Besonders deutlich zeigt sich das beim veränderten Zeitverständnis, das auch in Europa häufig als tiefe Zäsur wahrgenommen wurde. Als sich

51 Dominic Sachsenmaier, Global History, Pluralism, and the Question of Traditions, *New Global Studies* 3, Nr. 3 (2009), Artikel 3, Zitat: 3–4.

52 Vgl. für globalgeschichtliche Perspektiven vor allem Dominic Sachsenmaier, *Global Perspectives on Global History: Theories and Approaches in a Connected World*, Cambridge (Cambridge University Press) 2011, 11–17. Vgl. auch Daniel Woolf, *A Global History of History*, Cambridge (Cambridge University Press) 2011; Lutz Raphael, *Geschichtswissenschaft im Zeitalter der Extreme. Theorien, Methoden, Tendenzen von 1900 bis zur Gegenwart*, München (C.H. Beck) 2003.

die akademische Geschichtswissenschaft etablierte, verdrängte sie überall alternative Aneignungsformen der Vergangenheit.[53]

Das heißt nicht, dass Anregungen und Modelle aus Europa keine Rolle gespielt hätten. Die von Europa dominierte Weltordnung zwang den Rest der Welt, sich mit europäischen Formen der Vergangenheitsdeutung auseinanderzusetzen. Zum einen orientierten sich Historiker zunehmend an einem Muster historischer Narrative, das mit der Durchsetzung der liberalen Weltordnung des 19. Jahrhunderts, mit einem Fokus auf der Nation als Subjekt des Handelns und einer allgemeinen Vorstellung von «Modernisierung» korrespondierte. Die Übersetzung europäischer Werke, etwa von Historikern wie François Guizot oder Henry Buckle, aber auch der Positivismus von Auguste Comte oder die sozialdarwinistischen Entwürfe von Herbert Spencer spielten dabei eine wichtige Rolle. Wenn etwa Bartolomé Mitre, in den 1860er Jahren Präsident Argentiniens, die Geschichte der Unabhängigkeit seines Landes schrieb, dann bezog er sich auf die verbreiteten Annahmen einer aufklärerischen und positivistischen Geschichtsschreibung – Wissenschaft und Fortschritt, Säkularisierung und liberale Freiheiten –, die durch das internationale Staatensystem und das Freihandelsregime machtpolitisch gestützt wurden.[54] Zum anderen trug der in-

53 Vgl. David Wilcox, *The Measure of Times Past: Pre-Newtonian Chronologies and the Rhetoric of Relative Time*, Chicago (Chicago University Press) 1987; Reinhart Koselleck, *Vergangene Zukunft. Zur Semantik geschichtlicher Zeiten*, Frankfurt am Main (Suhrkamp) 1979; Lucian Hölscher, *Die Entdeckung der Zukunft*, Frankfurt am Main (Fischer) 1999; Göran Blix, Charting the ‹Transitional Period›: The Emergence of Modern Time in the Nineteenth Century, *History and Theory* 45 (2006), 51–71. Vgl. auch Stefan Berger, Introduction: Towards a Global History of National Historiographies, in: Berger (Hg), *Writing the Nation: A Global Perspective*, Basingstoke (Palgrave Macmillan) 2007, 1–29.

54 Vgl. John L. Robinson, *Bartolomé Mitre, Historian of the Americas*, Washington, D. C. (University Press of America) 1982; E. Bradford Burns, Ideology in Nineteenth-Century Latin American Historiography, *The Hispanic American Historical Review* 58 (1978), 409–431.

stitutionelle Export der europäischen Geschichtswissenschaft dazu bei, historische Analysen zu standardisieren – etwa durch die Gründung von historischen Fakultäten, Historikerverbänden, Fachzeitschriften sowie Handbüchern seit dem ausgehenden 19. Jahrhundert.[55]

Gleichwohl wäre es verkürzt, lediglich von einem Import der europäischen Geschichtsschreibung in anderen Teilen der Welt zu sprechen, vor allem aus zwei Gründen: Erstens knüpften Historiker immer auch an eigene Traditionen und kulturelle Ressourcen an. In Japan beispielsweise entwickelte sich am Ende des 18. Jahrhunderts eine Form der Geschichtsschreibung, die als «nationale Schule» (*kokugaku*) firmierte und sich die Befreiung von der Dominanz des chinesischen Kultureinflusses auf ihre Fahnen geschrieben hatte. Sie propagierte eine Restauration der vorgeblich noch «reinen» japanischen Antike vor dem Import der chinesischen Religion und Kultur.[56] Und in China entstand in dieser Zeit die sogenannte «textkritische Schule» (*kaozhengxue*), die an einer philologischen Evaluierung der textlichen Überlieferung und der Ermittlung von Tatsachen bzw. der Aufdeckung von Fälschungen interessiert war.[57] Diese Beispiele zeigen, dass die Insignien der modernen Geschichtswissenschaft – etwa der Fokus auf die Geschichte der Nation oder die meist mit Ranke assoziierte Methode der Quellenkritik – nicht notwendigerweise als kulturelle Überfremdung wahrgenommen werden mussten.

55 Vgl. beispielsweise Stefan Tanaka, *Japan's Orient: Rendering Pasts into History*, Berkeley (University of California Press) 1993; Gabriele Lingelbach, *Klio macht Karriere. Die Institutionalisierung der Geschichtswissenschaft in Frankreich und den USA in der zweiten Hälfte des 19. Jahrhunderts*. Göttingen (Vandenhoeck & Ruprecht) 2003.

56 Susan Burns, *Before the Nation: Kokugaku and the Imagining of Community in Early Modern Japan*, Durham NC. (Duke University Press) 2003.

57 Benjamin A. Elman, *From Philosophy to Philology: Intellectual Aspects of Change in Late Imperial China*, Cambridge, MA. (Harvard University Press) 1984.

Zweitens, und noch wichtiger, korrespondierten Deutungen der Geschichte mit den veränderten geopolitischen Machtverhältnissen. Das war auch in Europa der Fall, selbst wenn dieser größere Kontext hier wenig reflektiert wurde. Und in dem Maße, in dem andere Gesellschaften der von Westeuropa dominierten globalen Ordnung ausgesetzt waren, entstanden historische Narrative im Gewand des Fortschritts auch dort – von Syrien und Ägypten im ausgehenden 18. Jahrhundert bis zu China und Korea im späten 19. Jahrhundert. Das evolutionäre Zeitverständnis, die nationale Formatierung oder die Einheit der Welt waren insofern nicht in erster Linie ein Ergebnis von Übersetzungsvorgängen und intellektuellen Transfers. Unter dem Eindruck globaler Integration durch imperiale Strukturen und expandierende Märkte schien eine solche Grundlegung der Geschichtsschreibung vielmehr vielen historischen Akteuren evident.

Das zentrale Kennzeichen der meisten Weltgeschichten im 19. und frühen 20. Jahrhundert – ihr eurozentrisches Raum- und Zeitverständnis – muss daher als Ausdruck asymmetrischer geopolitischer Strukturen verstanden werden. Die in Entwicklungsstufen gedachte und teleologisch auf Europa zulaufende Meta-Erzählung hatte viele Urheber. Zunächst in Europa: Condorcet und seine zehn Stufen der wissenschaftlichen und philosophischen Entwicklung; die schottische *conjectural history* und ihr Modell von Entwicklungsstadien und zivilisatorischer Höherentwicklung; und schließlich Hegels geschichtsphilosophische Vorlesungen, in denen die Geschichte der außereuropäischen Gesellschaften zu einer «Vorgeschichte» reduziert wurde – etwa in der berüchtigten Metapher vom «Kinderland» Afrika.[58] Im Laufe des folgenden Jahrhunderts entstanden auch außerhalb Europas Deutungen der Weltgeschichte, die auf dem Fortschrittsparadigma fußten. Zu den bekanntesten Autoren

58 Vgl. Albert Wirz, Klio in Afrika. ‹Geschichtslosigkeit› als historisches Problem, *Geschichte in Wissenschaft und Unterricht* 34 (1983), 101; Duara, *Rescuing History from the Nation*.

zählten Liang Qichao (1902) in China, Fukuzawa Yukichi (1869) in Japan oder Jawaharlal Nehru (1934) in Indien. Ihre Werke, die stellvertretend für eine breite Palette weltgeschichtlicher Arbeiten stehen, zeugen von der allmählichen Durchsetzung eines – je spezifischen – globalen Bewusstseins.

In der Praxis noch wichtiger als umfassende Darstellungen aller Regionen der Erde war Weltgeschichte als Narrativ. In vielen Ländern fungierte sie als Kompass, an dem die Entwicklung der eigenen Gesellschaft nicht nur historisch gemessen, sondern auch auf die Zukunft hin justiert wurde. Dabei wurde der Fortschritt meist aus sich heraus, also internalistisch, erklärt und sein Ausbleiben ebenso an internen Hemmnissen und Widerständen festgemacht. Aber selbst wer sich mit Fragen der nationalen Geschichte beschäftigte, tat dies in der Regel in Kenntnis globaler Modelle – etwa Ziya Gökalp, der den Übergang von einem osmanischen zu einem türkischen Staat als Ausdruck universaler Prozesse beschrieb.

Dieses Muster spiegelte sich in den institutionellen Strukturen wider. An den Universitäten in Europa oder den Vereinigten Staaten führte Weltgeschichte eher eine Randexistenz und wurde von den Fachvertretern methodisch kaum akzeptiert. In China und Japan hingegen war sie eine zentrale Referenzgröße, oft politisch aufgeladen und eng mit gesellschaftspolitischen Fragen und dem nationalen Selbstverständnis verknüpft. Ähnlich sah es im Schulunterricht aus. In Europa behandelte das Fach Geschichte vor allem die Vergangenheit des eigenen Landes, als Ausschnitt einer als universal verstandenen europäischen Geschichte. In den meisten anderen Ländern hingegen gab es zwei Fächer: die jeweilige nationale Geschichte und die im Kern auf Europa reduzierte Weltgeschichte.[59]

59 Zu China vgl. Sachsenmaier, *Global Perspectives*; für Japan Naruse Osamu, *Sekaishi no ishiki to riron*, Tokyo (Iwanami Shoten) 1977; Julia Adeney Thomas, High Anxiety: World History as Japanese Self-Discovery, in: Stuchtey und Fuchs, *Writing World History*, 309–326.

Die Etablierung einer universal gedachten Weltgeschichte im späten 19. und frühen 20. Jahrhundert sollte daher nicht als Resultat eines von Europa ausgehenden Transferprozesses gesehen werden, wie es üblicherweise der Fall ist.[60] Selbst offen eurozentrische und an den Kategorien der Aufklärung orientierte Darstellungen entsprachen häufig dem Reform-Interesse sozialer Akteure sowie ihrer Sicht auf globale Zusammenhänge. Die meisten Historiker gingen dabei davon aus, dass man sich an Europa orientieren solle, weil dort *gegenwärtig* die fortschrittlichsten Gesellschaften anzutreffen seien – was aber nicht so bleiben müsse; auf diese Weise wurde auf einen universal verstandenen Zivilisationsbegriff verwiesen, der nicht grundsätzlich an Europa gebunden war.[61]

Vor dem Hintergrund machtpolitischer Kontexte war das eurozentrische Narrativ lange Zeit hegemonial. Aber das heißt nicht, dass es alternativlos war und ohne Kritik blieb. So protestierte etwa Liang Qichao dagegen, dass «die Geschichte der arischen Rasse [...] sehr oft fälschlicherweise als ‹Weltgeschichte› betitelt» werde.[62] Über diese Vorbehalte hinaus wurden bereits im 19. Jahrhundert grundlegende Herausforderungen formuliert, deren Argumentationsmuster zum Teil bis heute einflussreich geblieben sind. Zwei Hauptrichtungen der Kritik kann

60 Für die konventionelle Perspektive vgl. Patrick O'Brien, Historiographical Traditions and Modern Imperatives for the Restoration of Global History, *Journal of Global History* 1 (2006), 3–39.

61 Vgl. am Beispiel von Fukuzawa Yukichi: Christopher L. Hill, *National History and the World of Nations: Capital State and the Rhetoric of History in Japan, France and the United States*, Durham NC. (Duke University Press) 2008, 56.

62 Vgl. dazu Rebecca Karl, Asien erschaffen. China in der Welt zu Beginn des 20. Jahrhunderts, in: Sebastian Conrad, Andreas Eckert und Ulrike Freitag (Hg), *Globalgeschichte. Theorien, Ansätze, Themen*, Frankfurt (Campus) 2007, 248–281; Xiaobing Tang, *Global Space and the Nationalist Discourse of Modernity: The Historical Thinking of Liang Qichao*, Stanford (Stanford University Press) 1996; vgl. auch Hill, *National History*; Q. Edward Wang, *Inventing China through History: The May Fourth Approach to Historiography*, Albany (State University of New York Press) 2001.

man dabei unterscheiden: den System-Ansatz und das Zivilisationskonzept. Ein erster Strang der Kritik geht auf Karl Marx zurück. Gewiss ging auch der Historische Materialismus von Entwicklungsstadien aus und trug Spuren des Eurozentrismus seiner Zeit in sich. Gleichwohl bezog der materialistische Marx'sche Ansatz stärker als viele andere die Vernetzungen und Interaktionen mit ein, das heißt die systemischen Bedingungen gesellschaftlicher Entwicklung im globalen Maßstab. Das gemeinsam mit Friedrich Engels verfasste *Kommunistische Manifest* von 1848 hat diese Sicht prägnant auf den Punkt gebracht: «Die Bourgeoisie hat durch ihre Exploitation des Weltmarktes die Produktion und Konsumtion aller Länder kosmopolitisch gestaltet. Sie hat [...] den nationalen Boden der Industrie unter den Füßen weggezogen. Die uralten nationalen Industrien sind vernichtet worden und werden noch täglich vernichtet. [...] An die Stelle der alten lokalen und nationalen Selbstgenügsamkeit und Abgeschlossenheit tritt ein allseitiger Verkehr, eine allseitige Abhängigkeit der Nationen voneinander.»[63] An diese Einsichten haben spätere Welthistoriker – in erster Linie die Weltsystemtheorie, aber auch oppositionelle Formen einer Geschichtsschreibung von «unten» wie die *subaltern studies* – angeknüpft.[64]

Der zweite Ansatz, der sich auf das Zivilisationskonzept stützte, gewann in der arabischen und islamischen Welt ebenso wie in Ostasien etwa in den 1880er Jahren an Popularität.

63 Karl Marx und Friedrich Engels, *Das kommunistische Manifest. Eine moderne Edition*, Hamburg (Argument Verlag) 1999, 48.

64 In der Praxis der Analyse trat allerdings auch bei Marx und erst recht bei seinen Adepten der Verflechtungsgedanke hinter den internen gesellschaftlichen Spannungen und Antagonismen zurück. Vgl. Shlomo Avineri (Hg), *Karl Marx on Colonialism and Modernization: His Dispatches and Other Writings on China, India, Mexico, the Middle East and North Africa*, Garden City, NY. (Doubleday) 1968; Bryan S. Turner, *Marx and the End of Orientalism*, London (Allen and Unwin) 1978; Ronald Inden, Orientalist Constructions of India, in: Alexander L. Macfie (Hg), *Orientalism: A Reader*, New York (New York University Press) 2000, 277–285.

Der Kern des Zivilisationsdenkens bestand in der gleichberechtigten Einbeziehung anderer Traditionen sowie im Beharren auf kultureller Differenz, deren Entwicklung nicht im Fortschrittsparadigma mit seinem linearen Zeitverständnis aufgehen würde.[65] Frühe Beispiele waren Okakura Tenshin (1862–1913) in Japan und Rabindranath Tagore (1861–1941) in Bengalen, der die dichotomische Gegenüberstellung von materialistischem Westen und spirituellem Orient zum Ausgangspunkt einer Geschichtsbetrachtung machte, die Alterität anerkannte.[66]

Einige der Autoren, die sich auf das Zivilisationskonzept beriefen, verwiesen auch auf das Werk von Johann Gottfried Herder (1744–1803). Seine vier Bände umfassenden *Ideen zur Philosophie der Geschichte der Menschheit* (1784–1791) gingen von der Individualität und Besonderheit der unterschiedlichen Kulturen der Welt aus, die im Zuge der europäischen Expansion Gefahr lief, zerstört zu werden. Aber die globale Attraktivität des Zivilisationskonzepts war nicht lediglich ein Herdersches Erbe.[67] Vielmehr hing sie mit tektonischen Verschiebungen der Weltordnung am Ende des 19. Jahrhunderts zusammen, als im Zeichen von Imperialismus, Rassendenken und der Agenda der Pan-Bewegungen die Einteilung der Welt in nebeneinander-

65 Vgl. dazu Cemil Aydin, *The Politics of Anti-Westernism in Asia: Visions of World Order in Pan-Islamic and Pan-Asian Thought*, New York (Columbia University Press) 2007; Ulrike Freitag, Arabische Visionen von Modernität im 19. und frühen 20. Jahrhundert: Die Aneignung von Universalien oder die Übernahme fremder Konzepte?, in: Jörg Baberowski, Hartmut Kaelble und Jürgen Schriewer (Hg), *Selbstbilder und Fremdbilder. Repräsentation sozialer Ordnungen im Wandel*, Frankfurt am Main (Campus) 2008, 89–117.

66 Vgl. dazu Stehpen N. Hay, *Asian Ideas of East and West: Tagore and His Critics in Japan, China, and India*, Cambridge, MA (Harvard University Press) 1970; Rustom *Bharucha, Another Asia: Rabindranath Tagore and Okakura Tenshin*, New Delhi (Oxford University Press) 2006.

67 So die Position von Ian Buruma und Avishai Margalit, *Okzidentalismus. Der Westen in den Augen seiner Feinde*, München (Hanser) 2004.

stehende Zivilisationen zunehmend plausibel erschien.[68] Nach dem Ersten Weltkrieg fand dieses Verständnis breiten Niederschlag – auch in Europa, etwa in der Zivilisationskritik des *fin de siècle* und nach 1918 in der breiten Rezeption von Oswald Spenglers «Untergang des Abendlandes».[69]

Weltgeschichte nach 1945

Das Zivilisationsparadigma reichte in Gestalt des 10-bändigen Werkes von Arnold Toynbee bis in die zweite Hälfte des 20. Jahrhunderts hinein. Die ersten Bände wurden bereits in den 1930er Jahren publiziert, aber erst nach dem Zweiten Weltkrieg erreichte es seine größte Ausstrahlung. Toynbee ging von 21 Zivilisationen aus, die sich jeweils durch kulturelle und vor allem religiöse Besonderheit auszeichneten und deren Aufstieg und Fall sich im Kern aus ihrer inneren Logik heraus erklären ließ. Nach den Zerstörungen durch den Zweiten Weltkrieg hatte diese Sicht, die sich gegen ein universales Fortschrittsnarrativ richtete, eine hohe Resonanz und wurde weltweit rezipiert. Ungeachtet seiner Popularität in der Öffentlichkeit blieb Toynbees monumentales Werk jedoch am Rande des Faches.[70]

68 Vgl. Aydin, *Politics of Anti-Westernism*; Prasenjit Duara, The Discourse of Civilization and Pan-Asianism, *Journal of World History* 12 (2001), 99–130; Andrew Sartori, *Bengal in Global Concept History: Culturalism in the Age of Capital*, Chicago (Chicago University Press) 2008.

69 Vgl. John Farrenkopf, *Prophet of Decline: Spengler on World History and Politics*, Baton Rouge (Louisiana State University Press) 2001; Michael Adas, Contested Hegemony: The Great War and the Afro-Asian Assault on the Civilizing Mission Ideology, *Journal of World History* 15 (2004), 31–64; Dominic Sachsenmaier, Searching for Alternatives to Western Modernity, *Journal of Modern European History* 4 (2006), 241–259. Für den deutschen Fall vgl. Thomas Rohkrämer, *Eine andere Moderne? Zivilisationskritik, Natur und Technik in Deutschland 1880–1933*, Paderborn (Schöningh) 1999.

70 Vgl. Kenneth W. Thompson, *Toynbee's Philosophy of World History and Politics*, Baton

In den meisten Ländern blieb der Status der Weltgeschichte innerhalb der Disziplin bis in die 1990er Jahre hinein prekär.[71] In vielen der gerade unabhängig gewordenen ehemaligen Kolonien stand die Nationalgeschichte ganz oben auf der Agenda; meist kamen schwierige materielle Bedingungen hinzu. Überdies blieb, angesichts der politischen Machtverhältnisse, die Westorientierung vieler Historiker auch außerhalb Europas und der Vereinigten Staaten bestehen. Zugleich verstärkte sich die Dominanz anglophoner Historiographie. In dieser Situation wurde das umfangreiche Werk von William McNeill, 1963 unter dem bezeichnenden Titel «The Rise of the West» veröffentlicht, zu einem der auch international einflussreichsten Referenzpunkte. Das Buch war repräsentativ für eine weithin verbreitete, dezidiert eurozentrische Makroperspektive. Die moderne Welt erschien hier als ein Produkt abendländischer Traditionen, als eine europäische Leistung *sui generis*, die dann im Stadium der Blüte in andere Regionen der Welt exportiert wurde – eine Sicht, die mit der Dichotomie von «entwickelten» und «unterentwickelten» Ländern im Zeitalter nach der Dekolonisation korrespondierte und sich bis zum Ende des Jahrhunderts halten konnte.[72]

Rouge (Louisiana State University Press) 1985; Paul Costello, *World Historians and Their Goals: Twentieth-Century Answers to Modernism*, DeKalb (Northern Illinois University Press) 1993.

71 Vgl. auch für das Folgende den sehr guten Überblick von Sachsenmaier, *Global Perspectives*, 25–58.

72 William McNeill, *The Rise of the West: A History of the Human Community*, Chicago (University of Chicago Press) 1963. McNeill hat sich von der Europazentrik seines Opus magnum später mehrfach distanziert, etwa in ders., World History and the Rise and the Fall of the West, *Journal of World History* 9 (1988), 215–236. Weitere populäre Werke mit ähnlicher Stoßrichtung waren Eric Jones, *The European Miracle: Environments, Economies and Geopolitics in the History of Europe and Asia*, Cambridge (Cambridge University Press) 1981; David Landes, *Wohlstand und Armut der Nationen. Warum die einen reich und die anderen arm sind*, Berlin (Siedler) 1999; Michael Mitterauer, *Warum Europa? Mittelalterliche Grundlagen eines Sonderwegs*, München (C.H. Beck) 2003.

Im globalen Maßstab deutlich wichtiger als McNeills Apotheose Europas waren marxistische sowie vom Historischen Materialismus beeinflusste Werke. An vielen Orten waren marxistische Ansätze nach 1945 sehr prominent – nicht nur in der Sowjetunion und in anderen Ländern des Ostblocks, sondern auch in Lateinamerika, Frankreich oder Italien, Indien oder Japan. Besonders in der Sowjetunion und in China wurde Weltgeschichte nach der Machtübernahme der Kommunisten auch institutionell verankert und war viel prominenter als in der westlichen Geschichtswissenschaft. An vielen Hochschulen wurden eigene Abteilungen für Weltgeschichte eingerichtet. In China arbeitete etwa ein Drittel aller universitären Historiker in Instituten für Weltgeschichte – eine sowohl in Europa als auch in den Vereinigten Staaten unvorstellbare Zahl. Allerdings beschränkten sich viele von ihnen auf die Geschichte eines Landes, die wiederum in den allgemeinen Gang der historischen Entwicklung eingeordnet wurde. Inhaltlich orientierte man sich an einer relativ rigiden Fassung des marxistischen Modells der Entwicklungsstadien, kanonisch gemacht von dem unter Stalin entwickelten sogenannten «Kurzen Lehrgang der Geschichte der KPdSU (B)». Historiker gingen dabei meist deduktiv vor und suchten nach Anhaltspunkten und Belegen für universale Entwicklungsmuster, die bereits theoretisch etabliert und der empirischen Forschung vorgängig waren.[73]

Gegen diese Form der «Weltgeschichte in einem Land», wie man in Anlehnung an Lenins Diktum sagen könnte, formierte sich seit den 1970er Jahren die Weltsystemtheorie. Das seit 1974 publizierte, nach wie vor unvollendete Werk von Immanuel Wallerstein stieß in vielen Regionen unmittelbar auf großen Widerhall. Im Vordergrund standen dabei systemische Zusammenhänge, die Historiker dazu einluden, die Vergangenheit in

73 Vgl. Sachsenmaier, *Global Perspectives*, 184–191; Leif Littrup, World History with Chinese Characteristics, *Culture and History* 5 (1989), 39–64.

einem globalen Kontext zu verstehen und nicht allein anhand einer abstrakten Entwicklungslogik.[74]

Auch wenn eine eurozentrische Deutung der Weltgeschichte lange Zeit vorherrschend war – auch Wallerstein ging von der Inkorporation der Welt in das europäische Weltsystem aus –, blieb sie jedoch keineswegs unwidersprochen. Die innere Fragmentierung und Pluralisierung der Geschichtswissenschaft trug dazu maßgeblich bei. Ansätze wie die Mentalitätengeschichte der *Annales*, die verschiedenen Formen der *Microstoria* und der «Geschichte von unten», die Frauen- und Geschlechterforschung sowie Ansätze des *linguistic turn* haben nicht nur makrogeschichtliche Narrative unterminiert, sondern auch eurozentrische Gewissheiten in Frage gestellt.[75] Hinzu kam die wachsende Bedeutung der Regionalwissenschaften. Für Welthistoriker stellte die materialgesättigte Forschung der *area studies* eine immer wichtigere Voraussetzung dar; zugleich fungierten sie partiell als Korrektiv der «Rise-of-the-West»-Hagiographie.[76]

Ebenso wichtig waren Formen der Kritik, die dezidiert als nicht-westliche Perspektiven auftraten und das eurozentrische Metanarrativ der Weltgeschichte direkt herausforderten. Dazu gehörten die ersten «postkolonialen» Positionen, wie sie in der frühen Nachkriegszeit von Autoren wie Frantz Fanon, Aimé Césaire oder Léopold Senghor vertreten wurden, auf zum Teil ganz unterschiedliche Weise. In ihren Texten fand sich eine in

74 Immanuel Wallerstein, *Das moderne Weltsystem*, 4 Bände, Wien (Promedia Verlag) 1986–2012.

75 Vgl. am Beispiel der USA die glänzende Darstellung von Peter Novick, *That Noble Dream: The ‹Objectivity Question› and the American Historical Profession*, New York (Cambridge University Press) 1988.

76 Mark T. Berger, *Under Northern Eyes: Latin American Studies and US Hegemony in the Americas, 1898–1980*, Bloomington (Indiana University Press) 1995; Masao Miyoshi und Harry D. Harootunian (Hg), *Learning Places: The Afterlives of Area Studies*, Durham NC. (Duke University Press) 2002.

mancher Hinsicht fundamentale Kritik an den Annahmen und Werten, die der westlichen Zivilisierungsmission mit ihrem Glauben an universale Entwicklungspfade zugrunde lagen. In der Folge der Konferenz der Blockfreien Staaten in Bandung 1955 sowie der anti-imperialistischen Protestbewegungen im Zeitalter der Dekolonisation bis hin zu den globalen Protesten 1968 nahm die Ausstrahlung dieser und verwandter Ansätze weiter zu.[77] Innerhalb der wissenschaftlichen Debatte einflussreicher war lange Zeit der Ansatz der Dependenz-Theorie, der zuerst von Sozialwissenschaftlern, die in und über Lateinamerika arbeiteten, entwickelt wurde. Wie die frühen postkolonialen Autoren hatte auch die Dependenz-Theorie eine politische Stoßrichtung und kritisierte die US-amerikanische Entwicklungspolitik im Süden des Kontinents. Ihr theoretischer Beitrag lag darin, Armut und «Rückschrittlichkeit» nicht als Ergebnis nicht-moderner lokaler Traditionen zu verstehen, die von der Dynamik der Weltwirtschaft noch nicht erfasst worden waren, sondern im Gegenteil gerade als Resultat der Einbindung in die Strukturen des globalen Kapitalismus.[78]

Seit den 1980er Jahren, um noch einen einflussreichen Fall zu nennen, haben Historiker im Kontext der *subaltern studies* maßgeblich zur Infragestellung eurozentrischer Annahmen der Geschichtswissenschaft beigetragen. Auch an diesem Beispiel lassen sich die transnationalen Mechanismen der Wissensproduktion gut beobachten. Die *subaltern studies* entstanden in Indien und stellten zunächst den Versuch dar, die Geschichte aus Sicht der marginalisierten und «subalternen» Schichten zu schreiben, eine Art kritischer «Geschichte von unten». Die-

77 Vgl. dazu Robert Young, *Postcolonialism: An Historical Introduction*, Oxford (Blackwell) 2001; Leela Gandhi, *Postcolonial Theory: A Critical Introduction*, New York (Columbia University Press) 1998,

78 Vgl. Cristobal Kay, *Latin American Theories of Development and Underdevelopment*, London (Routledge) 1989.

ser Ansatz entwickelte sich unter besonderen gesellschaftlichen Bedingungen, in den Jahren nach der Notstandspolitik Indira Gandhis. Er war also lokal verortet, stützte sich zugleich aber auch auf ganz unterschiedliche internationale Ansätze, von Gramsci und Foucault bis zu Said und Derrida. Die wissenschaftliche Agenda der *subaltern studies*-Historiker wurde bald über den Bereich der Geschichte Südasiens hinaus wahrgenommen und auf andere Regionen übertragen. Aber selbst als wichtige Vertreter dieser Richtung an Universitäten in der anglophonen Welt Karriere machten, blieben die *subaltern studies* weiterhin mit Indien assoziiert, und ihre Kritik am Eurozentrismus bezog aus dieser Anbindung an einen konkreten Ort außerhalb des Westens einen Teil ihrer Stoßkraft.[79]

Bis zum Ende des 20. Jahrhunderts hatte sich das Feld der Weltgeschichtsschreibung breit ausdifferenziert, auch wenn sie in den meisten Ländern nicht im Zentrum der Disziplin stand. Dabei war eine Lesart der globalen Vergangenheit, die spätestens seit dem 16. Jahrhundert durch die von Europa ausgehende Expansion, ökonomische Integration und Modernisierung geprägt wurde, weiterhin sehr prominent. Zugleich aber nahm die Kritik an eurozentrischen Narrativen zu, die nun einen viel wichtigeren Stellenwert einnahmen als noch ein Jahrhundert zuvor.[80]

Die Geschichte der Weltgeschichtsentwürfe zeigt, dass das gegenwärtige Interesse an grenz- und kulturüberschreitenden Zusammenhängen kein Novum darstellt, weder in Europa noch in vielen anderen Regionen. Nicht zum ersten Mal schreiben

79 Eine konzise Zusammenfassung bietet Gyan Prakash, Subaltern Studies as Postcolonial Criticism, *American Historical Review* 99 (1994), 1475–1490. Vgl. zur Spannung zwischen indischem und transnationalem Charakter der *subaltern studies* auch Arif Dirlik, The Postcolonial Aura: Third World Criticism in the Age of Global Capitalism, *Critical Inquiry* 20 (1994), 328–356.

80 Sachsenmaier, *Global Perspectives*, 45.

Historiker die Welt, oder genauer: ihre Welt. Denn in der kurzen Skizze dieses Kapitels ist zugleich deutlich geworden, dass die «Welt», von der die Rede war, keineswegs die gleiche blieb. Die Universalgeschichten des 18. Jahrhunderts beruhten auf anderen Erfahrungen als die ökumenischen Weltgeschichten der Antike, als der von der Zivilisierungsmission geprägte Blick auf die Welt um 1900 oder die Diskussion über Globalisierung in der Gegenwart. Ebenso wichtig waren regionale Unterschiede und die Frage, von welchem Ort aus globale Zusammenhänge beschrieben und gedeutet wurden. Die Welt von Liang Qichao war bei allen Überschneidungen nicht dieselbe wie die seines Zeitgenossen Lamprecht. Globalgeschichte war – und ist auch heute – in erster Linie eine Perspektive, und daher ist sie von ihren zeitlichen und räumlichen Entstehungsbedingungen geprägt.

Diese Einsicht, dass Weltbezüge und die Vorstellung von «Welt» überhaupt eine Geschichte haben, ist eine wichtige Erkenntnis. Sie sollte davor wappnen, gegenwärtige Annahmen über den Globalisierungsprozess unbesehen zu verallgemeinern und für überzeitlich zu halten. Zugleich wird aus der historischen Rückschau deutlich, dass sich die heutige Globalgeschichtsforschung von ihren Vorläufern in mancher Hinsicht grundsätzlich unterscheidet, vor allem, weil sie Verflechtung und Integration betont und teleologischen Narrativen eine Absage erteilt. Historiographisch bleibt hoch interessant, wie die Formen der Weltaneignung entstanden sind; aber die Anliegen und die Dynamik gegenwärtiger Debatten lassen sich aus der Geschichte der Weltgeschichtsschreibung kaum ableiten.

3
GLOBALGESCHICHTE GLOBAL: ENTWICKLUNGEN SEIT DEN 1990er JAHREN

Wie jede andere Form der Geschichtsschreibung ist Globalgeschichte stets von ihren Entstehungsbedingungen und dem konkreten gesellschaftlichen Kontext geprägt, in dem sie verfasst wird. Eine globalgeschichtliche Perspektive ist insofern zunächst einmal eine spezifische Deutung globaler Zusammenhänge – und muss keineswegs heißen, dass diese Deutung auch überall in der Welt verstanden oder gar akzeptiert wird. Genauso wie sich deutsche, französische oder polnische Schulbücher unterscheiden können – in ihren thematischen Schwerpunkten; in dem, was sie auslassen; aber auch in der Interpretation von Ereignissen, die sie alle behandeln – so können Darstellungen der Weltgeschichte mitunter grundlegend variieren. Im zweiten Kapitel haben wir gesehen, dass die Vorstellung von «Welt» und Globalität historisch wandelbar war und je nach Epoche unterschiedlich erscheinen konnte. Ähnliches gilt für die Gegenwart. Einzelne Themen, sagen wir die Sklaverei, verändern ihre soziale Bedeutung grundlegend – je nachdem, ob sie aus der Perspektive Angolas oder Nigerias, Brasiliens oder Kubas, oder aber Frankreichs oder Englands in den Blick genommen werden. Und auch die Vorstellung der jeweils relevanten «Welt» ist über Gesellschaften und Nationen hinweg keineswegs homogen.[81]

81 Einen Überblick über unterschiedliche Ansätze der Welt- und Globalgeschichtsschreibung vermitteln Philip Pomper, Richard H. Elphick und Richard T. Vann (Hg), *World History: Ideologies, Structures, and Identities*, Oxford (Blackwell) 1998; Bruce Mazlish und Ralph Buultjens (Hg), *Conceptualizing Global History*, Boulder CO. (Westview) 1993; Patrick Manning, *Na-*

Da Globalgeschichte nicht ein natürlich gegebener Gegenstand ist, sondern eine Perspektive darstellt, ist es umso wichtiger, zu reflektieren, von wo aus sie betrachtet wird. In diesem Kapitel soll daher die Vielfalt globalgeschichtlicher Debatten thematisiert werden. Konkret geht es dabei zum einen um die wissenssoziologische Ebene: um die Frage, wie der Stellenwert von Welt- und Globalgeschichte jeweils aussieht und welche Gründe für die unterschiedliche Konjunktur – beziehungsweise für die mangelnde Attraktivität – des Ansatzes ausschlaggebend sind. Zum anderen sollen allgemeine Tendenzen des Umgangs mit weltgeschichtlichen Problematiken vorgestellt werden. Dabei lassen sich typologisch drei Ansätze unterscheiden: die Untersuchung transnationaler Verflechtungen (ohne expliziten Bezug zur «Welt»); die Geschichte von Zivilisationen; und schließlich Variationen der Welt- und Globalgeschichte im engeren Sinn, die in einem letzten Teil am Beispiel von China und Japan vorgestellt werden. Insgesamt soll deutlich werden, dass der Stellenwert – und auch die konkreten Narrative – von Weltgeschichte sich je nach lokalen und nationalen Traditionen unterscheiden können, aber immer auch als Teil – und damit als Produkt – einer Geopolitik des Wissens verstanden werden müssen.

Institutionelle Landschaften

Nach wie vor ist ein großer Teil der international einflussreichen Institutionen, Foren und Diskussionen über Globalgeschichte in den anglophonen Ländern angesiedelt. Vor allem in den Vereinigten Staaten haben diese Ansätze seit den 1980er Jahren großen Einfluss erlangt und sind zum Teil institutionell

vigating World History: Historians Create a Global Past, New York (Palgrave Macmillan) 2003; Pamela Kyle Crossley, *What is Global History?*, Cambridge (Polity Press) 2008.

verankert worden. Auch hier ist Globalgeschichte kein klar definiertes und abgegrenztes Feld, sondern entstand aus der Überlagerung ganz verschiedener Richtungen und Trends. Unterschiedliche Faktoren haben zu dem wachsenden Interesse beigetragen. Besonders wichtig waren die seit ihrer Etablierung in der Frühphase des Kalten Krieges starken und gut ausgestatteten Regionalwissenschaften. Hier wurden nicht nur sprachliche und landeskundliche Kenntnisse vermittelt; von den Vertretern der *area studies* gingen auch seit längerem Forderungen aus, die jeweiligen Regionen innerhalb des allgemeinen Geschichtsbilds stärker zu berücksichtigen. Allerdings führte davon auch kein direkter Weg zur Globalgeschichte, die ja Verflechtung und Austausch betonte, während viele Regionalwissenschaften methodisch ganz auf ihre jeweiligen Untersuchungsräume beschränkt blieben.[82]

Ein weiterer Faktor war die besondere Konstellation einer stark durch Einwanderung geprägten Gesellschaft, in der viele Gruppen – die seit den 1970er Jahren auch die Universitäten erreichten – mit der bis dato hegemonialen Herleitung des nationalen Selbstverständnisses aus der europäischen Geschichte nicht mehr einverstanden waren. Die Etablierung von Weltgeschichte korrespondierte insofern auch mit Forderungen nach gesellschaftlicher Teilhabe seitens vor allem hispanischer und asiatischer Immigranten.

Schließlich gehörte auch ein breiteres Bewusstsein von Amerikas Rolle in der Welt zu den Entstehungsbedingungen der neuen Disziplin – auch wenn dies ein Hintergrundkontext war und Weltgeschichtsschreibung nicht als bewusste Antwort auf politische und wirtschaftliche Herausforderungen betrachtet werden sollte. So haben die Bürgerbewegungen der 1960er und

82 Vgl. zu der Kritik an den Regionalwissenschaften etwa Masao Miyoshi und Harry D. Harootunian (Hg), *Learning Places: The Afterlives of Area Studies*, Durham NC. (Duke University Press) 2002.

1970er Jahre eine Diskussionskultur geschaffen, in der die Dominanz nationaler Perspektiven zunehmend hinterfragt wurde. Und auch die Verlagerung der politischen Aufmerksamkeit von der Bipolarität des Kalten Krieges hin zu einer globalen Welt gehört in diesen Zusammenhang und damit in Verbindung die machtpolitischen Aktivitäten der USA, die 1991 mit dem Golfkrieg eine neue Richtung einschlugen. Die älteren «Western civ»-Kurse der Zeit des Kalten Krieges – «‹Western civ› war ein Kind des Krieges», schreibt Peter Novick – schienen zu der sich herausbildenden neuen Weltordnung nicht mehr recht zu passen.[83] Die politische Verschiebung wiederum stand im Kontext des sich beschleunigenden Globalisierungsprozesses und dem ökonomischen Aufstieg Asiens seit den 1980er Jahren, der zunächst in Forschungsfeldern wie den *Pacific Rim*-Studies (zu den pazifischen Anrainerstaaten) und schließlich in einer an Diversität interessierten Weltgeschichte seine akademische Entsprechung fand.

Vorübergehend spielte in diesem Prozess auch die Entwicklung im Sekundarschulwesen eine Rolle.[84] In den 1990er Jahren hat die schulische Nachfrage großen Druck auf die Universitäten ausgeübt und diese zu Reformen ihrer Lehrpläne gedrängt. Die Überführung der althergebrachten Kurse über «Western Civilization» in weltgeschichtliche Überblicksveranstaltungen hat auch auf die Universitäten zurückgewirkt, wo die zukünftigen Lehrer auf dieses neue Kursangebot vorbereitet werden mussten. Diese Wechselwirkung von innerfachlicher Dynamik

83 Peter Novick, *That Noble Dream: The «Objectivity Question» and the American Historical Profession*, New York (Cambridge University Press) 1988, 312. Vgl. zum Zusammenhang der Weltgeschichtskurse an den Schulen mit politisch-militärischer Planung Roxann Prazniak, Is World History Possible? An Inquiry, in: Arif Dirlik, Vinay Bahl und Peter Gran (Hg), *History after the Three Worlds: Post-Eurocentric Historiographies*, Lanham, MD. (Rowman & Littlefield) 2000, 221–240.

84 Diese Rolle wird stark betont in Manning, *Navigating World History*.

und der Veränderung des Schulwesens hat in der Gründung der World History Association (1982) und 1990 in der Publikation des *Journal of World History* ihren institutionellen Niederschlag gefunden. Wichtiger noch als das institutionelle Feld der Weltgeschichte sind in der gegenwärtigen Diskussion jedoch die vielen verschiedenen Ansätze von Historikern, die mit neuen Raumkonzepten experimentieren und ihre Forschungsregion in vielfältige Bezüge einbinden, ohne sich von den bislang dominanten Staats- und Nationalgeschichten beschränken zu lassen.[85]

Neben den Vereinigten Staaten ist Großbritannien das zweite Zentrum der Globalgeschichte mit internationaler Ausstrahlung. Hier ging das Interesse an globalen Zusammenhängen aus der Tradition der *imperial history* hervor. Aufgrund der prominenten Stellung des British Empire im universitären Curriculum war die Geschichte Asiens und Afrikas, und erst recht die der ehemaligen britischen Siedlungskolonien, ohnehin stärker präsent als in vielen anderen Ländern. Auch die Regionalexpertise blieb institutionell häufig an die Imperialgeschichte gebunden. So bekleidete C. A. Bayly, ein weltweit ausgewiesener Experte für die Geschichte Südasiens, in Cambridge einen Lehrstuhl für Imperial and Naval History. Viele der bekanntesten Globalhistoriker haben sich zuvor lange Zeit mit dem britischen Weltreich beschäftigt. Hinzu kam der Einfluss oppositioneller Ansätze wie der *subaltern studies*, der Geschlechterforschung und der *postcolonial studies*, die darauf hinwirkten, die bisherige Geschichtsschreibung des British Empire zu dezentrieren. Während in den USA viele Welthistoriker in der Etablierungsphase aus den Regionalwissenschaften stammten, hat sich Globalgeschichte in Großbritannien eher als Neuerfindung der Imperialgeschichte etabliert.

85 Der beste Überblick über die Entwicklung in den Vereinigten Staaten findet sich bei Dominic Sachsenmaier, *Global Perspectives on Global History: Theories and Approaches in a Connected World*, Cambridge (Cambidge University Press) 2011.

Sowohl in den Vereinigten Staaten als auch in Großbritannien sind mittlerweile mehrere Zentren für Globalgeschichte gegründet worden. An einigen Universitäten, etwa in Princeton, Harvard und im englischen Cambridge, gibt es *Global history*-Seminare, die von Studierenden mit unterschiedlicher Spezialisierung besucht werden. An manchen Universitäten sind globalgeschichtliche Studiengänge eingerichtet worden, so in Chapel Hill, Georgetown oder an der Rutgers-Universität. Schließlich gibt es regelrechte globalgeschichtliche Forschungszentren, etwa in Pittsburgh, an der Columbia Universität, in Warwick oder Oxford. Zum Teil ermöglichen sie den Universitäten, in einem zunehmend international geführten Wettbewerb als Trendsetter dazustehen. Aber es sind vor allem die Hierarchien des Wissens, die erklären, dass der gesamte Ansatz in der internationalen Wahrnehmung häufig mit der angelsächsischen Forschung gleichgesetzt wurde. Bisweilen ist sogar von einem britisch-amerikanischen Exportprodukt die Rede. Dieser Eindruck wird noch verstärkt, wenn Einführungswerke sich in ihrem Forschungsüberblick ganz auf die englischsprachige Literatur beschränken.[86] Die Dominanz der englischsprachigen *global history* ist ihrer inneren Dynamik geschuldet, aber auch der zentralen Stellung des Englischen im Wissenschaftsmarkt und der damit zusammenhängenden Autorität amerikanischer und britischer Fachzeitschriften. Unterstützt durch potente Stiftungen und Institutionen der Wissenschaftsförderung hat die globalgeschichtliche Agenda eine Zugkraft und Verbindlichkeit erlangt, auf die sich Historiker beziehen, um die Aktualität ihrer Forschung unter Beweis zu stellen.

An das hegemoniale Muster anglophoner Globalgeschichte wird in vielen Ländern ganz ausdrücklich angeknüpft. Nicht selten ist das Projekt einer neuen Globalgeschichte, die sich von frü-

86 So etwa Manning, *Navigating World History*.

heren Varianten weltgeschichtlichen Denkens explizit abgrenzt, ganz gezielt als Projekt der Übersetzung und Überführung lanciert worden. In vielen kontinentaleuropäischen Ländern diente der Bezug auf die lebhafte Debatte in der angelsächsischen Welt dazu, eine intellektuelle Agenda zu eröffnen, deren Perspektiven und Fragestellungen nicht von älteren Traditionen der Universal-, Welt- und Überseegeschichte vorgegeben waren.[87] Frühe Varianten bezogen sich methodisch vor allem auf den Weltsystemansatz.[88] In jüngerer Zeit ist das Spektrum erheblich breiter geworden; besonders wirkmächtig sind Ansätze, die über vergleichende Perspektiven hinausgehen und Interaktionen und Austausch in den Vordergrund rücken. Inzwischen sind auch einflussreiche Werke entstanden, die ins Englische übersetzt werden und auf die internationale Diskussion zurückwirken.[89]

87 Vgl. etwa in Italien Laura Di Fiore und Marco Meriggi, *World history. Le nuove rotte della storia*, Rom (Laterza) 2011; in Deutschland: Sebastian Conrad, Andreas Eckert und Ulrike Freitag (Hg), *Globalgeschichte: Theorien, Ansätze, Themen*, Frankfurt am Main (Campus) 2007; in der Schweiz: Jérome David, Thomas David und Barbara Lüthi (Hg), *Globalgeschichte/Histoire Global/Global History*, Zürich (Chronos) 2007; in Frankreich: Philippe Beaujard, Laurent Berger und Philippe Norel (Hg), *Histoire globale, mondialisations et capitalisme*, Paris (La Découverte) 2009; in Korea: Cho Ji-hyŏng und Kim Yong-Woo (Hg), *Chigusa ŭi tojŏn: ŏddŏgge yurŏpchungsimjuŭi rŭl nŏmŏsŏl kŏtinga*, Seoul (Sŏhaemunjip) 2010; in Japan: Mizushima Tsukasa, *Gurôbaru hisutorî nyûmon*, Tokyo (Yamakawa Shuppan) 2010.

88 Zu den frühen Zentren der Weltsystemtheorie in Europa gehörte die Universität Wien. Vgl. auch die Einführung des belgischen Historikers Eric Vanhaute, *Wereldgeschiedenis. Een inleiding*, Gent (Academia Press) 2008.

89 Zu den besonders einflussreichen Beispielen europäischer Weltgeschichtsschreibung gehören Serge Gruzinski in Paris und Jürgen Osterhammel in Konstanz. Vgl. etwa Gruzinski, *Les quatre parties du monde: Histoire d'une mondialisation*, Paris (Seuil) 2006; Gruzinski, *Quelle heure est-il là bas? Amérique et islam à l'orée des temps modernes*, Paris (Seuil) 2008; Gruzinski, *L'aigle et le dragon: Démesure europèenne et mondialisation au XVIe siècle*, Paris (Fayard) 2012; sowie Osterhammel, *Die Verwandlung der Welt*, München (C.H. Beck) 2009. Wichtig sind auch Beiträge in der Wirtschafts- und Arbeitsgeschichtschreibung, beispielsweise: Jan Luiten van Zanden, *The Long Road to the Industrial Revolution: The European Economy in a Global Perspective, 1000–1800*, Leiden (Brill) 2009; Marcel van der Linden, *Workers of the World: Essays Toward a Global Labor History*, Leiden (Brill) 2008.

Die Dominanz der englischsprachigen Forschung heißt im Umkehrschluss jedoch nicht, dass es nicht auch in anderen Kontexten historisches Denken in grenzüberschreitenden Zusammenhängen gibt und gegeben hat. Nicht überall werden diese Ansätze mit den Begriffen Welt- oder Globalgeschichte belegt. Das ist grundsätzlich in den Vereinigten Staaten oder in Großbritannien nicht anders. Nicht immer wird der Bezug zu den globalhistorischen Trends im Fach hergestellt, auch wenn das inhaltlich möglich wäre. In einigen Fällen wird das Label auch bewusst vermieden. Was sind die Gründe für diese Abstinenz? Woran liegt es, dass Globalgeschichte nicht ohne weiteres ein globales Gemeinschaftsprojekt ist? Vor allem drei Faktoren spielen hier eine Rolle.

Erstens hängt der bewusste Anschluss an globalgeschichtliche Debatten ganz wesentlich damit zusammen, in welchem Maß eine wissenschaftliche *community* die englischsprachigen Diskussionen verfolgt und ihr ausgesetzt ist. In vielen Gesellschaften ist aufgrund der wichtigen Rolle der Geschichte für das nationale Selbstverständnis – anders als in den Sozial- oder Wirtschaftswissenschaften und erst recht den Naturwissenschaften – die Publikation in der Landessprache nach wie vor üblich, wenn nicht sogar durch staatliche Einrichtungen gefördert. Insbesondere in Ländern, die aufgrund gewachsener Strukturen sowie der Größe ihrer nationalen Öffentlichkeit und des Buchmarktes in der Lage sind, eine Historikerschaft und ihre Veröffentlichungen zu alimentieren – etwa in Frankreich oder Italien, aber auch in vielen arabischen Ländern – bleibt der Kontakt mit der englischsprachigen Diskussion (häufig als «internationale Forschung» bezeichnet) oft gering. Das gilt auch für die meisten lateinamerikanischen Staaten, in denen sich Historiker aus sprachlichen und historischen Gründen eher an der französischen oder auch spanischen Forschung orientieren als an der britischen oder nordamerikanischen. Ganz anders ist die Situation in den Ländern, die sich aufgrund ihrer

Größe und generellen internationalen Ausrichtung viel stärker auf die angelsächsische Entwicklung beziehen. In Dänemark oder den Niederlanden, aber etwa auch in Singapur sind Forschungsschwerpunkte und ganze Studiengänge für *global history* daher früher eingerichtet worden als anderswo.

Zweitens und damit eng verbunden lässt sich beobachten, dass in vielen Ländern die Nationalgeschichte wenig diskreditiert ist und sich weiterhin großer Akzeptanz erfreut. Ohne Zweifel bleibt das Format der Nationalgeschichte überall präsent, nicht zuletzt, weil die Geschichtswissenschaft im 19. Jahrhundert als eine auf die Nation bezogene Disziplin entstand und dieses Erbe bis heute fortwirkt. Aber an manchen Orten hat die wissenschaftliche Kritik an dem Format der Nationalgeschichte, und auch an der Modernisierungstheorie, bislang besonders wenig Resonanz gehabt. In vielen afrikanischen Staaten beispielsweise, in der Nachfolge der berühmten Ibadan-Schule in Nigeria, sieht die Mehrzahl der Historiker ihre politische Aufgabe in erster Linie im Bereich der Nationsbildung. Ohnehin befinden sich viele historische Institute und auch Universitäten Afrikas in einer finanziellen und institutionellen Krisensituation. Das trägt dazu bei, dass sich an afrikanischen Universitäten kaum Studiengänge mit globalgeschichtlicher Ausrichtung finden, und selbst Fachvertreter mit entsprechenden Interessen nicht zahlreich sind.[90] Der nationalgeschichtliche Rahmen wird auch in den meisten Ländern Osteuropas wenig hinterfragt, wo die 1990er Jahre nicht in erster Linie als Aufbruch in das Globalisierungszeitalter gedeutet wurden, sondern

90 Vgl. Toyin Falola, Nationalism and African Historiography, in: Q. Edward Wang und Georg G. Iggers (Hg), *Turning Points in Historiography: A Cross Cultural Perspective*, Rochester (University of Rochester Press) 2002, 209–231; Andreas Eckert, Nationalgeschichtsschreibung und koloniales Erbe. Historiographien in Afrika in vergleichender Perspektive, in: Christoph Conrad und Sebastian Conrad (Hg), *Die Nation schreiben. Geschichtswissenschaft im internationalen Vergleich*, Göttingen (Vandenhoeck & Ruprecht) 2002, 78–111.

als Herausforderung für die nationale Neukonstituierung nach den langen Jahren des Kalten Krieges.[91] Auch für viele Historiker in Lateinamerika sowie in der arabischen Welt ist die Nation ein privilegierter Analyserahmen geblieben.[92]

Aber auch in Deutschland wurde bis vor Kurzem Geschichte weitgehend mit der Geschichte der deutschen Nation gleichgesetzt. Wer mit der Ambition auftrat, zu den Granden des Faches zu gehören, für den gab es zu einer am Ende des Gelehrtenlebens verfassten Gesamtdarstellung der deutschen Geschichte kaum eine Alternative.[93] «Wirklich merkwürdig an Deutschland», hat Michael Geyer 2006 beobachtet, «ist die Tatsache, dass, obwohl die deutschen Länder und ihre Menschen so sehr mit der Welt verschränkt waren, die Deutschen und damit auch deutsche Historiker so ungemeine Schwierigkeiten haben, mit dieser Tatsache und ihren Konsequenzen zurechtzukommen.»[94] Hinzu kam, dass 95% aller deutschen Historiker zur deutschen und (in kleinerem Umfang) europäischen Geschichte arbeiteten. So ungewöhnlich war das aller-

91 Vgl. Stefan Berger und Chris Lorenz (Hg), *Nationalizing the Past: Historians as Nation Builders in Modern Europe*, Basingstoke (Palgrave Macmillan) 2010; Berger und Lorenz (Hg), *The Contested Nation: Ethnicity, Class, Religion and Gender in National Histories*, Basingstoke (Palgrave Macmillan) 2011; Stefan Berger (Hg), *Writing the Nation: Global Perspectives*, Basingstoke (Palgrave Macmillan) 2006.

92 Vgl. Ulrike Freitag, Nationale Sebstvergewisserung und der «Andere»: Arabische Geschichtsschreibung nach 1945, in: Wolfgang Küttler, Jörn Rüsen und Ernst Schulin (Hg), *Geschichtsdiskurs, Band 5: Globale Konflikte, Erinnerungsarbeit und Neuorientierungen seit 1945*, Frankfurt am Main (Fischer) 1999, 142–161. Vgl. auch das Kapitel «The appeal of nationalist history around the world», in: Georg G. Iggers und Q. Edward Wang, *A Global History of Modern Historiography*, Harlow (Pearson) 2008, 194–249.

93 Vgl. Stefan Berger, *The Search for Normality: National Identity and Historical Consciousness in Germany since 1800*, Providence (Berghahn) 1997.

94 Michael Geyer, Rezension zu: Gunilla Budde, Sebastian Conrad und Oliver Janz (Hg), *Transnationale Geschichte. Themen, Tendenzen und Theorien*, Göttingen 2006, in: http://hsozkult.geschichte.hu-berlin.de/rezensionen/id=8227&count=11&recno=8&type=rezbuecher&sort=datum&order=down&search=geyer+transnationale+geschichte (Zugriff 13. 7. 2012).

dings nicht; in den meisten europäischen Ländern verhielt es sich kaum anders, und die Marginalisierung transnationaler Ansätze war ein breiteres, gesamteuropäisches Phänomen. Seit einigen Jahren jedoch haben Vergleich und Transfer, transnationale und auch globale Geschichte in der Bundesrepublik deutlich an Bedeutung gewonnen; erste Zentren und Studiengänge sind entstanden, und ermöglicht durch ein hervorragendes Stiftungsumfeld sind deutsche Universitäten nun geradezu zu einem Vorreiter der Globalgeschichte in Kontinentaleuropa geworden.[95]

Die universitäre Landschaft und ihre institutionelle Beharrungskraft sind entscheidende Faktoren, wenn man das Panorama weltgeschichtlicher Forschung betrachtet. Ganz zentral ist dabei die Frage der Ressourcen. Stiftungen und auch Regierungseinrichtungen haben dazu beigetragen, die neuen Ansätze zu fördern, nicht selten mit politischen und auch strategischen Interessen. Hinzu kommt die öffentliche Nachfrage. Zwar bleibt das Gespräch über Forschung zu Einzelthemen in globalgeschichtlicher Perspektive meist auf wenige Experten beschränkt. Aber für mehrbändige Reihen zur Weltgeschichte können Verlage in Ländern wie den Vereinigten Staaten, Deutschland oder Japan auf große Nachfrage rechnen und gehören daher zu den Triebkräften solcher Makroperspektiven. Schließlich bringt Globalgeschichte hohe Kosten mit sich, vor allem durch die international besetzten Konferenzen, aber auch durch die Investition in das Studium von Sprachen und Regionen; man muss sie sich leisten können. Das ist ein wichtiger Grund, warum die westlichen Industrieländer, aber auch die

95 Vgl. zur Entwicklung in Deutschland die fundierte Darstellung bei Sachsenmaier, *Global Perspectives*, 110–171. Ein früher Knotenpunkt dieser Entwicklungen war die Universität Leipzig, wo vor allem Matthias Middell – unter Rückgriff auf frühere Formen der Weltgeschichtsschreibung in Leipzig, von Karl Lamprecht bis Manfred Kossok – auf die Institutionalisierung der Globalgeschichte hingewirkt hat.

wohlhabenden Nationen in Ostasien in diesem Feld nach wie vor überrepräsentiert sind.

Das hat dazu geführt, dass viele der international orientierten Historiker aus strukturschwächeren Regionen inzwischen an Universitäten in den Vereinigten Staaten, Großbritannien oder Singapur lehren. Durch die Globalisierung der akademischen Profession kann man daher auch nicht mehr ohne Weiteres von nationalen Traditionen sprechen – die nordamerikanische Historiographie etwa ist von Historikern aus Europa, Afrika, Asien oder Lateinamerika mitgeprägt. Selbst die *subaltern studies*, eines der prominentesten Exportprodukte der indischen Geschichtsschreibung seit den 1980er Jahren, sind maßgeblich von Wissenschaftlern an US-amerikanischen Universitäten mit entwickelt worden.[96] Und so ist, um das noch an einem Beispiel zu illustrieren, auch die afrikanische Geschichte stärker globalgeschichtlich orientiert, als es ein erster Blick auf die institutionelle Landschaft in Afrika suggeriert. Seit Ende der 1990er Jahre ist in internationalen Foren intensiv über die Rolle des Kontinents in der Weltgeschichte nachgedacht worden.[97] An diesen Diskussionen sind auch afrikanische Wissenschaftler beteiligt.[98] Eine relativ exponierte Position vertritt der Wirtschafts-

96 Vgl. dazu die kritischen Kommentare von Arif Dirlik, *The Postcolonial Aura: Third World Criticism in the Age of Global Capitalism*, Boulder CO. (Westview) 1997.

97 Vgl. Joseph C. Miller, History and Africa/Africa and History, *American Historical Review* 104 (1999), 1–32; Frederick Cooper, Africa in a Capitalist World, in: Darlene Clark Hine und Jacqueline McLeod (Hg), *Crossing Boundaries: Comparative History of Black People in the Diaspora*, Bloomington (Indiana University Press) 1999, 391–418; Andreas Eckert, Fitting Africa into World History: A Historiographical Exploration, in: Benedikt Stuchtey und Eckhardt Fuchs (Hg), *Writing World History 1800–2000*, Oxford (Oxford University Press) 2003, 255–270.

98 Vgl. etwa Joseph Inikori, *Africans and the Industrial Revolution in England: A Study in International Trade and Economic Development*, Cambridge (Cambridge University Press) 2002; Inikori, Africa and the Globalisation Process: Western Africa, 1450–1850, *Journal of Global History* 2 (2007), 63–86. Vgl. auch Mamadou Diouf, Des historiens et des histoires, pourquoi faire? L'historiographie Africaine entre l'Ètat et les communautés, *Revue africaine de sociolo-*

historiker Paul Tiyambe Zeleza aus Malawi, gegenwärtig in Kalifornien tätig, der vehement für einen globalgeschichtlichen Blick auf Afrika plädiert. «Solange sich nicht mehr afrikanische Historiker mit der Erforschung, dem Schreiben und dem Lehren von Weltgeschichte beschäftigen, wird Afrika weiterhin als peripherer Teil der menschlichen Geschichte behandelt werden und Weltgeschichte wird notwendig lückenhaft bleiben.» Weltgeschichte aus afrikanischer Sicht müsse über die herkömmliche westliche Perspektive, die Überbetonung der Kolonialzeit und auch die Abhängigkeit von westlichen Quellen hinausgehen.[99]

Sein eigenes – allerdings unter Fachkollegen umstrittenes – Projekt ist eine globale Geschichte der Menschheit. Sie ruht zum einen auf der Geschichte der afrikanischen Diaspora, die er als zentralen Faktor der Menschheitsgeschichte anerkannt wissen will, von prähistorischer Zeit bis in die Gegenwart. Ihre Auswirkungen reichten auch tief in die Geschichte des «Westens» hinein; mehr als drei Jahrhunderte lang stammte der größte Teil der Bevölkerung der Amerikas aus Afrika (und Zeleza reklamiert daher auch historische Persönlichkeiten wie W. E. B. Du Bois für die afrikanische Geschichte, aber auch den im heutigen Algerien geborenen Kirchenvater Augustinus). Dabei geht es ihm nicht nur um eine Geschichte des afrikanischen Einflusses in der Welt, sondern auch um eine Abkehr von der alleinigen Orientierung an machtpolitischem und ökonomischem Erfolg. «Macht kann nicht das Maß von Geschichte in all ihrer Komplexität und ihren Konsequenzen sein; Geschichte

gie 3 (1999) 99–128; David Simo, *Writing World History in Africa: Opportunities, Constraints and Challenges* (Manuskript) 2011.

99 Paul Tiyambe Zeleza, Banishing the Silences: Towards the Globalization of African History, Vortrag auf der 11th General Assembly of the Council for the Development of Social Science Research in Africa (CODESRIA), Maputo, 6.-11. Dezember 2005, http://www.codesria.org/IMG/pdf/zeleza.pdf.

mit Macht gleichzusetzen würde bedeuten, verarmte Geschichten von den Siegern der Kriege und Genozide, des Kolonialismus und Imperialismus zu schreiben, von denen, deren Ruhm erhebliche ethische Kosten für den Wert menschlichen Lebens bedeutete und hohe Kosten für das Überleben des Planeten selbst mit sich brachte.»[100]

Es ist deutlich geworden, in wie starkem Maße institutionelle Aspekte zu der ungleichen und asymmetrischen Topographie der Welt- und Globalgeschichtsforschung beigetragen haben. Daneben hat es bisweilen auch politisch und ideologisch motivierten Widerstand gegen dieses Paradigma gegeben. Das ist der dritte Faktor, der hier kurz betrachtet werden soll. Bisweilen stützt sich die weltanschaulich motivierte Kritik an Weltgeschichte auf eine Form des kulturellen Fundamentalismus. Die Spannbreite der möglichen Varianten reicht von konservativen Vorbehalten gegenüber den nivellierenden Folgen der Globalisierung bis hin zu ausgesprochen xenophoben Formen des kulturellen Fundamentalismus. In einigen Fällen ist die Kritik auch religiös motiviert und entzündet sich an der weltlichen Orientierung von Globalgeschichte. Diese Position findet sich vor allem in einigen islamischen Ländern, aber auch in Indien, den Vereinigten Staaten, in Israel und zum Teil in China. Eine ökumenische Ausrichtung an der Gesamtheit des Planeten und seiner Vergangenheit wird dann von bestimmten Gruppen als Abkehr von lokalen Mustern der Sinnstiftung wahrgenommen – oder aber als Diktat einer liberalen westlichen Werteordnung gedeutet.

Das hat an verschiedenen Orten dazu geführt, der dominanten *world history* eine religiös geprägte Form der Weltgeschichte entgegenzusetzen, etwa in muslimischen Ländern. Ein Beispiel ist die 1983 gegründete International Islamic Univer-

100 Ebd. Vgl. auch Paul Tiyambe Zeleza, *Rethinking Africa´s Globalization*, Volume 1: *The Intellectual Challenges*, Trenton, NJ. (Africa World Press) 2003..

sity Malaysia, in deren Institut für *History and Civilization* eine vom Koran inspirierte und an der Offenbarung orientierte islamische Weltgeschichte gelehrt wird. Sie richtet sich gegen die übliche Periodisierung in Antike-Mittelalter-Neuzeit, die als europäische Besonderheit betrachtet wird, aber auch gegen das evolutionäre und an einer Vorstellung von Fortschritt orientierte Metanarrativ der Weltgeschichte.[101] Strukturell ganz ähnliche Vorbehalte werden übrigens auch in dezidiert christlichen Versionen der Weltgeschichte kultiviert. Das US-amerikanische Schulbuch *World History and Cultures in Christian Perspective* portraitiert die westliche Geschichte als christliche Selbstrealisierung, während in nicht-christlichen Gesellschaften Aberglaube, Militanz und Fanatismus eine Höherentwicklung verhindert hätten. In dieser Lesart kann dann Afrika wieder als «Dark Continent» erscheinen und die Zeit der europäischen Kolonisierung als «eine Zeit großen Fortschritts in Afrika, insbesondere dort, wo das Evangelium besonders einflussreich war».[102]

Dies sind jedoch Extrempositionen, die in den meisten Gesellschaften keine Mehrheiten finden. Verbreiteter ist eine allgemeine Skepsis gegenüber einem Ansatz, der – ungeachtet aller anti-eurozentrischen Rhetorik – im Kern als imperialistische Vereinnahmung, als globale Erweiterung eines westlichen Geschichtsbildes wahrgenommen wird. In diesen Fällen erscheint dann auch die emphatische Betonung von Austausch und Vernetzung, das Signet der Globalgeschichte, nicht nur als metho-

101 Vgl. Ahmed Ibrahim Abushouk, World History from an Islamic Perspective: The Experience of the International Islamic University Malaysia, in: Patrick Manning (Hg), *Global Practice in World History: Advances Worldwide,* Princeton (Markus Wiener) 2008, 39–56.

102 George Thompson and Jerry Combee, *World History and Cultures in Christian Perspective,* Pensacola FL. (A Beka Book) 1997, 79. Vgl. dazu Frances R. A. Paterson, *Democracy and Intolerance: Christian School Curricula, School Choice, and Public Policy,* Bloomington, IN. (Phi Delta Kappa) 2003.

disches Credo. Da in der Praxis damit häufig die Verflechtung im Kontext des europäischen Kolonialismus gemeint ist, kann diese Lesart als neo-koloniales Deutungsmuster verstanden werden. «Indische Intellektuelle», kritisiert etwa Vinay Lal, «haben sich an die Idee einer bi-polaren Welt von Indien und dem Rest gewöhnt. Dies ist überall die Lage kolonisierter Menschen. [...] Der Deutungsrahmen ist augenscheinlich vom europäischen Kolonialismus geprägt.»[103]

In einigen Fällen trifft die Globalgeschichte auch auf eine Geschichtsschreibung, die sich von dem Muster «indigene Antworten auf die westliche Herausforderung» – Lateinamerika und der Westen, Afrika und der Imperialismus, Indien und das Raj, China nach den Opiumkriegen – ganz bewusst gelöst hatte. Stattdessen lag der Fokus auf endogener Dynamik, auf einer induktiven Geschichte «von unten», bei der die Einflüsse von außen zwar als Rahmenbedingungen präsent waren, nicht aber die Entwicklung dominierten. Aus solch einer Perspektive kann die Forderung nach weltgeschichtlicher Einbettung auch als Rückfall in überwunden geglaubte Deutungsmuster erscheinen.[104]

Topographie und Typologie der Weltgeschichte: Transnationale Geschichte

Was jeweils unter Weltgeschichte oder Globalgeschichte verstanden wird, hängt von nationalen und lokalen Interessenlagen ab. Diese sind mit spezifischen Formen der Erinnerungskultur,

103 Vinay Lal, Provincializing the West: World History from the Perspective of Indian History, in: Stuchtey und Fuchs, *Writing World History*, 271–289, Zitat: 278–279.

104 Beispielsweise könnte man an den Ansatz einer China-zentrierten Geschichte denken, der von chinesischen Historikern entwickelt und von Paul Cohen international bekannt gemacht wurde. Vgl. Paul Cohen, *Discovering History in China: American Historical Writing on the Recent Chinese Past*, New York (Columbia University Press) 1984.

disziplinären Strukturen und politischen Faktoren verbunden. Zum Teil sind weltgeschichtliche Ansätze von der englischsprachigen Debatte inspiriert; zum Teil greifen sie aber auch bewusst auf eigene Vorläufer und indigene Genealogien zurück. Aber auch in vielen Ländern, in denen die Begriffe der Weltgeschichte und *global history* nicht explizit Verwendung finden, gibt es Formen der Geschichtsschreibung, die in globalen Referenzräumen denken und eine Reihe methodischer Anliegen mit dem globalgeschichtlichen Ansatz teilen.[105]

Es ist kaum möglich, die unterschiedlichen Positionen unter wenige Parameter zu subsumieren; nicht zuletzt besitzen vor dem Hintergrund der ungleichen Globalisierungserfahrung transkulturelle und globale Fragestellungen an unterschiedlichen Orten auch eine unterschiedliche Dringlichkeit und Sprengkraft. Wenn man gleichwohl den Versuch machen möchte, die historiographische Landschaft typologisch zu ordnen, dann kann man, bei charakteristischen Unterschieden zwischen einzelnen Ländern und Regionen, gegenwärtig drei allgemeine Tendenzen ausmachen: die Nachfrage nach Formen transnationaler Geschichtsschreibung, von der in diesem Unterkapitel die Rede sein wird; sowie die Wiederkehr des Konzepts der Zivilisation und die Pluralisierung dezidiert weltgeschichtlicher Ansätze.

Erstens sind, vor allem seit dem Ende des Kalten Krieges, zunehmend Versuche unternommen worden, die herkömmlichen nationalgeschichtlichen Perspektiven zu überwinden und transnationale Verflechtungen ins Zentrum der Betrachtung zu

105 Vgl. allgemein dazu Eckhardt Fuchs und Benedikt Stuchtey (Hg), *Across Cultural Borders: Historiography in Global Perspective*, Lanham MD. (Rowman & Littlefield) 2002; Stuchtey und Fuchs, *Writing World History;* Q. Edward Wang und Franz L. Fillafer (Hg), *The Many Faces of Clio: Cross-Cultural Approaches to Historiography*, New York (Berghahn) 2007; Manning, *Global Practice in World History*. Vgl. auch das Projekt «Global History, globally», das von Dominic Sachsenmaier und Sven Beckert geleitet wird; ich danke den Veranstaltern und Workshop-Teilnehmern für wichtige Anregungen.

rücken. Die komparative Geschichte hat dafür wichtige Anregungen gegeben; eingeführte Felder wie die Geschichte der Sklaverei oder des Handels haben einen neuen Aufschwung erlebt; und seit den 1990er Jahren waren es vor allem die *postcolonial studies*, die Fragen des grenzüberschreitenden Austauschs in den Vordergrund gerückt haben. Eine interessante, wenn auch anspruchsvolle und selten in die Praxis umgesetzte methodische Anregung war schließlich das Konzept der *histoire croisée*; es ging davon aus, dass die Untersuchungsgegenstände (wie übrigens auch die von Historikern verwendeten Begriffe und Analysekategorien) in ständigen wechselseitigen Beziehungen standen und daher nicht einfach verglichen werden können.[106]

In vielen Ländern haben transnationale Fragestellungen Konjunktur, auch wenn sie nicht unmittelbar an das Vokabular der Globalgeschichte anknüpfen. Frühe Initiativen gehen bis in die 1990er Jahre zurück, angeregt durch Debatten in den Sozialwissenschaften.[107] Zunächst ging es häufig darum, die Nationalgeschichte nicht gänzlich über Bord zu werfen, sondern sie zu «transnationalisieren».[108] Mittlerweile ist eine Vielzahl von Studien und Perspektiven entstanden; ihre Fragestellungen sind vielfältig und sollen hier nicht katalogisiert werden.[109]

106 Vgl. Budde, Conrad und Janz, *Transnationale Geschichte;* Rochona Majumdar, *Writing Postcolonial History,* London (Bloomsbury) 2010; Michael Werner und Bénédicte Zimmermann, Vergleich, Transfer, Verflechtung. Der Ansatz der Histoire croisée und die Herausforderung des Transnationalen, *Geschichte und Gesellschaft* 28 (2002), 607–636.

107 Ian Tyrrell, American Exceptionalism in an Age of International History, *American Historical Review* 96 (1991), 1031–1055; Michael McGerr, The Price of the ‹New Transnational History›, *American Historical Review* 96 (1991), 1056–1067.

108 Vgl. beispielsweise Thomas Bender (Hg), *Rethinking American History in a Global Age,* Berkeley (University of California Press) 2002; Sebastian Conrad und Jürgen Osterhammel (Hg), *Das Kaiserreich transnational. Deutschland in der Welt 1871–1914,* Göttingen (Vandenhoeck & Ruprecht) 2004.

109 Einen Überblick über die Forschungsdiskussion vermitteln Akira Iriye und Pierre-Yves Saunier (Hg), *The Palgrave Dictionary of Transnational History: From the Mid-19th Century to the Present Day,* New York (Palgrave Macmillan) 2009.

Stattdessen soll ausschnitthaft ein Schwerpunkt transnationaler Zugriffe vorgestellt werden, der vorzugsweise Austauschbeziehungen in Großregionen in den Blick nimmt. Zum Teil, etwa im Fall der Geschichte der Ozeane, sind diese Perspektiven älter als der gegenwärtige Boom der transnationalen Geschichte. In Indien etwa beziehen sich viele transregionale Fragestellungen auf Zusammenhänge im Indischen Ozean, ausgehend von K. N. Chaudhuris *Asia Before Europe* aus dem Jahre 1990 oder den Arbeiten von Sanjay Subrahmanyam. Der Fokus liegt dabei einerseits auf den Händler-Netzwerken, die die beiden indischen Küsten mit der arabischen Welt einerseits, mit der Inselwelt Südostasiens andererseits in Beziehung setzten. Andererseits geht es um die Geschichte der indischen Diaspora, die über die Gemeinschaften der Kaufleute hinausging und auch Gelehrte und religiöse Autoritäten, Pilger und vor allem seit dem 19. Jahrhundert Arbeiter und Soldaten mit einschloss.[110] Ähnliche Entwicklungen kann man in den historisch mit Südasien verbundenen Regionen beobachten, im Nahen Osten und in Südostasien. In Indonesien hat beispielsweise Azyumardi Azra in einigen Pionierstudien die Dynamik indigener islamischer Reformbewegungen und die Netzwerke im 17. und 18. Jahrhundert untersucht, die diese Akteure zwischen Malaysia und Indonesien einerseits, dem Nahen Osten andererseits verbanden.[111] Auch in vielen arabischen Staaten, in denen Nationalgeschichte lange Zeit Priorität genoss, findet die transozeanische Geschichte der islami-

110 K. N. Chaudhuri, *Asia Before Europe: Economy and Civilisation of the Indian Ocean from the Rise of Islam to 1750*, Cambridge (Cambridge University Press) 1990; Sanjay Subrahmanyam (Hg), *Merchants, Markets and the State in Early Modern India*, Delhi (Oxford University Press) 1990; Rana P. Behal und Marcel van der Linden (Hg), *Coolies, Capital and Colonialism: Studies in Indian Labour History*, Cambridge (Cambridge University Press) 2007.

111 Azyumardi Azra, *The Origins of Islamic Reformism in Southeast Asia: Networks of Malay-Indonesian and Middle Eastern «Ulama» in the Seventeenth and Eighteenth Centuries*, Honolulu (University of Hawaii Press) 2004.

schen Gemeinschaft seit einigen Jahren stärkere Berücksichtigung.[112]

Ebenso ist der Atlantik in vielen Anrainerstaaten zum Ausgangspunkt von Formen der Weltgeschichtsschreibung geworden, auch wenn sie nicht immer so bezeichnet werden. International einflussreich war das Feld der atlantischen Geschichte, populär gemacht durch die Arbeiten von Bernard Bailyn.[113] Ähnliche Fragestellungen werden auch in Lateinamerika verfolgt.[114] Als Alternative haben sich Historiker im südlichen Amerika und in Afrika zunehmend am Konzept des *Black Atlantic* orientiert, wie es Paul Gilroy populär gemacht hat. Auch das ist nicht in jeder Hinsicht neu: Die Geschichte der Sklaverei war lange schon zentraler Gegenstand der Historiographie. Aber in Erweiterung des Gilroyschen Ansatzes sind nun auch der portugiesisch-sprachige Atlantik sowie die religiösen und populärkulturellen Austauschbeziehungen zwischen Afrika, Brasilien und der Karibik stärker ins Bewusstsein geraten.[115]

Neben dem Indischen Ozean und dem Atlantik sind auch in Europa und Ostasien in den letzten Jahren zunehmend regionale Zusammenhänge rekonstruiert worden. So hat sich seit den

112 Vgl. Freitag, Nationale Selbstvergewisserung.

113 Ein Zwischenstand über diese Arbeiten findet sich in Jack P. Greene und Philip D. Morgan (Hg), *Atlantic History: A Critical Appraisal*, Oxford (Oxford University Press) 2009.

114 Vgl. etwa das Überblickswerk des mexikanischen Historikers Marcello Carmagnani, *El otro Occidente. América Latina desde la invasión europea hasta la globalización*, México (El Colegio de México) 2004.

115 Vgl. John Thornton, *Africa and Africans in the Making of the Atlantic World, 1400–1800*, Cambridge (Cambridge University Press) 1992; Hakim Adi und Marika Sherwood (Hg), *Pan-African History: Political Figures from Africa and the Diaspora since 1787*, London (Routledge) 2003; J. Lorand Matory, *Black Atlantic Religion: Tradition, Transnationalism, and Matriarchy in the Afro-Brasilian Candomble*, Princeton (Princeton University Press) 2005; Andreas Eckert, Bringing the ‹Black Atlantic› into Global History: The Project of Pan-Africanism, in: Sebastian Conrad und Dominic Sachsenmeier (Hg), *Competing Visions of World Order: Global Moments and Movements, 1880s–1930s*, New York (Palgrave Macmillan) 2007, 237–257.

späten 1980er Jahren die Europäische Geschichte als eigenes Forschungsfeld etabliert, mit von prominenter Hand verfassten Publikationen und eigenen Studiengängen. Man sollte die Europäische Geschichte nicht vorschnell als Spiegelbild des politischen Einigungsprozesses abstempeln, auch wenn als impliziter Fluchtpunkt bisweilen die Vorstellung besteht, durch die Geschichtsschreibung Europa «bauen» zu können.[116] Die Überbrückung des ehemaligen Eisernen Vorhangs gelingt dabei nicht immer; Osteuropa kommt in den Darstellungen häufig nur additiv vor. In Osteuropa selbst hingegen hat das Konzept der transnationalen Geschichte größere Resonanz gefunden als die Europäische Geschichte.[117] Das wichtigste Charakteristikum vieler Synthesen der europäischen Geschichte ist ihre internalistische Struktur. Die Entwicklung Europas wird meist aus sich heraus erklärt, als eigenständige Errungenschaft auf der Basis indigener (häufig abendländischer) Traditionen. Europa erscheint dann als Kontinent, der den Rest der Welt maßgeblich beeinflusst hat, ohne selbst wiederum von Verflechtungszusammenhängen geprägt worden zu sein.[118]

Das Interesse an übernationalen Weltregionen ist auch in Ostasien seit den 1990er Jahren spürbar gestiegen, als Ergänzung der nach wie vor dominanten Nationalgeschichte. In Südkorea entstand eine Diskussion über Ostasien als Kulturraum, dessen Konturen sich zugleich auf gemeinsame kulturelle Traditionen und auf die relative Position der Region in der kapita-

116 Vgl. dazu die in fünf westeuropäischen Verlagen gleichzeitig erscheinende Buchreihe «Europa bauen».

117 Vgl. etwa Georgii Kasianov und Philipp Ther, *A Laboratory of Transnational History: Ukraine and Ukrainian Historiography since 1991*, Budapest (Central European University Press) 2008; Frank Hadler und Tibor Frank (Hg), *Disputed Territories and Shared Pasts: Overlapping National Histories in Modern Europe*, Basingstoke (Palgrave Macmillan) 2011.

118 Vgl. Dominic Sachsenmaier, Recent Trends in European History: The World beyond Europe and Alternative Historical Spaces, *Journal of Modern European History* 7 (2009), 5–25.

listischen Weltwirtschaft bezogen.[119] In Japan haben einige Historiker damit begonnen, die japanische Vergangenheit stärker in einen asiatischen Kontext einzuordnen. Privilegierte Themen sind die lange als «Abschließung» interpretierte Tokugawa-Zeit (1600–1868), der japanische Kolonialismus, der asiatisch-pazifische Krieg oder der gegenwärtig zu beobachtende Regionalismus.[120] Auch in China nimmt die Beschäftigung mit diesen Themen zu, mit je eigener Stoßrichtung. Neue räumliche Konzepte tragen dazu bei, China innerhalb Ostasiens neu zu positionieren, etwa unter Bezug auf Netzwerke zwischen chinesischen Küstenstädten und koreanischen und japanischen Städten. Diese Perspektive kann mit einer internen Differenzierung einhergehen, einer Rehabilitierung einzelner Regionen (Taiwan, Hongkong) und einer Multiplizierung der Vorstellung von China.[121]

In vielen Ländern kann man also seit etwa den 1990er Jahren eine Zunahme transnationaler Fragestellungen beobachten. Auch wenn fast überall die Geschichte der eigenen Nation weiterhin die privilegierte Form der Geschichtsschreibung bleibt, zeigt diese Entwicklung doch die gestiegene Nachfrage nach alternativen Narrativen und Topographien. Die Dynamik und Schwerpunktsetzung fällt dabei ganz unterschiedlich aus. Aber es ist auffällig, dass in vielen nicht-westlichen Gesellschaften

119 Vgl. dazu Eun-Jeung Lee, East Asia Discourses in Contemporary Korea, in: Steffi Richter (Hg), *Contested Views of a Common Past*, Frankfurt am Main (Campus) 2008, 181–203.

120 Vgl. etwa Arano Yasunori, Ishii Masatoshi und Murai Shôsuke (Hg), *Ajia no naka no Nihonshi*, Bd. I: *Ajia to Nihon*, Tokyo (Tokyo Daigaku Shuppankai) 1992; Iwanami Kôza, *Ajia/Taiheiyô sensô*, 7 Bde., Tokyo (Iwanami Shoten) 2005–2006; Peter J. Katzenstein und Takashi Shiraishi (Hg), *Beyond Japan: The Dynamics of East Asian Regionalism*, Ithaca (Cornell University Press) 2006; Yonetani Masafumi, *Ajia/Nihon*, Tokyo (Iwanami Shoten) 2007.

121 Vgl. dazu Leo Ching, Globalizing the Regional and Regionalizing the Global: Mass Culture and Asianism in the Age of Late Capital, *Public Culture* 12 (2000), 233–257; Kwok Siu-Tong, Cultural Migration and Historiography in the Regions of China since the End of World War II, *Berliner China-Hefte* 26 (2004), 53–62.

das Konzept der Region eine zentrale Rolle spielt, das methodisch gegen die Privilegierung des Nationalstaats gerichtet ist, aber auch politisch als Antwort auf den Globalisierungsprozess verstanden werden kann. Es dient dann häufig als Ausgangspunkt für eine alternative Geschichte jenseits einer allmählichen Inkorporation des «Rests» in das europäische Weltsystem. Daher erfährt die Verflechtung jenseits des Westens besondere Aufmerksamkeit: Kontakte zwischen Angola und Brasilien, Korea in Ostasien, islamische Netzwerke von Indonesien bis Mauretanien. Und aus diesem Grund liegt der Fokus häufig auf der Zeit vor dem 19. Jahrhundert, vor der Durchsetzung einer imperialen Hegemonie des Westens.

Zivilisationen

In diesem Zusammenhang steht auch die auffällige Konjunktur des Konzepts der Zivilisation, die ebenfalls seit den 1990er Jahren zu beobachten ist. Von diesen Ansätzen gehen allerdings kaum Anregungen für eine zukünftige Globalgeschichte aus. Statt auf Verflechtung und Interaktion liegt der Schwerpunkt des Zivilisationsdiskurses eher auf Abgrenzung und der Betonung kultureller Besonderheit. Was wie eine Wiederkehr älterer Deutungsmuster aussieht, lässt sich jedoch vor allem als Reaktion auf aktuelle Globalisierungserfahrungen verstehen. Inhaltlich knüpfen die gegenwärtigen Debatten an jeweils lokale Genealogien an, aber auch an Konzepte wie Huntingtons «Kampf der Kulturen» oder Eisenstadts «Vielfalt der Moderne».

Die Bandbreite zivilisatorischer Entwürfe ist groß; sie müssen bei aller Ähnlichkeit struktureller und narrativer Art in ihren jeweiligen Kontexten situiert werden. Häufig ist ihnen ein populistischer Zug eigen, dessen Dynamik sich aus konkreten Konflikten vor Ort speist. Man kann die Wiederkehr des Zivilisationskonzeptes gegenwärtig beinahe überall beobachten. Der in den Vereinigten Staaten und Teilen Afrikas sehr populäre Afrozentrismus etwa entwirft in Umkehr alter eurozentrischer Ansätze das Bild einer homogenen afrikanischen Zivilisation, welche der europäischen moralisch und kulturell weit überlegen sei. In seinen neueren Ausprägungen beruft er sich auf den senegalesischen Historiker Cheikh Anta Diop, der die Wurzeln der westlichen Kultur im antiken Griechenland auf afrikanische Vorläufer und Einflüsse zurückgeführt hat.[122] In Lateinamerika geht die Vorstellung von der *Latinidad* bis ins 19. Jahrhundert zurück, als sie von kreolischen Eliten entwickelt wurde, die stark von französischen Vorstellungen beeinflusst waren. Auch hier hat das Konzept seit dem Ende des Kalten Krieges eine neue Dynamik gewonnen, die zum Teil von der Frontstellung gegenüber den als imperialistisch wahrgenommenen Vereinigten Staaten lebt. Zugleich aber sind andere Formen regionaler Identität – etwa afro-karibische Gemeinschaften – stark gemacht worden, die das Konzept der *Latinidad* selbst als Vermächtnis des Imperialismus diskreditieren.[123]

In Ägypten hat der Philosoph Hassan Hanafi in vielen zum Teil essayistischen Publikationen ein Gegenbild zur amerikanisch-europäischen Zivilisation entworfen. Hanafi, der zunächst der Muslim-Bruderschaft nahestand, dann an der Sorbonne studierte und lange von marxistischen Ansätzen beeinflusst war, propagierte seit den 1990er Jahren eine Wissenschaft der Okzidentalistik, die als subversiver Diskurs auf die Überwindung der intellektuellen Abhängigkeit der arabischen Welt vom Westen zielt: eine Dekolonisation des Denkens. Hanafi ist

122 Cheikh Anta Diop, *Civilization or Barbarism: An Authentic Anthropology,* New York (Lawrence Hill) 1991. Vgl. dazu Stephen Howe, *Afrocentrism: Mythical Pasts and Imagined Homes,* London (Verso) 1998.

123 Vgl. dazu Arturo Ardao, *Génesis de la idea y el nombre de América Latina,* Caracas (Centro de Estudias Latinoamericanas Rómulo Gallegos) 1980; Walter D. Mignolo, *The Idea of Latin America,* Oxford (Blackwell) 2005.

eine schillernde Figur, der sowohl wegen religionskritischer und aufklärerischer Positionen als auch für dem islamistischen Diskurs nahestehende Interventionen kritisiert wird. Seine Texte werden nicht nur in der arabischen Welt, sondern etwa auch in Malaysia rezipiert.[124]

Ostasien wurde in den 1990er Jahren ebenfalls vom Zivilisationsfieber erfasst. In China ist der Zivilisationsbegriff meist an den Konfuzianismus gekoppelt, der für überzeitliche und den Wandel der modernen Gesellschaft überdauernde Traditionen steht. Die Wiederbelebung des konfuzianischen Erbes ging zunächst von Wissenschaftlern in den Vereinigten Staaten, Hongkong, Taiwan und Singapur aus, bevor sie seit den 1990er Jahren auch in China auf große Resonanz stieß.[125] In Japan war Kawakatsu Heita, Wirtschaftshistoriker an der Waseda Universität, einer der wichtigsten Protagonisten einer Rückbesinnung auf das Konzept der Zivilisation. Auf dieser Grundlage entwarf er eine alternative Form der Weltgeschichte, welche die im Westen dominanten Narrative überwinden sollte, insbesondere die Weltsystemtheorie. So interpretierte er die Jahrhunderte der Abschließungspolitik von 1600 bis 1853 als Phase der Reifung einer eigenen japanischen Kultur, abgeschottet von chinesischen und westlichen Einflüssen. Auch heute, 150 Jahre nach der sogenannten «Öffnung» forderte Kawakatsu nun eine Rückkehr zur Selbstgenügsamkeit und plädierte für die Einrichtung einer «ökologischen Nische» (*sumiwake*), in der die Japaner in ihrem eigenen, gewohnten Land leben können, ungestört von Gastarbeitern, isoliert von der globalisierten Welt.[126]

124 Vgl. Thomas Hildebrandt, *Emanzipation oder Isolation vom westlichen Lehrer? Die Debatte um Hassan Hanafis «Einführung in die Wissenschaft der Okzidentalistik»*, Berlin (Klaus-Schwarz) 1998; Carool Kersten, *Cosmopolitans and Heretics: New Muslim Intellectuals and the Study of Islam*, London (Hurst & Company) 2011.

125 Vgl. dazu ausführlich Sachsenmaier, *Global Perspectives*.

126 Kawakatsu Heita, *Nihon bunmei to kindai seiyô. SaKoKu saikô*, Tokyo (NHK Books) 1991.

Das Zivilisationsnarrativ findet seine größte Resonanz in einer breiteren Öffentlichkeit; viele Fachhistoriker stehen ihm eher skeptisch gegenüber. Häufig steht es in Verbindung mit nationalistischen, bisweilen xenophoben Positionen. Einen Teil seiner weltweiten Attraktivität bezieht der Zivilisationsbegriff aus der Tatsache, dass er einfache Antworten auf die Transformation globaler Ordnung nahelegt. Er verspricht einen Standpunkt, von dem aus Kritik an der drohenden Homogenisierung im Zeichen der Globalisierung und Vorbehalte gegenüber globaler Migration ebenso formuliert werden können wie das Unbehagen angesichts der Hegemonie der Vereinigten Staaten. Stattdessen werden eigenständige Kulturkreise postuliert, Bewahrer angeblich reiner Traditionen und Garanten je spezifischer Entwicklungswege.

Auch inhaltlich gibt es zwischen den unterschiedlichen Varianten des zivilisatorischen Denkens viele Gemeinsamkeiten. Meistens operieren sie mit einer Frontstellung gegenüber dem «Westen». Typisch ist auch die Vorstellung von der inhärenten Friedlichkeit der eigenen Zivilisation, die erst durch den Kontakt mit dem modernen Westen mit der Gewalt in Berührung gekommen sei. Und schließlich ist auch die Hoffnung auf die Vitalität der eigenen – islamischen, afrikanischen, chinesischen, japanischen – Zivilisation, die im Rückbezug auf eine andere Vernunft, einen anderen Glauben, eine andere Gesellschaftsordnung zu sich finden müsse, vielen dieser Ansätze gemein.

Auffällig ist aber die Tatsache, dass mit diesen Deutungen bei aller anti-westlichen Rhetorik meist keine unmittelbare Kritik am Konzept der Moderne selbst verbunden ist. In dieser Hinsicht unterscheidet sich der seit den 1990er Jahren populäre Zivilisationsbegriff von einigen seiner historischen Vorläufer. Während des Zweiten Weltkriegs beispielsweise suchten japanische Intellektuelle auf einer berühmten Konferenz in Tokyo nach Strategien der «Überwindung der Moderne». Davon ist gegenwärtig selten die Rede. Stattdessen werden die jeweiligen

Traditionsbestände als Ressource für eigene chinesische, islamische, japanische Wege in die kapitalistische Zukunft mobilisiert. Das Konzept der Zivilisation dient in den meisten Fällen einer kulturellen Begründung alternativer Modernisierungspfade, nicht der Suche nach Alternativen zur Moderne.

Weltgeschichte in Ostasien

In vielen Gesellschaften haben sich Historiker grenzüberschreitenden Perspektiven zugewandt, zum Teil mit längerer Tradition. Aber nur in wenigen Ländern außerhalb der anglophonen Welt ist ein breiteres Spektrum globalgeschichtlicher Ansätze entstanden, die miteinander konkurrieren und im Fach mehr als nur ein Nischendasein fristen. Neben einigen westeuropäischen Ländern gilt das vor allem für Ostasien, wo das Genre der Weltgeschichte eine lange Geschichte hat. Sowohl in China als auch in Japan haben sich die jeweiligen Diskussionen seit den 1990er Jahren und im Zeichen des Globalisierungsdiskurses weiter professionalisiert und vor allem pluralisiert, nach einer Dominanz marxistischer Ansätze in der Nachkriegszeit. Ungeachtet dieses ähnlichen Trends lohnt sich ein kurzer Blick auf die Unterschiede zwischen beiden Ländern.[127]

Nach dem Ende der Mao-Zeit erlebte China in den 1980er Jahren eine Phase der kulturellen Liberalisierung. Die Rezeption westlicher Diskussionen und Einflüsse aus Hong Kong, Singapur und Taiwan trug zu der erregten Atmosphäre des sogenannten «Kulturfiebers» bei. Zahlreiche Intellektuelle forderten explizit den Anschluss an globale Zusammenhänge und setzten dabei auf das Konzept der Aufklärung sowie auf kultu-

127 Die Darstellung zu China orientiert sich im Folgenden an Sachsenmaier, *Global Perspectives.* Für Japan vgl. Naruse Osamu, *Sekaishi no ishiki to riron,* Tokyo (Iwanami Shoten) 1977.

rellen Wandel im Inneren.[128] Damit ging ein Bild der chinesischen Geschichte einher, das von Fehlschlägen, verzerrter Entwicklung und Rückständigkeit geprägt war. Bisweilen wurde die Frontstellung zu einem Gegensatz zwischen einem weltoffenen, maritimen, «blauen» China mit Zentrum in Shanghai und einem isolationistischen, traditionellen, «gelben» Beijing stilisiert.[129]

Mit der Niederschlagung der Demonstrationen auf dem Tiananmen-Platz im Juni 1989 endete auch die Phase relativer Publikationsfreiheit, und die regierungsamtliche Kontrolle der intellektuellen Produktion nahm wieder deutlich zu. Die Abwendung von Plädoyers für eine «Verwestlichung» war aber nicht allein mit der politischen Zäsur zu erklären, sondern auch mit dem Einfluss postkolonialer und postmoderner Strömungen. In ihrem Gefolge wurden die eurozentrischen Annahmen früherer Formen der Weltgeschichtsschreibung hinterfragt und nach Alternativen für einen chinesischen Weg gesucht. In diesem Zusammenhang spielte insbesondere der Konfuzianismus eine wichtige Rolle. Nach der kommunistischen Machtergreifung diskreditiert und noch für die «Aufklärer» der 1980er Jahre ein Symbol für kulturelle Rückständigkeit, wurde der Konfuzianismus in den 1990er Jahren wiederentdeckt und avancierte zur Ressource für eine eigene chinesische Variante der Modernisierung.[130] Die Mehrheit der Historiker setzte jedoch nicht auf eine Renaissance der Tradition. Im Vordergrund stand vielmehr das Interesse am Übergang von der Geschichte einer pluralen, in

128 Vgl. Jing Wang, *High Culture Fever: Politics, Aesthetics, and Ideology in Deng's China*, Berkeley (University of California Press) 1996.

129 Vgl. Gloria Davies (Hg), *Voicing Concerns: Contemporary Chinese Critical Inquiry*, Lanham MD. (Rowman & Littlefield) 2001.

130 Arif Dirlik, Modernity as History: Post-Revolutionary China, Globalization and the Question of Modernity, *Social History* 27 (2002), 16–39; Ben Xu, From Modernity to ‹Chineseness›: The Rise of Nativist Cultural Theory in Post-1989 China, *Positions* 6 (1998), 203–237.

Regionen eingeteilten Welt hin zu einer Epoche globaler Vernetzung und Integration, wie es etwa der Doyen der neueren Weltgeschichte Wu Yujin vertrat. Das hieß auch, dass China als Teil der Weltgeschichte betrachtet wurde – und nicht, wie in chinesischen Schulbüchern nach wie vor üblich, als separat von ihr.

Wenn man das heterogene Feld der Welt- und Globalgeschichtsschreibung in China seit der Jahrtausendwende charakterisieren will, sind vor allem drei Aspekte zu nennen. Erstens die Kritik am Eurozentrismus – während gleichzeitig, paradoxerweise, in vielen Narrativen Europa nach wie vor die zentrale Rolle zukommt. Die Rezeption der Arbeiten von Andre Gunder Frank und Kenneth Pomeranz spielten bei der allmählichen Distanzierung von eurozentrischen Modellen eine wichtige Rolle. Zweitens ist die Frage nach den Besonderheiten der chinesischen Modernisierung häufig verbunden mit einer Kritik an universalistischen Entwicklungsmustern. Die Spannbreite reicht hier von vorsichtigen Modifizierungen eines am Aufstieg des europäischen Kapitalismus und Imperialismus orientierten Narrativs bis hin zu nativistischen Positionen. Und drittens schließlich ist auffällig, dass globale Perspektiven in der Regel nicht zu einer Infragestellung der Kategorie der chinesischen Nation geführt haben. Der methodologische Nationalismus überlebt also auch im Gewand der Weltgeschichte. In der Tat hat die Popularität von Weltgeschichte ganz offenkundig mit dem Status Chinas als wirtschaftliche und politische Weltmacht zu tun. Im öffentlichen Diskurs gilt Globalisierung häufig geradezu als politisches Instrument des chinesischen Staates. Weltgeschichte wird daher meist nicht als methodische Alternative verstanden; vielmehr gilt die Weltgeschichte als Kontext, in dem das Werden der Nation erklärt werden kann.[131]

131 Sachsenmaier, *Global Perspectives*, 213–231. Vgl. auch Hsiung Ping-Chen, Ein China im Wandel auf Weltreise. Überlegungen zu einem Jahrhundert Weltgeschichte im Kontext des Modernen China, *Zeitschrift für Weltgeschichte* 4 (2003), 69–86; Luo Xu, Reconstructing

Auch in Japan sind die Diskussionen im Vergleich mit der Vorherrschaft marxistischer Modelle in der Nachkriegszeit vielschichtiger geworden. In den 1980er Jahren gewann die Weltsystemtheorie von Immanuel Wallerstein großen Einfluss. Sie traf auf japanische Überlegungen, die in die späten 1960er Jahre zurückreichten, bereits mit dem Konzept des Welt-Kapitalismus experimentiert hatten und an einem systemischen Verständnis der wirtschaftlichen Entwicklung interessiert waren. Hinzu kamen, als zweite Stoßrichtung, Untersuchungen zum britischen Imperialismus in Ostasien und zu seinem Einfluss in der Region.[132] Aus dieser Kombination von Weltsystemansatz und Imperialismusgeschichte entwickelte sich seit den 1980er Jahren ein eigenständiger Zugriff, der – in Absetzung vom Eurozentrismus des Wallersteinschen Modells – die wirtschaftliche und politische Dynamik in der Region Ostasien in den Vordergrund stellte. Die einflussreichen Arbeiten dieser Gruppe, etwa von Hamashita Takeshi und Sugihara Kaoru, haben die «maritime Welt» Ostasiens als regionalen Zusammenhang rekonstruiert, dessen Logik und Dynamik zu einem großen Teil unabhängig vom europäisch-atlantischen Weltsystem verstanden werden müssen. Auf diese Weise ist ein innovatives Gegenmodell zur lange Zeit üblichen eurozentrischen Sicht – die Inkorporation Ostasiens, oder die imperiale Unterwerfung – entstanden.

Die vor allem in der Osaka-Kyoto-Region angesiedelte, von Weltsystem- und Imperialismustheorie beeinflusste Form der Weltgeschichte ist inzwischen auch institutionell verankert worden.[133] Aber sie ist nicht die einzige Form geblieben. Seit

World History in the People's Republic of China since the 1980s, *Journal of World History* 18 (2007), 325–350.

132 Vgl. etwa Akita Shigeru, *Igirisu teikoku to Ajia kokusai chitsujo,* Nagoya (Nagoya University Press) 2003.

133 Vgl. Shigeru Akita, Creating Global History from Asian Perspectives, in: Manning, *Global Practice in World History,* 57–68.

den 1990er Jahren kann man eine weitere Ausdifferenzierung der weltgeschichtlichen Debatten beobachten. Unterschiedliche Ansätze konkurrieren miteinander. Dazu gehören das Zivilisationsparadigma, von dem bereits die Rede war; Formen transnationaler Geschichtsschreibung, die das rigide Gehäuse nationaler Geschichte hinterfragen und überwinden wollen, zum Teil auch aus mikrogeschichtlicher Perspektive;[134] Anregungen aus den *postcolonial studies*, die dazu beigetragen haben, die koloniale Dimension der japanischen Moderne in den Vordergrund zu rücken;[135] und schließlich Ansätze, die aus den Regionalwissenschaften stammen und die Geschichte der Verflechtungen, vor allem in Ostasien, zum Ausgangspunkt einer erneuerten Weltgeschichte machen.[136]

In Japan ist seit dem Beginn des 21. Jahrhunderts eine ausdifferenzierte globalgeschichtliche Forschungslandschaft entstanden. Dabei werden die anglophonen Diskussionen wahrgenommen und rezipiert; zugleich sind wichtige eigene Ansätze entwickelt worden. Und während in vielen Gesellschaften, auch in China, weltgeschichtliche Perspektiven meist noch im Geiste nationaler Selbstverständigung – oder gar der Ausweitung der jeweiligen Weltgeltung – herangezogen werden, werden in Japan Vorschläge für eine Weltgeschichtsschreibung diskutiert, die von vorgegebenen geographischen Einheiten ganz abstrahiert, von der Relationalität

134 Sakai Naoki, Brett de Bary und Iyotani Toshio (Hg), *Nashonaritî no datsukôchiku*, Tokyo (Kashiwa Shobô) 1996; Komori Yôichi und Takahashi Tetsuya (Hg), *Nashonaru hisutorî o koete*, Tokyo (Tokyo Daigaku Shuppankai) 1998; Kawanishi Hidemichi, Namikawa Kenji und William Steele (Hg), *Rokaru Hisutorî kara gurobaru hisutorî e: Tabunka no rekishigaku to chiikishi*, Tokyo (Iwata Shoin) 2005.

135 Kang Sang-jung, *Orientarizumu no kanata e. Kindai bunka hihan*, Tokyo (Iwanami Shoten) 1996; Kang (Hg), *Posuto koroniarizumu*, Tokyo (Iwanami Shoten) 2001; Komori Yôichi, *Posuto koroniaru*, Tokyo (Iwanami Shoten) 2001.

136 Mizushima Tsukasa (Hg), *Gurôbaru hisutorî no chôsen*, Tokyo (Yamakawa Shuppansha) 2008.

und Verflechtung historischer Prozesse ausgeht und auf ein gemeinsames Selbstverständnis als kosmopolitische Weltbürger zielt.[137]

Subalterne Weltgeschichten?

Die unterschiedlichen institutionellen Kontexte tragen dazu bei, dass die globale Diskussion über Globalgeschichte sehr ungleich ausfällt. Die Verankerung in Studiengängen und Schullehrplänen, die Ressourcen für Forschung und Konferenzen, die Verbindung mit nationalen Narrativen und gesellschaftlichen Problemlagen sowie die unterschiedliche weltanschauliche Aufladung führen dazu, dass das Feld ausgesprochen heterogen und asymmetrisch ist. Mit diesen unterschiedlichen Bedingungen hängt zusammen, dass auch Fragestellungen und Interpretationen ganz unterschiedlich sein können. So resultierte der Versuch, in Japan, Südkorea und China ein gemeinsames Lehrbuch der modernen Geschichte Ostasien zu schreiben, in einem Text, der drei unterschiedliche (nationale) Lesarten nebeneinanderstellte, weil die unterschiedlichen Deutungen nicht ohne weiteres in Deckung zu bringen waren.[138] Es spricht einiges dafür, Globalgeschichte in globalgeschichtlicher Perspektive zu betrachten, um sich der Relativität und der Positionalität jeder Deutung der globalen Vergangenheit zu vergewissern. Die Konfrontation und der Dialog mit anderen Interpretationen werden in mancher Hinsicht eine Angleichung oder integrative, «ökumenische» Varianten der Weltgeschichte hervorbringen. Das Ziel dabei ist jedoch nicht eine Nivellierung

137 Vgl. Haneda Masashi, *Atarashii sekaishi e: Chikyû shimin no tame no kôsô*, Tokyo (Iwanami Shinsho) 2011.

138 Nitchûkan 3-goku Kyôtsû Rekishi Kyôzai Iinkai, *Mirai o hiraku rekishi: Ajia sankoku no kingendaishi*, Tokyo (Kôbunken) 2005.

und Homogenisierung, sondern eine Pluralisierung des globalhistorischen Blicks.[139]

Die Unterschiede der Interpretation haben zum Teil mit den jeweiligen historiographischen Traditionen und politischen Gemengelagen zu tun; mindestens ebenso wichtig sind institutionelle Faktoren und die ungleiche Einbindung in die Strukturen der globalen politischen Ökonomie. Man sollte die Unterschiedlichkeit der jeweiligen nationalen Lesarten des Globalisierungsprozesses daher auch nicht verabsolutieren. Schon deshalb nicht, weil eine klare Differenzierung nach nationalen Positionen heute vielfach nicht mehr unproblematisch ist. Die Zeitschrift *Inter-Asia Cultural Studies* beispielsweise, die seit 2000 erscheint, ist ein Produkt transnationaler intellektueller Netzwerke, eng verbunden mit kritischen Perspektiven auf den Globalisierungsprozess und der Hoffnung auf grenzüberschreitende zivilgesellschaftliche Interventionen.[140] Die Geschichtswissenschaft ist in einem Maße international vernetzt, dass Deutungen und Interpretationen – selbst wenn sie sich als Repräsentanten eines nationalen Standpunktes ausgeben – zumeist auf eine globale Wissenschaftslandschaft reagieren. Natürlich bleiben Unterschiede wichtig; globale Perspektiven stehen immer auch in lokalen Deutungszusammenhängen. Aber Übersetzungen und Konferenzen, Publikationen in anderen Sprachen, die internationalen Karrierewege der Historiker und Historikerinnen selbst sowie das international zusammengesetzte Publikum von Studierenden und Lesern haben dazu geführt, dass eine nationale Zuordnung bestimmter Positionen häufig nicht mehr ohne weiteres möglich ist.

Hinzu kommt, dass die Einbindung in nationale Kontexte

139 Vgl. Dominic Sachsenmaier, World History as Ecumenical History?, *Journal of World History* 18 (2007), 465–489.

140 Einen ersten Überblick vermittelt Kuan-Hsing Chen und Chua Beng Huat (Hg), *The Inter-Asia Cultural Studies Reader*, London (Routledge) 2007.

nur einer der Faktoren ist, der zur Vervielfachung der Perspektiven beiträgt. Andere Dimensionen werden viel weniger diskutiert, sind aber mindestens ebenso relevant: Vor allem soziale und politische Unterschiede können den Blick auf die Vergangenheit stark prägen. Konträre politische Standpunkte bringen häufig innerhalb einzelner Nationen gegensätzliche Interpretationen hervor. Und die Nachfrage nach Alltagsgeschichte oder *subaltern studies* erklärt sich gerade daraus, dass Historiker sich davon alternative, bislang marginalisierte Lesarten der historischen Entwicklung versprechen. Welt- und globalgeschichtliche Studien – wie akademische Werke überhaupt – werden jedoch vor allem von Mitgliedern der intellektuellen und urbanen Mittelschichten verfasst. Häufig genug übrigens auch von Männern; verglichen mit einigen anderen Zweigen der Geschichtswissenschaft sind Frauen in vielen Feldern der Globalgeschichte bislang noch unterrepräsentiert. Angesichts dieser Ungleichheiten und Ausschlussmechanismen wäre es trügerisch, nationale Blickwinkel zum wichtigsten Unterscheidungskriterium zu erheben. Im schlechtesten Fall könnte dann der Eindruck entstehen, konkurrierende Positionen in der heutigen globalisierten Welt ließen sich in erster Linie auf nationale, vielleicht sogar kulturelle Unterschiede zurückführen.[141]

141 Vgl. dazu Arif Dirlik, Performing the World: Reality and Representation in the Making of World Histor(ies), *Journal of World History* 16 (2005), 391–410.

4 KRITIK UND GRENZEN DER GLOBALGESCHICHTE

Ungeachtet der gegenwärtigen Konjunktur sind welt- und globalgeschichtliche Entwürfe nicht ohne Kritik geblieben. Dabei werden Probleme nicht nur von jenen Historikern gesehen, die standhaft eine nationalgeschichtliche Perspektive verteidigen oder die Einbeziehung der außereuropäischen Welt in historische Betrachtungen als letztlich verzichtbaren Ausdruck der *political correctness* betrachten. Auch von Verfechtern transnationaler Ansätze werden Einwände formuliert, die dazu beitragen, die Grenzen globalhistorischer Zugriffe auszuloten. Dabei sind diese Vorbehalte vergleichsweise spät vorgebracht worden. Die Durchsetzung des globalhistorischen Paradigmas war kaum von erbitterter Kritik und Abwehrkämpfen der dominanten Historikerfraktionen begleitet. In dieser Hinsicht unterscheidet sich das Aufkommen der Globalgeschichte von früheren Richtungskämpfen in der Disziplin. Als seit den 1960er Jahren die Sozialhistoriker der konservativ-politikgeschichtlichen Zunft den Fehdehandschuh hinwarfen, wurde eine erbitterte Auseinandersetzung um methodische und institutionelle Positionen geführt. Auch die Herausforderung der inzwischen arrivierten Sozialgeschichte durch neuere Ansätze wie Alltagsgeschichte, Geschlechtergeschichte und Kulturgeschichte in den 1980er und 1990er Jahren wurde jedenfalls phasenweise als wissenschaftlicher Verdrängungswettbewerb inszeniert. Aufgrund der Heftigkeit der häufig politisch und moralisch aufgeladenen Debatten waren diese Richtungskämpfe von tiefgreifenden theoretischen und methodischen Debatten begleitet, in denen es darum ging, die Überlegenheit des jeweiligen Paradigmas nachzuweisen.

Im Vergleich dazu erscheint der Aufstieg transnationaler und globalgeschichtlicher Ansätze beinahe wie eine naturgesetzliche Entwicklung, befördert nicht zuletzt durch generationellen Wandel und, in manchen Ländern, eine Internationalisierung des akademischen Arbeitsmarktes. Gewiss gab es vereinzelt Skepsis und Unbehagen, aber dessen ungeachtet wurden der neuen Richtung kaum grundsätzliche Hindernisse in den Weg gelegt. Dies führte dazu, dass sich auch der theoretische Begründungsaufwand in Grenzen hielt. Die Expansion des Blicks, die Ausweitung des Horizonts über nationale Grenzen hinweg erschienen im Zeitalter der in Soziologie und Publizistik diagnostizierten und bald im Alltagsverstand etablierten «Globalisierung» wie selbstverständlich und kaum mehr begründungspflichtig. Hinzu kam, dass Globalgeschichte sich mit Politik- oder Sozialgeschichte, mit Wirtschafts- und Kulturgeschichte ohne weiteres verbinden lässt; sie wurde nicht als Ersatz für andere Zugänge propagiert, sondern häufig lediglich als ihre räumliche Erweiterung. All dies hat dazu beigetragen, dass bislang weniger Aufwand getrieben wurde, den globalgeschichtlichen Ansatz theoretisch zu untermauern und sich mit der Kritik daran auseinanderzusetzen.

Umso wichtiger ist es, die Grenzen und auch Kosten des Ansatzes zu reflektieren und diese Aspekte zugleich in die Geschichtsschreibung einfließen zu lassen. In diesem Kapitel geht es daher nicht darum, Globalgeschichte gegen ihre Gegner und Feinde zu verteidigen. Vielmehr soll ausgelotet werden, welche Kritikpunkte aufgenommen werden können und welche Ebenen der Reflektion stärker zu berücksichtigen sind. Die kritischen, oft aber auch konstruktiven Einwände müssen aufgenommen werden, wenn man sich nicht dem Vorwurf aussetzen will, trotz des einen umfassenden Anspruch suggerierenden Adjektivs «global» wichtige Teile der historischen Realität nur ungenügend zu erfassen. Das heißt nicht zuletzt, dass Globalgeschichte nicht mit Makrogeschichte gleichzusetzen ist, als Geschichte der Totalität der Welt. Vielmehr handelt es sich um eine Perspektive, die dazu beiträgt, konkrete Gegenstände und Fragestellungen in übergreifende, globale Kontexte einzuordnen.

Im Folgenden sollen zunächst vier Vorwürfe vorgestellt und diskutiert werden, die globalgeschichtliche Ansätze grundsätzlich in Frage stellen. Im Anschluss daran werden sechs eher auf Modifikation abzielende Einwände referiert, an denen sich die Globalgeschichtsschreibung in Zukunft wird abarbeiten müssen.

Grundsatzkritik

Der erste Einwand besteht in einem methodischen Vorbehalt, der die Geschichte der Weltgeschichtsschreibung seit jeher begleitet hat und in modifizierter Form auch schon gegen Lamprecht oder Toynbee ins Feld geführt wurde: das Unbehagen von Historikern, die sich der empirischen und quellennahen Forschung verpflichtet sehen, gegenüber den Verallgemeinerungen einer ganz auf Sekundärliteratur angewiesenen Kaste von Globalhistorikern. Genau genommen ist es eine doppelte Kritik: einerseits an der Makroperspektive vieler weltgeschichtlicher Arbeiten; andererseits an der Auswahl der berücksichtigten Literatur und Quellen.

Zum ersten Aspekt: In der Tat stützen sich die großen Synthesen, etwa Baylys *Geburt der modernen Welt* oder Osterhammels *Verwandlung der Welt*, nicht auf Primärquellen, sondern auf die Forschungsliteratur zu vielen unterschiedlichen Regionen und Nationen. Dabei zeichnen sich die guten weltgeschichtlichen Überblicke dadurch aus, dass sie nicht lediglich auf bereits aggregierter, zusammenfassender Literatur basieren, sondern aktuelle Forschungsmonographien einbeziehen und so auch ins Detail gehen können. Aber das ist nicht immer der Fall. Bayly und Osterhammel waren bereits Historiker Indiens bzw. Chinas, bevor sie sich auf die weltgeschichtliche Ebene einließen. Andere dagegen tragen die globale Realität lediglich aus Überblickswerken zusammen.

Die häufig formulierte Skepsis gegenüber Makroperspektiven jedoch ist nur zum Teil berechtigt. Der globale Überblick wird immer nur ein mögliches Register darstellen, neben Arbeiten zu Großräumen, Nationen oder Mikrozusammenhängen. Manche Fragen – man denke an die Debatte über die «Great Divergence», an Fragen zum Zusammenhang von Industrialisierung und Imperialismus und viele andere – lassen sich jedoch auf der Makroebene besser beantworten, und es besteht wenig Zweifel, dass Historiker in Zukunft auf eine wachsende Nachfrage nach globalgeschichtlicher Einordnung werden reagieren müssen. Natürlich muss es darum gehen, Mikro- und Makroperspektiven dialogisch aufeinander zu beziehen. Aber in methodischer Hinsicht unterscheidet sich eine globalgeschichtliche Synthese nicht grundsätzlich von den nationalgeschichtlichen Überblickswerken, die schon immer zum Standard der Disziplin gehörten und ebenfalls auf einer Zusammenschau der Forschungsergebnisse von Fachkollegen basierten.

Vor allem aber muss man darauf verweisen, dass Globalgeschichte heute keineswegs mehr in erster Linie ein Synonym für Makrogeschichte ist. Gewiss, es gibt die großen Überblickswerke, von denen einige sehr breit wahrgenommen werden; und es gibt die Tradition der Weltgeschichte, die eher in Großräumen und Makroregionen denkt. Aber die globalgeschichtliche Praxis der Gegenwart ist im Vergleich mit diesen Ansätzen deutlich vielfältiger. Die meisten Arbeiten gehen von konkreten Gegenständen und Fragestellungen aus und entwickeln ihre Argumente ebenso empirisch und quellengestützt wie jede andere historische Untersuchung.

Was den zweiten Aspekt angeht, so hat Margrit Pernau davor gewarnt, dass Globalgeschichte zum Wegbereiter einer neuen Form des akademischen Kolonialismus werden könnte. Sie sieht die Standards dieses Teilgebiets gefährdet, weil sich nun viele darauf stürzen, ohne über die für das Studium außereuropäischer Gesellschaften notwendigen Sprachkenntnisse zu verfügen. Würden lediglich Quellen in europäischen Sprachen gelesen, befürchtet sie zu Recht, bestünde jedoch die Gefahr, koloniale Sichtweisen zu reproduzieren oder ein verzerrtes Bild der historischen Realität zu konstruieren. Globalgeschichte drohe dann zu einem Schlagwort zu verkommen, eine Art «Geschichtswissenschaft *light*» zu werden.[142]

Diese Befürchtungen sind kaum einfach von der Hand zu weisen. So mag es verführerisch sein, sich auf leicht zugängliche Quellen zu beschränken – etwa die Archive des Roten Kreuzes, des Völkerbunds und der Vereinten Nationen, die scheinbar die Perspektiven der ganzen Welt bündeln; dabei besteht die Gefahr, dass die Reise nach Genf globalhistorische Kompetenz ersetzen soll. Selbst bei der Suche nach relevanter Sekundärliteratur besteht die Tendenz, sich zunehmend auf englischsprachige Publikationen zu beschränken. Einige Felder – etwa die Globalgeschichte der Menschenrechte – sind für solche Perspektiven besonders anfällig. Es ist auch klar, dass das nicht ausreicht. Das Ziel muss eine avancierte Globalgeschichte sein, die nicht im Vogelflug über der Erde kreist und lediglich eine abstrakte Makroebene historischer Entwicklung bearbeitet, sondern lokal und regional zurückgebunden bleibt und auf der Basis ausgeprägter fachlicher Expertise zu sprachlichen, kulturellen und historischen Bedingungen in unterschiedlichen Regionen betrieben wird. Ohne die Verankerung in den Regionalwissenschaften und ihren Forschungsergebnissen bleibt Globalgeschichte unbefriedigend.

142 Margrit Pernau, Global History – Wegbereiter für einen neuen Kolonialismus?, geschichte.transnational 17. 12. 2004, http://geschichte-transnational.clio-online.net/forum/id=572&count=2&recno=2&type=diskussionen&sort=datum&order=down&search=pernau&segment=16 (Zugriff 7. 5. 2012).

Die zweite Richtung der Kritik zielt auf die Begriffe, mit denen Verflechtungsgeschichte geschrieben wird. Das beinhaltet nicht nur den Hinweis auf den eurozentrischen Ballast vieler Konzepte wie Feudalismus, Nation oder Religion, die nun auf die gesamte Weltgeschichte angewendet werden. Darüber hinaus steht zur Debatte, ob die in der Globalgeschichte notwendigerweise verwendeten Makrobegriffe nicht die Gefahr mit sich bringen, unterschiedliche und zum Teil unvereinbare Situationen gewaltsam begrifflich zu vereinheitlichen und so wichtige Besonderheiten zu nivellieren. Auch diese Kritik ist nicht einfach von der Hand zu weisen. Stellvertretend für viele hat der Afrikahistoriker Frederick Cooper insbesondere davor gewarnt, das Konzept der Globalisierung zu verabsolutieren und zu einem Metanarrativ zu stilisieren: «Der Begriff der Globalisierung enthält zwei Probleme: erstens ‹global› und zweitens ‹-isierung›.»

Coopers zweiter Punkt richtet sich dabei gegen eine Sichtweise, die die Vergangenheit auf einen angenommenen Endpunkt hin konstruiert und auf diese Weise glattbürstet. Häufig würden so die Schwächen und die teleologische Struktur des früheren Modernisierungsbegriffes reproduziert, indem «Tradition» nun durch Isolation und «Moderne» durch Verflechtung ersetzt würde.[143] Der erste Punkt ist noch grundsätzlicher. Auch Cooper räumt ein, dass grenzüberschreitende Interaktionen häufig eine wichtige Rolle spielen. Aber er beharrt darauf, dass sie von Fall zu Fall eine unterschiedliche Dynamik aufweisen und sich nur mit begrifflicher Gewalt unter ein Großkonzept subsumieren lassen. Zu behaupten, die Reichweite sozialer Netzwerke oder Prozesse sei «global», mag bisweilen gut klingen, sagt aber im Einzelfall nicht unbedingt etwas aus. Damit ist

143 Frederick Cooper, Was nützt der Begriff der Globalisierung? Aus der Perspektive eines Afrika-Historikers, in: Sebastian Conrad, Andreas Eckert und Ulrike Freitag (Hg), *Globalgeschichte. Theorien, Ansätze, Themen*, Frankfurt am Main (Campus) 2007, 131–161, Zitat: 131.

nicht nur der Einwand des Afrikahistorikers gemeint, der an der «globalen» Vernetzung der Welt durch den Telegrafen zweifelt, weil das von ihm untersuchte Dorf in Sansibar davon wenig mitbekam. Vielmehr geht es darum, konkrete räumliche Verbindungen zu beschreiben, ohne dabei von vorneherein eine globale Ausdehnung zu unterstellen. Die Reichweite sozialer Prozesse hing von unterschiedlichen Strukturen ab; Verbindungen innerhalb des *British Empire* etwa, oder innerhalb des Indischen Ozeans, oder Vernetzungen entlang von Karawanenrouten brachten jeweils unterschiedliche Gruppen miteinander in Verbindung, ohne sich jeweils auf den gesamten Planeten zu erstrecken. Das Plädoyer für genaues Hinsehen, für raum-zeitliche Spezifik und die Berücksichtigung lokaler Dynamik führt Cooper zu Recht dazu, eher konkrete Netzwerke in den Blick zu nehmen – und sich auch für die Regionen und Menschen zu interessieren, die von diesen Netzwerken ausgeschlossen blieben.

Drittens ist vorgebracht worden, dass weltgeschichtliche Perspektiven Gefahr laufen, dem gegenwärtigen Globalisierungsprozess eine Genealogie zu konstruieren: Weltgeschichte als falsches Bewusstsein. Die globalgeschichtliche Euphorie für Bewegung, Mobilität und Zirkulation könnte leicht dazu beitragen, die immer enger werdende Vernetzung der Welt als quasinatürliche Entwicklung erscheinen zu lassen und Globalisierung so zu einem hinter dem Rücken der Akteure ablaufenden Prozess zu stilisieren. Das Zelebrieren unterschiedlicher Formen von *flows*, die Arjun Appadurai als «chaotisch» und «disjunktiv» beschrieben hat, ist nicht weit entfernt von der Beschwörung von Flexibilität in Managerkreisen und der marktliberalen Rhetorik der Globalisierung.[144] Fernando Coronil etwa sieht in dem Bild der einen Welt und des friedlichen «global village» einen Legitimationsdiskurs am Werk, der die vom Finanzkapital dominierte

144 Vgl. Arjun Appadurai, *Modernity at Large: Cultural Dimensions of Globalization*, Minneapolis (University of Minnesota Press) 2005.

Globalisierung verschleiert und den er als «Globalcentrism» bezeichnet.[145]

In einem ähnlichen Zusammenhang steht auch die Beobachtung von Arif Dirlik, der darauf hingewiesen hat, dass paradoxerweise gerade die Abkehr von eurozentrischen Narrativen dazu beitragen kann, dem Siegeszug des globalen Kapitalismus den Anschein der Alternativlosigkeit zu verleihen; auf diese Weise würde der Eurozentrismus geradezu auf die Spitze getrieben. Die Betonung kultureller Besonderheit und unterschiedlicher Pfade in die moderne Welt führe dazu, die Ausgangspunkte globaler Integration zu pluralisieren und je selbst-generierte Wurzeln auch außerhalb des Westens aufzuspüren: Chinesische Traditionen werden in dieser Perspektive beispielsweise zur Ressource für einen chinesischen Kapitalismus. Solch eine Konstruktion habe den Effekt, die prägende und gewaltsame Rolle des Imperialismus und des im europäischen Kontext entstandenen Kapitalismus zu vernachlässigen.[146] Vor diesem Hintergrund erkennt Dirlik in einigen Lesarten des globalen Prozesses, etwa in den *postcolonial studies* oder dem Konzept der *multiple modernities,* selbst ideologische Produkte des Globalisierungsprozesses. In diesen Ansätzen werde Differenz in erster Linie kulturell verstanden, während sozioökonomische Ungleichheiten ausgeblendet blieben. Für Dirlik ist das Konzept der *multiple modernities* daher ein Instrument, das in erster Linie als Rückprojektion nichtwestlicher Eliten verstanden werden müsse, die mit anderen Eliten um globalen Einfluss konkurrieren, sich aber den Forderungen der eigenen Arbeiterschaft nach ökonomischer Teilhabe nicht stellen wollen.[147] Auch

145 Fernando Coronil, Towards a Critique of Globalcentrism: Speculations on Capitalism's Nature, *Public Culture* 12 (2000), 351–374.

146 Arif Dirlik, Modernity as History: Post-revolutionary China, Globalization and the Question of Modernity, *Social History* 27 (2002), 16–39.

147 Arif Dirlik, Globalisierung heute und gestern: Widersprüchliche Implikationen eines

diesen sehr fundamentalen Einwand wird man nicht einfach von der Hand weisen können – auch dann nicht, wenn man den klaren Dichotomien von Arbeit und Kapital sowie der Rhetorik der Verschleierung skeptisch gegenübersteht. Der Boom der Globalgeschichte ist ohne den Hintergrunddiskurs der Globalisierung nicht zu verstehen, und umso wichtiger ist es, sich regelmäßig darüber Rechenschaft abzulegen, wie Erklärungsansätze und Narrative mit zugrundeliegenden Strukturen der Ungleichheit und den Geographien der Macht zusammenhängen.

Viertens schließlich sind welt- und globalgeschichtliche Entwürfe auch zum Gegenstand einer Fundamentalkritik geworden. Der Südasien-Historiker Vinay Lal hat am indischen Beispiel argumentiert, dass Weltgeschichte dazu tendiere, vielfältige regionale Bezüge zu marginalisieren und «globale Verflechtung» auf die Beziehungen zu Europa zu reduzieren. Tatsächlich sei beispielsweise das vorkoloniale Indien eng vernetzt gewesen, über die Koromandel- und Malabar-Küsten, über Gujarat und vor allem über den Indischen Ozean. Ökonomisch, aber auch kulturell (Buddhismus, Sanskrit) habe es intensive Beziehungen zu anderen Regionen unterhalten – nach Afrika, zum arabischen Raum und nach Südostasien. Die Auffassung, erst der Kolonialismus habe Indien aus der Stagnation befreit und für die Welt «geöffnet», operiere daher mit einer verengten und eurozentrischen Vorstellung von «Welt»; Lal beobachtet gegenwärtig geradezu eine Evakuierung der «Welt» aus der Weltgeschichte.[148]

Paradigmas, in: Conrad, Eckert und Freitag, *Globalgeschichte*, 162–187. Vgl. auch Dirlik, Confounding Metaphors, Inventions of the World: What is World History For?, in: Benedikt Stuchtey und Eckhardt Fuchs (Hg), *Writing World History 1800–2000*, Oxford (Oxford University Press) 2003, 91–133; Dirlik, Performing the World: Reality and Representation in the Making of World Histor(ies), *Journal of World History* 16 (2005), 391–410.

148 Vgl. Vinay Lal, Provincializing the West: World History from the Perspective of Indian History, in: Stuchtey und Fuchs, *Writing World History*, 271–289.

In letzter Instanz richtet sich Lals generalisierter Eurozentrismusvorwurf jedoch nicht gegen spezifische Interpretationen der Weltgeschichte, sondern gegen das Unterfangen an sich. Für Lal ist im Anschluss an Ashis Nandy der Modus der Geschichtsschreibung selbst ein Instrument westlicher Hegemonie, das im Zuge des Imperialismus weltweite Verbreitung fand. Aber das sei nicht die einzige Art und Weise, sich vergangene Ereignisse anzueignen und mit Bedeutung zu versehen. Auch heute noch, so Lal, denke ein Großteil der indischen Bevölkerung nicht in Kategorien der Historizität. Und dieses Recht solle ihm auch nicht genommen werden. Das Argument richtet sich also prinzipiell gegen das Denken im Modus der Geschichte (das andere Zugänge zur Vergangenheit ausblende und nur noch eine mögliche Zukunft übrig lasse) und der Weltgeschichte (die anderen Nationen nur das Aufholen zu einer westlichen «Weltgeschichte» aufgebe). Für Lal stehen beide Ansätze für eine Verdrängung alternativer Modi, Vergangenheit zu deuten und die Zukunft zu erhoffen, etwa in mythischen Erzählungen. Die Durchsetzung des Diskurses der Geschichte und der Weltgeschichte ist daher für ihn gleichbedeutend mit einer Form des «kulturellen Genozids».[149]

Hinter diesem Generalverdacht steht jedoch der beinahe nativistische Versuch der Rehabilitierung mythischer Zugangsweisen zur Vergangenheit. Er ist problematisch, weil er einem Denken in kulturellen Essentialismen Vorschub leistet – Lal spricht explizit von «Inkommensurabilität» – und dazu tendiert, Gruppen zu homogenisieren, in denen konfligierende Ansprüche auf Deutung der Geschichte miteinander konkurrieren. Bei

149 Lal, Provincializing the West, 289. Vgl. auch Vinay Lal, *The History of History: Politics and Scholarship in Modern India*, New Delhi (Oxford University Press) 2003. Für ähnliche Perspektiven: Ashis Nandy, History's Forgotten Doubles, *History and Theory* 34 (1995), 44–66; Vine Deloria, *Red Earth, White Lies: Native Americans and the Myth of Scientific Fact*, New York (Scribner) 1995.

aller Scharfsichtigkeit der Kritik operiert ein solcher Ansatz mit der Vorstellung von «reinen» kulturellen Substanzen und dem nostalgischen Wunsch nach autonomer Entwicklung, der ihn von einem Konzept des «Kampfes der Kulturen» (Samuel Huntington) kaum noch unterscheidbar macht. In mancher Hinsicht wird man sagen können, dass eine solche kulturfundamentalistische Position nicht so sehr einen Ausgangspunkt für Kritik am Globalisierungsprozess darstellt, sondern einen seiner Effekte. Die meisten Historiker haben sich daher auch dagegen verwahrt und setzen stattdessen auf dialogische Aushandlungen einer globalgeschichtlichen Perspektive, die die Kritik an ihr ernst nimmt und inkorporiert.[150]

Globalgeschichte im kritischen Dialog

Die bisher vorgestellte Kritik richtet sich auf Grundsatzfragen und berührt epistemologische, theoretische und normative Aspekte. Diese Überlegungen schlagen in vermittelter Form auf die Praxis der Globalgeschichte durch. Aber auch jenseits der Grundsatzkritik werden Vertreter des Feldes in Zukunft verstärkt eine Reihe von Anregungen aufnehmen müssen, die sich konkret auf das Verfassen globalgeschichtlicher Arbeiten beziehen. Im Folgenden sollen fünf dieser Einwände bzw. Vorschläge diskutiert werden. Sie zielen allesamt darauf, eine Reihe von Einseitigkeiten und Übertreibungen, die für die «Goldgräber»-Phase globalgeschichtlicher Forschung in den ersten Jahren nach der Jahrtausendwende typisch waren, zu korrigieren.

Ein erster Vorbehalt bezieht sich auf die Tendenz, den programmatischen Anti-Eurozentrismus zu verabsolutieren und

150 Jerry H. Bentley, Myths, Wagers, and Some Moral Implications of World History, *Journal of World History* 16 (2005), 51–82; Dominic Sachsenmaier, World History as Ecumenical History?, *Journal of World History* 18 (2007) 465–490.

auf den Kopf zu stellen. Eine solche Umkehrung trägt nicht dazu bei, die grundsätzliche Problematik – die Bemessung historischer Realität an einem normativ aufgeladenen Standard – zu lösen. Das Buch *ReOrient* von Andre Gunder Frank ist ein gutes Beispiel für eine Richtung, die den Eurozentrismus durch einen dezidierten Sinozentrismus ersetzt. Die europäische Dominanz im 19. Jahrhundert wird bei Frank als kurzes Interludium gedeutet, das eine Jahrhunderte währende chinesisch-asiatische Hegemonie lediglich kurzfristig unterbrochen habe.[151]

Die grundlegende Frage dabei ist, wie historische Dynamik konzeptionell gedacht wird. Die neuere Forschung hat für viele Bereiche gezeigt, dass der Aufstieg (West-)Europas zur hegemonialen Macht seit dem späten 18. Jahrhundert nicht lediglich selbst-generiert war, sondern das Ergebnis vielfältiger Interaktionen. Die Geschichte Europas war nie nur eine europäische Angelegenheit. Diese grundlegende Einsicht in die Relationalität historischer Entwicklung wird aber im globalhistorischen Überschwang leicht außer Acht gelassen, wenn von anderen Regionen und Gesellschaften die Rede ist. Dann ist von chinesischen oder afrikanischen Ursprüngen und Dynamiken die Rede, sozusagen als Gegengewicht gegen ein Narrativ der westlichen Überformung und Diffusion. Das hat angesichts der gegenwärtigen Literaturlage durchaus eine heuristische Funktion. Aber es darf nicht dazu führen, die lange Geschichte der Austauschprozesse, der Verflechtung und des Machtungleichgewichts zu ignorieren, die die moderne Welt – und also auch «Asien» oder «Afrika» – hervorgebracht haben.

Eine zweite Einschränkung bezieht sich auf die Überbewertung externer Faktoren, oder anders gesagt auf das Verhältnis von Zeit und Raum in der historischen Analyse. Globalhistorische Arbeiten tendieren dazu, bei der Erklärung von Ereignis-

151 Vgl. Andre Gunder Frank, *ReOrient: Global Economy in the Asian Age*, Berkeley (University of California Press) 1998.

sen oder Prozessen der Konstellation im Raum besondere Bedeutung zuzuweisen. Gegenüber älteren Ansätzen, die langfristige Kontinuitäten und Prozesse innerhalb von Gesellschaften privilegierten, haben Globalhistoriker vor allem die gleichzeitig wirksamen äußeren Einflüsse und Faktoren hervorgehoben. So hat beispielsweise Nader Sohrabi in einem anregenden Aufsatz argumentiert, dass sich die jungtürkische Revolution von 1908 nur im Lichte der globalen Verfassungswelle des frühen 20. Jahrhunderts verstehen lässt. Angesichts der Ereignisse in Japan (1889), Russland (1905) und Iran (1906) modifizierten die Jungtürken ihre Strategie von einer «Revolution von oben» hin zu einer revolutionären, auf Massenpartizipation gerichteten Politik.[152] Das ist eine wichtige Perspektive, ein wichtiges Korrektiv – das jedoch im Umkehrschluss nicht dazu führen sollte, längere Kontinuitäten innerhalb des Osmanischen Reiches sowie interne Konflikte, etwa die Spannungen zwischen den Offizieren sowie zwischen gesellschaftlichen Gruppen, zu vernachlässigen. Häufig erlaubten die Bezüge auf externe Vorbilder, lokale Anliegen in einer universalen Sprache zu formulieren. Das wurde von der bisherigen Forschung zu wenig gesehen. Damit ist jedoch über die Frage der Kausalität noch nicht viel gesagt; hier müssten die unterschiedlichen Dimensionen angemessen abgewogen werden.

Noch deutlicher wird die Spannung zwischen räumlicher Gleichzeitigkeit und längeren internen Prozessen bei der Diskussion «globaler Momente». Ein Beispiel dafür sind Arbeiten, die das Jahr 1968 als globalen Wendepunkt behandeln. Dabei wird auf die Gleichzeitigkeit der Ereignisse verwiesen, die sich nicht auf den Mai in Paris beschränkten, sondern auch in Italien und Deutschland, Japan und den Vereinigten Staaten, Mexiko

152 Nader Sohrabi, Global Waves, Local Actors: What the Young Turks Knew about Other Revolutions and Why it Mattered, *Comparative Studies in Society and History* 44 (2002), 45–79.

oder der Türkei eine Entsprechung fanden. Fast überall waren es heftige Studentenproteste, die zu politischen Krisensituationen führten. Und in der Tat waren die Bewegungen miteinander verbunden, beobachteten sich gegenseitig, übernahmen Elemente des politischen Diskurses und Protestformen wie das Sit-in. Aber jenseits dieser Verbindungen, die auch bei vielen Akteuren zum Gefühl einer internationalen Bewegung beitrugen, blieben die jeweiligen lokalen Kontexte doch ganz zentral. Die Entstehungsbedingungen, die politischen Anliegen, die gesellschaftlichen Folgen unterschieden sich meist ganz fundamental – selbst wenn etwa die Kritik am Vietnamkrieg an vielen Orten die politische Rhetorik färbte.[153]

Das leitet direkt zum dritten Punkt über: Mit dem Nachweis von Beziehungen und Verflechtungen ist es nicht getan. In der Frühphase des globalgeschichtlichen Projekts war mit dem Aufzeigen von überraschenden Verbindungen zwischen weit entfernt liegenden Personen oder Ereignissen schon ein wichtiger Beitrag geleistet; die Feststellung der Vernetzung war selbst bereits ein Argument. Das reicht jedoch nicht mehr aus. Vielmehr muss es darum gehen, genau zu analysieren, welchen Stellenwert die Verflechtungen hatten, wie groß ihr Einfluss war, für welche Gruppen, in welcher Hinsicht. Und auch die damit verbundenen Grenzen müssen rigoroser bestimmt werden, sowohl was die Wirkung von Transferprozessen betrifft als auch die Grenzen der Vernetzung selbst. Neben die Euphorie über die Knotenpunkte, Netzwerke und Abhängigkeiten wird daher zunehmend die Betonung der Besonderheit, der Spezifik treten – ohne dass das eine Rückkehr zur Epoche der isolationistischen Nationalgeschichte bedeuten würde.

153 Vgl. interessante Überlegungen zu den jeweiligen nationalen bzw. lokalen Besonderheiten bei Arif Dirlik, The Third World in 1968, in: Carole Fink, Philipp Gassert und Detlef Junker (Hg), *1968: The World Transformed*, Cambridge (Cambridge University Press) 1998, 295–317.

Das heißt auch, dass neben die Literatur zur Globalisierung eine Wissenschaft vom Nicht-Transfer, von der Beharrungskraft treten wird, oder, in Anlehnung an die Physik formuliert, eine Wissenschaft der Trägheit. Die Wissenschaftshistorikerin Londa Schiebinger hat interessante Anregungen in diese Richtung gegeben. Sie interessiert sich dafür, warum bestimmte Formen des Wissens nicht auf die Reise gehen, selbst wenn die infrastrukturellen Bedingungen dafür gegeben sind. Ihr Beispiel ist der Pfauenstrauch (*peacock flower*), der in Lateinamerika und in der Karibik zum Zwecke der Verhütung und Abtreibung Verwendung fand. Im 18. Jahrhundert eigneten sich Sklavinnen dieses botanisch-medizinische Wissen an und setzten es zur Abtreibung von Nachkommen ein, die sonst in die Sklaverei hineingeboren worden wären. Dieses Wissen blieb jedoch lokal, trotz der engen Einbindung der Karibik in die kapitalistischen Strukturen der atlantischen Wirtschaft. Londa Schiebinger führt das Konzept der «agnotology» ein – das Studium der kulturell induzierten Formen des Nicht-Wissens –, um zu beschreiben, welche Faktoren – von kulturellen Prioritäten über geschlechtergeschichtliche und institutionelle Zusammenhänge bis hin zu individuellen Vorlieben und Abneigungen – der weiteren Verbreitung und Aneignung dieses Wissens entgegenstanden.[154]

Auch der vierte Punkt ist eng mit dieser Problematik verbunden: die Fetischisierung der Mobilität. In der Tat ist Mobilität zum Signet der Globalgeschichte geworden, und die Bewegung von Menschen über Grenzen hinweg – als Reisende und Einwanderer, als Sklaven und Arbeiter, als Händler und Kriegsgefangene – ist einer der zentralen Mechanismen, durch die Inter-

154 Londa Schiebinger und Claudia Swan (Hg), *Colonial Botany: Science, Commerce, and Politics in the Early Modern World*, Philadelphia (University of Pennsylvania Press) 2004; Londa Schiebinger, *Plants and Empire: Colonial Bioprospecting in the Atlantic World*, Cambridge, MA. (Harvard University Press) 2007; Robert N. Proctor und Londa Schiebinger (Hg), *Agnotology: The Making and Unmaking of Ignorance*, Stanford (Stanford University Press) 2008.

nationalität und Globalität nicht nur hergestellt, sondern auch individuell erfahrbar wurden. Daher hat sich ein großer Teil der Literatur auf die Untersuchung von Migranten und mobilen Gruppen konzentriert. Aber auch hier besteht die Gefahr der Überzeichnung – und auch diese Gefahr ist keineswegs neu. So konnte man in Meyers Konversationslexikon bereits 1890 lesen, eine «Reise um den ganzen Erdball» gehöre mittlerweile «zu den alltäglichen Vorkommnissen».[155] Heute findet man ähnliche Formulierungen, die mehr über die Euphorie der Grenzüberschreitung und Weltaneignung aussagen als über die tatsächlichen Verhältnisse.

Der gegenwärtige Globalisierungsdiskurs bringt es mit sich, dass die Rolle der Mobilität überbetont wird – und zudem transozeanische oder globale Migration mehr Aufmerksamkeit erfährt als Mobilität über kurze Distanzen. In globalhistorischen Überblicken werden vielfach die Kapitel über gesellschaftliche Entwicklung durch Abschnitte über Migrationsgeschehen ersetzt. Umso wichtiger ist es, die Opfer dieser gegenwärtigen Fixierung auf Zirkulation und Fluidität nicht aus dem Blick zu verlieren. Der größte Teil der Menschheit reiste selten oder gar nicht, jedenfalls nicht über lange Distanzen und in fremde Kulturen; die sozialen, politischen und ökonomischen Beschränkungen sowie die mangelnde Infrastruktur ließen das auch gar nicht zu. Überhaupt tendieren globale Perspektiven bisweilen dazu, sich stärker auf die Rolle von Eliten zu konzentrieren, als das zu Hochzeiten des sozialgeschichtlichen Paradigmas der Fall gewesen ist. Das ist nur eine Tendenz – immerhin gehören die Sklaverei oder die Massenmigration des 19. Jahrhunderts zu den klassischen Feldern der Globalgeschichte. Außerdem waren selbst diejenigen, die sich kaum von der Stelle bewegten, von größeren Prozessen betroffen und mussten sich mit ihren Wir-

155 Zitiert nach Hermann Bausinger, Klaus Beyrer und Gottfried Korff (Hg), *Reisekultur. Von der Pilgerfahrt zum modernen Tourismus,* München (C.H. Beck) 1991, S. 343.

kungen ebenso auseinandersetzen wie sie auf transferierte Ideen und Dinge zurückgreifen konnten. Aber sowohl die Eliten als auch die «Welt in Bewegung» waren nur ein Teil der Wirklichkeit, und Historiker werden sich wieder verstärkt den Sesshaften, den Bodenständigen und den weniger Privilegierten zuwenden. Oder gar denjenigen, die sogar gegenüber staatlichem Zugriff weitgehend immun blieben – wie die mehr als 100 Millionen Menschen zählenden marginalisierten Gruppen in den Bergregionen Südostasiens, die in der neueren Literatur als «Zomia» bezeichnet werden: Gruppen, die sich seit Jahrhunderten der Eingliederung in staatliche Institutionen und Ausbeutungsverhältnisse entzogen haben, die in keiner Globalisierungserzählung vorkommen und die James Scott als «Flüchtlinge vor der Moderne» beschrieben hat.[156]

Der fünfte Punkt bezieht sich auf eine etwas anders gelagerte Problematik. Der Ausgangspunkt ist der Eindruck, dass im Zuge der globalgeschichtlichen Erweiterung eine Reihe von methodischen und inhaltlichen Anliegen, die zur Pluralisierung der Geschichtswissenschaft seit den 1980er Jahren beigetragen haben, Gefahr laufen, nur noch am Rande Berücksichtigung zu finden. Dabei geht es vor allem um kulturgeschichtliche und geschlechtergeschichtliche Dimensionen der Vergangenheit. Beide Phänomene sind miteinander verbunden. Im Zuge des *linguistic turn* und der kulturgeschichtlichen Wende seit den 1980er Jahren sind fundamentale Einwände gegenüber strukturalistischen Ansätzen formuliert worden. Historiker haben zentrale Begriffe und Konzepte wie beispielsweise Nation oder Klasse hinterfragt und detailliert herausgearbeitet, wie diese Begriffe als gesellschaftliche Einheiten konstruiert wurden. Allgemein gesprochen gehört eine Sensibilität für den Konstruktcha-

156 James C. Scott, *The Art of Not Being Governed: An Anarchist History of Upland Southeast Asia*, New Haven (Yale University Press) 2009. Vgl. auch das Themenheft des *Journal of Global History* 5 (2010) zu «Zomia».

rakter gesellschaftlicher Realität zu den Erkenntnisgewinnen der Kulturgeschichte.

Diese Einsicht droht nun im Rahmen der globalgeschichtlichen Konjunktur an den Rand gedrängt zu werden. Bisweilen ist das auch als Fortschritt gepriesen worden, da gegenüber dem Klein-Klein kulturgeschichtlicher Diskursanalysen nun die wichtigen Fragen und großen Prozesse wieder zu ihrem Recht kämen. Beispielsweise wurde die Renaissance der Wirtschaftsgeschichte mit dem globalgeschichtlichen Interesse und dem parallel dazu verlaufenden Bedeutungsverlust der Kulturgeschichte erklärt.[157] Tatsächlich kann man beobachten, dass in vielen Arbeiten (vor allem in den großen Überblickswerken), die sich des Labels Welt- oder Globalgeschichte bedienen, kulturgeschichtliche Fragestellungen in den Hintergrund gerückt sind. Das heißt nicht, dass die Geschichte kultureller Hervorbringungen nicht vorkommen würde; der soziale Gegenstandsbereich «Kultur» ist durchaus präsent. Aber als hermeneutische Methode spielt ein kulturgeschichtliches Interesse an der Konstitution von Bedeutung nur eine untergeordnete Rolle.

Das kann dann dazu führen, dass die Geschichte von Nationen und Imperien, Klassen und Geschlechtern, von Wirtschaftswachstum und Revolutionen geschrieben wird, ohne diese Konzepte näher zu problematisieren. Ein solcher Zugang hat jedoch Kosten. Nehmen wir das Beispiel einer globalen Geschichte des Kapitalismus, wie es sie in vielen Varianten gibt: die Geschichte des europäischen Weltsystems; die Weltwirkung der in Europa entstandenen Industrialisierung; die Suche nach «sprouts of capitalism»; die Great Divergence-Debatte, etc. In den meisten Darstellungen wird nach Ursachen für Aufschwung und Niedergang, für ökonomische Überlegenheit und

157 Vgl. dazu etwa die interessante Diskussion in AHR Conversation: On Transnational History, *American Historical Review* 111 (2006), 1440–1464.

Rückständigkeit gefragt, nach den Gründen für unterschiedliche Niveaus der Lebenshaltung und des Wohlstands: die Verfügbarkeit von Rohstoffen, die Steuersätze, die gesellschaftlichen Rollen von Frauen, die technologische Entwicklung und so fort. Kaum reflektiert wird jedoch, wie die jeweiligen historischen Akteure den Prozess beurteilten und welche Relevanz dem wirtschaftlichen Erfolg im Vergleich mit anderen Gütern und Werten zukam. Um diese eindimensionale und funktionalistische Sicht zu hinterfragen, hat der Ethnologe Marshall Sahlins in einem anregenden Aufsatz argumentiert, dass man die Geschichte des Kapitalismus an unterschiedliche kulturelle Kosmologien zurückbinden müsse. Erst dann ließe sich verstehen, warum etwa die Erzeugnisse der englischen Industrieproduktion im späten 18. Jahrhundert in einigen Gesellschaften, etwa in China, lediglich auf freundliches Desinteresse stießen.[158] Es bleibt daher wichtig, kontextsensible und kulturgeschichtliche Perspektiven nicht über Bord zu werfen, wenn konkrete Phänomene an globale Prozesse angeschlossen werden. Das ist im Rahmen von Fallstudien sicher leichter zu bewerkstelligen als in Synthesen und großen Überblickswerken. Einige anregende Studien der letzten Jahre haben gezeigt, wie diese Verbindung gelingen kann und man im globalgeschichtlichen Rahmen über Klassen, Geschichte oder Nationen sprechen kann, ohne diese Kategorien vorauszusetzen und zu reifizieren.[159]

158 Marshall Sahlins, Cosmologies of Capitalism: The Trans-Pacific Sector of «The World System», in: Nicholas B. Dirks, Geoff Eley und Sherry B. Ortner (Hg), *Culture/Power/History: A Reader in Contemporary Social Theory*, Princeton (Princeton University Press) 1994, 412–456.

159 Besonders anregende Beispiele für das Bemühen um eine Verbindung global- und kulturgeschichtlicher Perspektiven sind Christopher L. Hill, *National History and the World of Nations: Writing Japan, France, the United States, 1870–1900*, Durham NC. (Duke University Press) 2008; Andrew Sartori, *Bengal in Global Concept History: Culturalism in the Age of Capital*, Chicago (Chicago University Press) 2008; Adam McKeown, *Melancholy Order: Asian Mi-*

Auch die Marginalisierung geschlechtergeschichtlicher Perspektiven in vielen Arbeiten zur Globalgeschichte steht in diesem Zusammenhang.[160] Tatsächlich kommt die Dimension *gender* in den meisten großen Überblickswerken nur am Rande vor. Bisweilen wird über die Frauenbewegung berichtet oder über weibliche Arbeit diskutiert, vor allem im Kontext der Industrialisierung. Diese Passagen sind dann jedoch eher additiv und erwecken den Anschein, als ob eine allgemeine Geschichte durch die Geschichte der Frauen ergänzt werden sollte. Als Analysekategorie erscheint Geschlecht hingegen nur sehr selten; der Übergang von Frauen- zu Geschlechtergeschichte steht häufig noch aus.[161]

Die grundsätzliche Problematik liegt hier ganz ähnlich wie bei der Kulturgeschichte, die beide eine etwas andere Stoßrichtung haben als die Globalgeschichte. Letztere tendiert dazu, auf übergreifende, strukturelle Bedingungen zu verweisen und Gemeinsamkeiten zwischen unterschiedlichen Kontexten in den Vordergrund zu stellen, sei es über den Vergleich oder über den Nachweis von Austauschbeziehungen. Selbst dann, wenn die Interpretation nicht auf zunehmende Homogenisierung hinausläuft, geht es doch häufig darum, bislang separat behandelte Phänomene zusammenzudenken. Kultur- und geschlechtergeschichtliche Ansätze hingegen haben sich stärker auf Differenzen konzentriert, auf Spezifik und bisweilen sogar auf Inkommensurabilität. Diese Betonung von Vielfalt und Varianz steht zu den Anliegen vieler Welt- und Globalhistoriker, die sich um

gration and the Globalization of Borders, New York (Columbia University Press) 2008; Andrew Zimmerman, *Alabama in Africa: Booker T. Washington, the German Empire, and the Globalization of the New South*, Princeton (Princeton University Press) 2010.

160 Für die folgenden Überlegungen habe ich von Ulrike Schaper, *Gender und Globalgeschichte – eine schwierige Beziehung?*, Berlin (Manuskript) 2012 profitiert.

161 Ein Beispiel für diesen Ansatz ist Bonnie G. Smith, *Women's History in Global Perspective*, 3 Bände, Urbana, IL. (University of Ilinois Press) 2004.

«kulturneutrale Kategorien» bemühen, in einer gewissen Spannung.[162]

Diese Spannung besteht in erster Linie bei Synthesen und Überblickswerken. Bei konkreten Forschungsprojekten und Fallstudien hingegen gibt es bereits interessante Beispiele für einen produktiven Dialog zwischen geschlechter- und globalgeschichtlichen Fragestellungen. Wichtige Anregungen gehen nach wie vor auf die Debatten der *postcolonial studies* zurück, in denen beispielsweise die Problematik der Verwendung von Kategorien wie «Frau» in grenz- und kulturüberschreitenden Zusammenhängen theoretisch ausgelotet wurde.[163] Einen interessanten Versuch, solche Fragen globalgeschichtlich zu erweitern, stellt das Gemeinschaftswerk der «Modern Girl Around the World Research Group» dar. In diesem Projekt haben sechs Wissenschaftlerinnen in zwei gemeinsam verfassten Texten das Aufkommen des *modern girl* als globales Phänomen in den 1920er und 1930er Jahren untersucht. Die Gleichzeitigkeit dieser gesellschaftlichen Formation erklären sie mit Hilfe übergrei-

162 Vgl. Merry Wiesner-Hanks, Crossing Borders in Transnational Gender History, *Journal of Global History* 6 (2011), 357–379. Das Zitat stammt von Jürgen Osterhammel, Transnationale Gesellschaftsgeschichte: Erweiterung oder Alternative?, *Geschichte und Gesellschaft* 27 (2001), 464–479, Zitat: 467. Vgl. zu dieser Problematik auch Ida Blom, Gender as an Analytical Tool in Global History, in: Sølvi Sogner (Hg), *Making Sense of Global History: The 19th International Congress of the Historical Sciences, Oslo 2000, commemorative volume,* Oslo (Universitetsforlaget) 2001, 71–86; Giulia Calvi, Global Trends: Gender Studies in Europe and the US, *European History Quarterly* 40 (2010), 641–655; Peter Stearns, *Gender in World History,* London (Routledge) 2000.

163 Vgl. Chandra Talpade Mohanty, Under Western Eyes: Feminist Scholarship and Colonial Discourse, *Feminist Review* 30 (1988), 61–88; Mohanty, «Under Western Eyes» Revisited: Feminist Solidarity through Anticapitalist Struggles, *Signs* 28 (2003), 499–535; Sara Suleri, Woman Skin Deep: Feminism and the Postcolonial Condition, *Critical Inquiry* 18 (1992), 756–769; Oyèrónkẹ́ Oyěwùmí, *The Invention of Women: Making an African Sense of Western Gender Discourses,* Minneapolis (University of Minnesota Press) 1997; Philippa Levine (Hg), *Gender and Empire,* Oxford (Oxford University Press) 2004; Tony Ballantyne und Antoinette Burton (Hg), *Bodies in Contact: Rethinking Colonial Encounters in World History,* Durham, NC. (Duke University Press) 2005.

fend wirksamer politischer, gesellschaftlicher und ökonomischer Strukturen, aber auch durch den Transfer von Ideen und Texten, von Kosmetikprodukten und über die Werbewirtschaft vermittelten Idealvorstellungen. Dabei setzen die Autorinnen das *modern girl* nicht voraus, sondern behandeln es als Sonde, um zu eruieren, wie in unterschiedlichen Kontexten Modernität oder Mädchen- und Frausein praktiziert wurde. Auf diese Weise können sie zeigen, wie nicht nur globale Prozesse, sondern auch ganz lokale Bedingungen zur Entstehung des *modern girl* beigetragen haben, das je nach Kontext eine andere kulturelle und politische Bedeutung erhielt.[164]

Schließlich, und das ist der sechste und letzte Punkt, soll noch daran erinnert werden, dass weder «Welt» noch «global» selbstverständliche und naturgegebene Kategorien sind. Dass die vielfach beschworenen globalen Zusammenhänge nicht immer «global» waren, ist oben schon angesprochen worden. Aber darüber hinaus sollte nicht aus dem Blick geraten, dass Globalgeschichte immer auch eine Perspektive ist, nicht einfach ein unproblematisch existierender Gegenstand. Das wird in einigen Darstellungen auch so gesehen und explizit thematisiert. Das «Globale», die Globalisierung sind etwa für Osterhammel und Petersson Perspektiven, um «einen neuen Blick auf die Vergangenheit zu werfen».[165] Und auch für C. A. Bayly ist Globalisierung «als ein heuristisches Mittel zu verstehen und nicht als Beschreibung eines linearen sozialen Wandels».[166] Das heißt, dass mit einer globalgeschichtlichen Perspektive bestimmte Fragen

164 The Modern Girl Around the World Research Group, *The Modern Girl Around the World: Consumption, Modernity, and Globalization,* Durham NC. (Duke University Press) 2008.

165 Jürgen Osterhammel und Niels P. Petersson, *Geschichte der Globalisierung: Dimensionen, Prozesse, Epochen,* München (C.H. Beck) 2003, 10.

166 C. A. Bayly, «Archaische» und «moderne» Globalisierung in Eurasien und Afrika, ca. 1750–1850, in: Conrad, Eckert und Freitag, *Globalgeschichte,* 81–108, Zitat: 84.

und Anliegen verbunden sind, die die Wirklichkeit auf bestimmte Art und Weise formatieren – nicht anders, als das beispielsweise bei einem geschlechtergeschichtlichen Zugriff der Fall ist. «Globale Perspektiven liefern globale Geschichten.»[167]

In der Praxis jedoch werden diese methodischen Vorsichtsregeln schnell über den Haufen geworfen. Geschichte wird häufig so geschrieben, als ob kollektive Prozesse überall in der Welt sich auf ein historisches Stadium zubewegten, das man als kapitalistische Moderne beschreiben kann. Das gilt insbesondere für Ansätze, die sich eine Geschichte «der» Globalisierung auf die Fahnen geschrieben haben. Aber als Hintergrundannahme prägt diese Teleologie auch zahlreiche andere Studien.

Daher ist es sinnvoll, sich über den Konstruktionscharakter der globalen Perspektive Rechenschaft abzulegen und die Kontexte, in denen Weltbezüge hergestellt werden, mit zu reflektieren. Die Vorstellung von globalen Zusammenhängen war nicht überall identisch, und sie war historisch variabel. Bereits historische Akteure konstruierten ihre jeweilige «Welt», um spezifische, auch lokale Anliegen in einer universalisierbaren und «globalen» Sprache formulieren zu können und so zu legitimieren. Wenn im Deutschen Kaiserreich antisemitische Gruppen ihre Forderung nach Ausweisung von Juden damit begründeten, dass eine ethnisch motivierte Exklusionspolitik weltweit üblich sei – häufig unter Verweisen auf die rigide Ausschließungspolitik, die die Vereinigten Staaten und Australien seit den 1880er Jahren gegenüber chinesischen Einwanderern praktizierten – dann war dies eine spezifische Lesart von «Welt», die eine Existenz globaler Zusammenhänge suggerierte, denen man sich nicht entziehen könne. Auch in der Gegenwart bezieht das Adjektiv «global» seine Plausibilität meist aus dem Bezug auf

167 Barry K. Gills und William R. Thompson, Globalization, Global Histories and Historical Globalities, in: Gills und Thompson (Hg), *Globalization and Global History*, London (Routledge) 2006, 1–17, Zitat: 2..

die Politik der Vereinigten Staaten oder die ökonomische Konkurrenz aus China, und weniger aus der Orientierung an genossenschaftlichen Banken in Bangladesch.

Hinter dieser Selektivität des Weltbezugs steht die epistemologische Frage, wie «Welt» überhaupt erfahren beziehungsweise konstruiert werden kann. Der Literaturwissenschaftler Sanjay Krishnan hat daher auf die sprachlichen und narrativen Mechanismen aufmerksam gemacht, durch die die Welt als zusammenhängende, interdependente Einheit hervorgebracht wird. «In den jüngeren Diskussionen über Globalisierung wird stillschweigend angenommen, das Adjektiv ‹global› beziehe sich auf einen empirischen Prozess, der ‹da draußen› in der Welt stattfindet. […] Im Gegenteil dazu gehe ich davon aus, dass ‹global› einen Modus der Thematisierung beschreibt, oder einen Weg, die Welt in den Blick zu nehmen.»[168] Die Sprache des Globalen suggeriere eine Transparenz, einen direkten Zugriff auf einen empirisch zu beobachtenden Prozess; tatsächlich aber handele es sich um einen Modus, der ganz unterschiedliche Phänomene in einem gemeinsamen Diskurs zusammenfasse und dadurch beherrschbar mache. «Es verweist nicht auf die Welt an sich, sondern auf die Bedingungen und Auswirkungen der institutionalisierten Modi, mithilfe derer die unterschiedlichen Terrains und Völker dieser Welt innerhalb eines einzigen Rahmens lesbar gemacht werden.»[169]

Insofern ist die Behauptung der Globalität stets unmittelbar mit Interessen, Standpunkten und Machtverhältnissen verbunden. «Das Globale bildet die dominante Perspektive, von der aus die Welt als repräsentierbar und kontrollierbar hergestellt wurde. Zudem legte diese Perspektive die Bedingungen fest, innerhalb derer eine Vorstellung von Subjektivität und Geschichte

168 Sanjay Krishnan, *Reading the Global: Troubling Perspectives on Britain's Empire in Asia*, New York (Columbia University Press) 2007, 2, 4.

169 Ebd., 4.

entstehen konnte.»[170] Allerdings sollte man sich diesen Zusammenhang nicht als eine top-down-Struktur vorstellen; globale Perspektiven sind nicht lediglich ein Instrument der Beherrschung oder des (westlichen) Imperialismus. Vielmehr hat sich das Denken in globalen Kategorien als hegemonialer Diskurs etabliert, der von ganz unterschiedlichen Akteuren und aus den unterschiedlichsten Motiven genutzt und reproduziert wird.

Die unterschiedlichen Strategien des *world-making* historisch und in der Gegenwart aufzuarbeiten kann davor schützen, in die Falle einer simplen Globalisierungsteleologie zu laufen. Insgesamt wird die Globalgeschichte sich an den hier vorgestellten kritischen Einwänden abarbeiten müssen, wenn sie die eine oder andere Übertreibung und euphorische Überzeichnung aus der Aufbruchsphase hinter sich lassen will. Die Kritik hebt nicht darauf ab, Globalgeschichte als Ganzes zu unterminieren, sondern kann dazu beitragen, die Fragen und Zugriffe methodisch und theoretisch zu stärken.

170 Ebd.

5
ANSÄTZE, THEORIEN UND PARADIGMEN

Die gegenwärtigen globalgeschichtlichen Ansätze lassen sich aus der Geschichte der Weltgeschichtsentwürfe nicht einfach ableiten. Andererseits stellen sie auch keine radikale Neuerung dar, sondern knüpfen an zahlreiche Strömungen und etablierte Teilgebiete der Geschichtswissenschaft an. Diese vielfältigen Einflüsse können kaum auf einen Nenner gebracht werden. Wichtige Impulse gingen von der Geschichte des Imperialismus und Kolonialismus aus, die seit der Jahrtausendwende in den Empire-Debatten ihre Fortsetzung fand. Auch die Arbeiten zur Geschichte von Mobilität und Migration, inklusive des Spezialfalls der Sklaverei, bieten zahlreiche Anregungen und Einsichten, die sich in globalgeschichtliche Untersuchungen integrieren lassen.[171] Darüber hinaus gibt es Verbindungen zur Geschichte der internationalen Beziehungen und des Internationalismus.[172] Ein wichtiger methodischer Ausgangspunkt waren die komparativen und transfergeschichtlichen Zugriffe, die vor allem seit den 1980er Jahren dazu beigetragen haben, manches aus der nationalgeschichtlichen Perspektive gewonnene Urteil im internationalen Maßstab zu kontextualisieren und zu relativie-

171 Vgl. etwa Wang Gungwu (Hg), *Global History and Migrations*, Boulder (Westview Press) 1997; Dirk Hoerder, *Cultures in Contact: World Migrations in the Second Millennium*, Durham NC. (Duke University Press) 2002.

172 Ursula Lehmkuhl, Diplomatiegeschichte als internationale Kulturgeschichte. Theoretische Ansätze und empirische Forschung zwischen Historischer Kulturwissenschaft und Soziologischem Institutionalismus, *Geschichte und Gesellschaft* 27 (2001), 394–423; Wilfried Loth und Jürgen Osterhammel (Hg), *Internationale Geschichte. Themen – Ergebnisse – Aussichten*, München (Oldenbourg) 2000.

ren.[173] In den letzten Jahren sind zudem eine Reihe von Versuchen, der nationalgeschichtlichen Verengung zu entkommen, unter dem eingängigen, wenn auch theoretisch wenig ausgearbeiteten Begriff der transnationalen Geschichte gebündelt worden.[174]

Aus der Vielfalt an inhaltlichen und methodischen Anregungen sollen in diesem Kapitel vier Diskussionszusammenhänge etwas ausführlicher vorgestellt werden, in denen Historiker gegenwärtig über die Dynamik der modernen Welt nachdenken. Nicht alle sind primär in den Geschichtswissenschaften angesiedelt; nicht immer geht es um den Anspruch, sämtliche Weltzusammenhänge zu erklären. Aber allen kommt in der aktuellen Globalgeschichtsdiskussion eine besondere Bedeutung zu: die Weltsystemtheorie, die *postcolonial studies*, die Netzwerkanalyse sowie schließlich das Konzept der *multiple modernities*. Sie sind keineswegs hermetisch voneinander abgegrenzt und beeinflussen sich vielfach gegenseitig. Beinahe allen ihren Ausprägungen ist gemeinsam, dass sie die westliche Deutungshegemonie zurückweisen. In den folgenden Abschnitten sollen diese Ansätze vorgestellt werden, um im Anschluss kritisch zu fragen, inwiefern globalgeschichtliche Perspektiven an ihre Anregungen anknüpfen können.

173 Zu vergleichender und Beziehungsgeschichte vgl. Heinz-Gerhard Haupt und Jürgen Kocka (Hg), *Geschichte und Vergleich. Ansätze und Ergebnisse international vergleichender Geschichtsschreibung*, Frankfurt am Main (Campus Verlag) 1996; Johannes Paulmann, Internationaler Vergleich und interkultureller Transfer. Zwei Forschungsansätze zur europäischen Geschichte des 18. bis 20. Jahrhunderts, *Historische Zeitschrift* 267 (1998), 649–685; Matthias Middell, Kulturtransfer und Historische Komparatistik – Thesen zu ihrem Verhältnis, *Comparativ* 10 (2000), 7–41.

174 Vgl. etwa Michael Werner und Bénédicte Zimmermann, Vergleich, Transfer, Verflechtung. Der Ansatz der Histoire croisée und die Herausforderung des Transnationalen, *Geschichte und Gesellschaft* 28 (2002), 607–636; Gunilla Budde, Sebastian Conrad und Oliver Janz (Hg), *Transnationale Geschichte. Themen, Tendenzen und Theorien*, Göttingen (Vandenhoeck und Ruprecht) 2006.

Weltsystem

In den 1970er Jahren avancierte die Geschichte des Weltsystems zur wichtigsten makrohistorischen Alternative zur Modernisierungstheorie. Ausgehend von Immanuel Wallersteins (*1930) bislang vierbändiger Darstellung betonten Historiker den systemischen Charakter des internationalen Staatensystems und der kapitalistischen Wirtschaftsordnung. Wallersteins Modell stellte ein neues Paradigma der weltgeschichtlichen Analyse dar, das zwar in mancher Hinsicht an die zentrifugale Logik der europäischen Expansionsgeschichte anschloss, sie aber zugleich durch die Betonung systemischer Zusammenhänge zu überwinden suchte. Wichtige Einflüsse waren das Werk Karl Polanyis (1886–1964), die Dependenztheorie, wie sie in den 1960er Jahren vor allem in und für Lateinamerika entwickelt wurde, aber auch das Werk Fernand Braudels (1902–1985). Die Weltsystemtheorie fand seit 1976 am Fernand Braudel Center der Binghampton University im US-Bundesstaat New York, wo Immanuel Wallerstein zusammen mit anderen Vertretern dieses Ansatzes wie Terence Hopkins unterrichtete, eine institutionelle Heimat.

Der Begriff des Weltsystems wird häufig missverstanden. Zunächst unterscheidet Wallerstein zwei unterschiedliche Formen von Weltsystemen, die Weltwirtschaften und große Imperien (Weltreiche). Weltreiche zielen auf eine politische Integration weit gespannter Territorien, während Weltwirtschaften auf der Integration von Märkten basieren. Mit Weltwirtschaft ist aber nicht notwendig ein Marktzusammenhang gemeint, der den ganzen Globus umfasst. Vielmehr bezeichnet der Begriff eine einigermaßen autonome Region, die die meisten ihrer materiellen Bedürfnisse intern stillen kann. Sie ist definiert durch Arbeitsteilung und intensiven Warentausch innerhalb geographisch großflächiger Regionen – über interne politische Grenzen innerhalb dieser Weltwirtschaft hinweg. Eine Weltwirtschaft (Braudel spricht von einer *économie-monde*) ist daher nicht weltumspannend gedacht, und in der Tat existierten historisch gesehen häufig mehrere Weltwirtschaften nebeneinander. Braudel etwa spricht auch für Russland (jedenfalls vor Peter dem Großen), für das Osmanische Reich oder für das vormoderne Südasien und China jeweils von eigenen Weltwirtschaften.[175]

In dieser Lesart war der auf Europa konzentrierte Markt- und Handelszusammenhang lange Zeit also nur einer unter vielen. Ihre besondere Bedeutung habe die europäische Weltwirtschaft erlangt, weil aus ihr die globalisierte Ökonomie der Gegenwart hervorgegangen sei. Entstanden im 16. Jahrhundert, habe das europäische Weltsystem sukzessive andere Regionen inkorporiert und einem interdependenten Zusammenhang von Zentrum, Peripherie und Semiperipherie einverleibt. Dabei veränderte sich nicht nur die Ausdehnung, sondern auch das Zentrum dieses europäischen Weltsystems: von Spanien und Portugal über Holland und Frankreich bis hin zu England im 19. Jahrhundert. Andere Regionen – zunächst Osteuropa und Lateinamerika, dann sukzessive auch Afrika und die verschiedenen Regionen Asiens – wurden nach und nach an das europäische Weltsystem angeschlossen.[176]

175 Für eine konzise Zusammenfassung der theoretischen Prinzipien der Weltsystemtheorie vgl. Immanuel Wallerstein, *World-Systems Analysis: An Introduction*, Durham NC. (Duke University Press) 2004; vgl. auch Wallerstein, *The Essential Wallerstein*, New York (The New Press) 2000. Einen guten Eindruck von der parallelen Existenz unterschiedlicher, miteinander in zum Teil loser Verbindung stehender Weltsysteme in der Frühen Neuzeit vermittelt Fernand Braudel, *The Perspective of the World* (Band 3, *Civilization and Capitalism 15th-18th Century*), New York (HarperCollins) 1984.

176 Wallerstein selbst hat inzwischen vier Bände seines Opus magnum vorgelegt, die bis etwa 1840 reichen: Immanuel Wallerstein, *Das moderne Weltsystem. Kapitalistische Landwirtschaft und die Entstehung der europäischen Weltwirtschaft im 16. Jahrhundert*, Wien (Promedia) 1986; Wallerstein, *Das moderne Weltsystem II. Der Merkantilismus*, Wien (Promedia) 1998; Wallerstein, *Das moderne Weltsystem III: Die Konsolidierung der Weltwirtschaft im langen*

Der Fokus der Wallersteinschen Analyse liegt dabei auf der Wirtschaft und politischen Ökonomie, allerdings – in Abkehr von klassischen marxistischen Deutungen – weniger auf der Produktionssphäre als (im Anschluss an Max Weber) auf dem Handel und der Ausweitung kommerzieller Aktivitäten. Den Beginn der europäischen Weltwirtschaft setzt er im 16. Jahrhundert an, da erst mit der europäischen «Entdeckung» der Neuen Welt die Möglichkeit der globalen Vernetzung von Märkten bestanden habe. An diesem Punkt entzündete sich eine Diskussion innerhalb des Weltsystemansatzes, vor allem mit dem Argument, dass kapitalistische Produktion für den Markt durchaus schon vorher eingesetzt habe. Fernand Braudel etwa geht in seiner Geschichte des Kapitalismus bis ins 11. Jahrhundert zurück, zur Entstehung von Städten und Finanzzentren in Italien und den Niederlanden; Janet Abu-Lughod hat argumentiert, dass sich ein Weltsystem, das auf Geld- und Warenströmen zwischen Städten beruhte, schon im 13. Jahrhundert herausgebildet habe, also deutlich vor der von Wallerstein angenommenen Zäsur.[177] André Gunder Frank wiederum hat vorgeschlagen, die Geschichte des Weltsystems 5000 Jahre zurückzuverfolgen, da Kapitalakkumulation nicht erst um 1500 eingesetzt habe oder unaufhaltsam geworden sei.[178]

Der weltsystemtheoretische Ansatz ist seit seiner Hochphase

18. Jahrhundert, Wien (Promedia) 2004; Wallerstein, Das moderne Weltsystem IV: Der Siegeszug des Liberalismus (1789–1914), Wien (Promedia) 2012. Einen guten und anregenden Überblick über die weltsystemtheoretische Deutung der Welt seit der Frühen Neuzeit bietet (trotz seines missverständlichen Titels) Giovanni Arrighi, *The Long Twentieth Century: Money, Power, and the Origins of Our Times*, London (Verso) 1994; für eine neuere Umsetzung aus dem deutschen Sprachraum vgl. auch Hans-Heinrich Nolte, *Weltgeschichte. Imperien, Religionen und Systeme, 15.–19. Jahrhundert*, Wien (Böhlau) 2005.

177 Janet Abu-Lughod, *Before European Hegemony: The World System A. D. 1250–1350*, Oxford (Oxford University Press) 1989.

178 Andre Gunder Frank und Barry K. Gills (Hg), *The World System: Five Hundred Years or Five Thousand?*, London (Routledge) 1993.

in den 1980er Jahren etwas in die Defensive geraten. Vor allem drei Kritikpunkte sind von unterschiedlicher Seite vorgebracht worden. In erster Linie wird der Weltsystem-Geschichte ein ökonomistischer Reduktionismus vorgeworfen, der politische und kulturelle Faktoren vernachlässige. Dies ist der am meisten verbreitete und gewichtigste Einwand gegenüber einem Ansatz, der häufig als eindimensional wahrgenommen wird. In diesen Zusammenhang gehört auch der spezifischere Vorwurf, die Dynamik und Veränderlichkeit des Kapitalismus nicht zu berücksichtigen, etwa die Verschiebung von Handels- zu Industriekapital als wichtigster Kapitalsorte. Der zugrundegelegte Kapitalismusbegriff (definiert als «endlose Akkumulation von Kapital»)[179] sei in einem Maße verallgemeinert, dass historische Spezifik auf der Strecke bleibe. Vor allem aber würden andere Faktoren überregionaler und globaler Integration – politische Herrschaft, soziale Dynamik, kulturelle Deutungen und Kosmologien – als weniger relevant und in letzter Instanz abgeleitet betrachtet. Dadurch bleibe tendenziell unterbelichtet, in welchem Maße selbst die Verflechtung von Märkten das Ergebnis asymmetrischer Machtverhältnisse war.

Zweitens werde bei Wallerstein und anderen Historikern seiner Schule der System-Zusammenhang eher unterstellt als zum Thema gemacht oder gar nachgewiesen. Die Einbettung lokaler Entwicklungen in weltumspannende Zusammenhänge kann dann etwas schematisch oder auch dogmatisch wirken.[180] Und drittens ist dem Weltsystemansatz der Vorwurf des Eurozentrismus nicht erspart geblieben. In gewisser Weise ist das paradox – denn in Anlehnung an das Kommunistische Manifest von Karl Marx und Friedrich Engels war es gerade darum gegangen, den Aufstieg Europas nicht internalistisch, also nicht aus sich

179 Wallerstein, *World-Systems Analysis*, 24.

180 Vgl. Göran Therborn, Time, Space, and Their Knowledge: The Times and Place of the World and Other Systems, *Journal of World-Systems Research* 6 (2000), 266–284.

selbst heraus zu erklären. Aber auch wenn der systemische Zugriff dieser Gefahr entgegenwirken sollte, stand am Schluss gleichwohl die sukzessive Eingliederung der Welt in das europäische Weltsystem. Bisweilen kann man den Eindruck gewinnen, dass die wirtschaftliche Dominanz Europas (und der USA) im 20. Jahrhundert von Wallerstein bis in das 16. Jahrhundert zurückverlegt wurde.[181]

Gleichwohl sind wichtige Anregungen der Weltsystemtheorie nach wie vor anschlussfähig. Das gilt erstens für die Entscheidung, politische Einheiten nicht von vornherein als Grenzen des Analyserahmens zu akzeptieren, sondern bei der tatsächlichen Reichweite von Verflechtungsprozessen anzusetzen. Das heißt auch, dass die Einheiten des Nationalstaats und der Gesellschaft nicht einfach vorausgesetzt werden; vielmehr wird ihre Genese selbst als Ergebnis globaler und weltwirtschaftlicher Zusammenhänge analysiert. Der Weltsystem-Ansatz bietet daher weiterhin Impulse, die Integration der Welt zu erklären und den methodologischen Nationalismus konventioneller Geschichtsschreibung zu überwinden.

Zweitens hat sich das Konzept der allmählichen «Inkorporation» in einen von Europa dominierten Zusammenhang für die Analyse der modernen Welt als grundsätzlich produktiv erwiesen. Zwar mag die Terminologie mit Blick auf je konkrete historische Situationen zu rigide erscheinen, und der Begriff der «Inkorporation» bleibt eurozentrisch. Aber für eine Auseinandersetzung mit einer der Kernfragen globaler Entwicklung – der Herausbildung von Strukturen «asymmetrische[r] Referenzverdichtung», wie Jürgen Osterhammel es formuliert hat

181 Vgl. Lothar Hack, Auf der Suche nach der verlorenen Totalität. Von Marx´ kapitalistischer Gesellschaftsformation zu Wallersteins Analyse der ‹Weltsysteme›?, *Zeitschrift für Soziologie*, Sonderheft «Weltgesellschaft» (2005), 120–158; Wolfgang Knöbl, *Die Kontingenz der Moderne. Wege in Europa, Asien und Amerika*, Frankfurt am Main (Campus) 2007, Kap. 4.

– bietet Wallersteins Werk wichtige Anregungen.[182] Drittens schließlich erscheint es sinnvoll, von einer strukturgeschichtlichen Grundierung historischer Prozesse auszugehen und dabei die wechselseitige Konditionierung von Entwicklungen zu berücksichtigen, die lange Zeit allein aus internen Faktoren erklärt wurden. Man muss Wallersteins Begriff eines systemischen Zusammenhangs, in dem differenzierte, arbeitsteilig wirkende Einzelelemente in ihrem Bezug aufeinander als Einheit gelten, nicht übernehmen. Dennoch bleibt sein Blick auf grundlegende makrogeschichtliche Strukturveränderungen, deren Auswirkungen unterschiedliche Regionen und Gesellschaften betrafen, ein wichtiger Bezugspunkt. Er kann sowohl dazu dienen, die vorschnelle Rede von Zirkulation und «Flüssen» (*flows*) zu erden und an materielle Bedingungen zurückzubinden, als auch vor der Gefahr schützen, unbesehen eine Eigendynamik gesellschaftlicher Entwicklung anzunehmen.

Postcolonial Studies

Postkoloniale Ansätze haben seit den 1980er Jahren viel dazu beigetragen, die Diskussion über transkulturelle Interaktionen komplexer zu gestalten und den Handlungsspielräumen sozialer Akteure in der kolonisierten Welt Rechnung zu tragen.[183] Ausgangspunkt vieler Arbeiten ist die Überzeugung, dass die moderne Welt auf einer kolonialen Ordnung beruht, die in manchen Regionen – infolge der europäischen Eroberung der Amerikas – bis ins 16. Jahrhundert zurückreicht. Die koloniale

182 Jürgen Osterhammel, *Die Verwandlung der Welt. Eine Geschichte des 19. Jahrhunderts*, München (C.H. Beck) 2009, 1292.

183 Vgl. als Überblick Leela Gandhi, *Postcolonial Theory: A Critical Introduction*, New York (Columbia University Press) 1998; Robert Young, *Postcolonialism: An Historical Introduction*, Oxford (Blackwell) 2001.

Formatierung der Welt betraf dabei nicht nur Formen der Herrschaft und der ökonomischen Ausbeutung, sondern schlug sich auch in den Kategorien des Wissens und den Entwürfen von Vergangenheit und Zukunft nieder. Diesen Zusammenhang von Wissen und Macht hat Edward Said 1978 in seinem Buch *Orientalism* thematisiert, das im Rückblick beinahe so etwas wie ein Gründungsmanifest der *postcolonial studies* darstellt. Saids Schrift beschrieb den Orientalismus als einen spezifischen Diskurs, der an der Konstruktion – und kolonialen Beherrschung – seines Gegenstandes beteiligt war. Im Anschluss an Foucault machte Said deutlich, dass das Sprechen über andere Völker und ihre Beschreibung in wissenschaftlichen Texten keineswegs unschuldige und neutrale Unterfangen waren, sondern immer im Kontext ungleicher Machtverhältnisse situiert werden müssen.

Angesichts der Überlagerung von ökonomischer, politischer und diskursiver Ordnung hat das «post» des Postkolonialismus eine doppelte Bedeutung. Einerseits bezeichnet es Interpretationen «nach» der Dominanz des Kolonialismus, in vielen Regionen also nach dem Ende territorialer kolonialer Herrschaft. Andererseits jedoch ist nicht nur eine zeitliche, sondern eine epistemische Dimension angesprochen, also die Ebene der historisch entstandenen Ordnungen des Erkennens und Wissens. Denn die diskursive Ordnung der kolonialen Epoche, so haben in der Nachfolge von Said viele Historiker argumentiert, fand mit der Abdankung der Kolonialregierungen nicht automatisch ihr Ende. Vielmehr lebten zentrale Annahmen des kolonialen Diskurses auch nach der politischen Dekolonisation fort und finden sich als wenig reflektierte Spuren in den Begriffen und Theorien der modernen Sozialwissenschaften. Das Ziel, koloniale Begriffe und Perspektiven zu dekonstruieren, zu überwinden und so zu einer nicht-eurozentrischen Deutung der modernen Welt zu gelangen, stellt seitdem ein zentrales Anliegen postkolonialer Historiker dar.

Seit einigen Jahren sind die *postcolonial studies* in die Kritik geraten. So wird ihnen vorgeworfen, die herrschafts-, sozial- und wirtschaftsstrukturelle Dimension kolonialer Austauschprozesse zugunsten kultureller Deutungsmuster zu vernachlässigen. Tatsächlich ist die Tendenz, solche Strukturbedingungen des Kolonialismus aus dem Blick zu verlieren und sich in erster Linie für Fragen der Repräsentation und Identitäten zu interessieren, in Teilen der postkolonialen Historiographie nicht von der Hand zu weisen. Dagegen ist vor allem eine stärkere Berücksichtigung der prägenden Kraft des Kapitalismus eingefordert worden, jenseits dessen die Problematiken kultureller Hegemonie beziehungsweise Hybridisierung unverstanden bleiben müssten.[184]

Darüber hinaus, zweitens, stützt sich das postkoloniale Paradigma auf einen sehr allgemeinen und daher wenig aussagekräftigen Kolonialismusbegriff. Die These, die Welt sei seit 1492 kolonial formatiert, vernachlässigt die fundamentalen Unterschiede kolonialer Herrschaft, von den extraktiven Imperien der Frühen Neuzeit bis hin zu den komplexen Strukturen informeller Imperienbildung der Gegenwart. Die Verwendung eines generalisierten Kolonialismuskonzepts läuft daher Gefahr, die jeweilige räumlich-zeitliche Besonderheit von Herrschaftsformen, sozialen Unterschieden und kultureller Dynamik einzuebnen.

Drittens schließlich gehört auch der Rekurs auf nativistische Vorstellungen der «eigenen» Kultur zu den Fallstricken postkolonialer Ansätze. Wenn die Universalisierung des europäi-

184 Vgl. etwa Arif Dirlik, The Postcolonial Aura. Third World Criticism in the Age of Global Capitalism, in: Padmini Mongia (Hg), *Contemporary Postcolonial Theory: A Reader*, London (Hodder Arnold) 1996, 294–321; Vinay Bahl, ‹Subaltern Studies› – Was ist schief gelaufen?, *Sozial.Geschichte* 20, Nr. 2 (2005), 61–84; Sumit Sarkar, The Decline of the Subaltern in Subaltern Studies, in: ders., *Writing Social History*, Delhi (Oxford University Press) 1997, 82–108.

schen Geschichtsdenkens und seine teleologischen Modelle des Fortschritts und der Abfolge von Entwicklungsstufen kritisiert werden, geht dies häufig mit dem Versuch einher, alternative Erfahrungen, Dimensionen und Historizitäten zu rehabilitieren. Auch wenn die große Mehrheit der postkolonialen Historiker sich auf die moderne Geschichte konzentrierte, orientierten sich ihre Analysen bisweilen an einem idealisierten Bild der vormodernen, vorkolonialen Vergangenheit. Dabei ist der Gefahr nicht immer widerstanden worden, aus der Kritik an einem Essentialismus des «westlichen» Diskurses selber in einen kulturellen Essentialismus abzugleiten.[185]

Ungeachtet dieser Einwände bieten postkoloniale Perspektiven für globalgeschichtliche Ansätze weiterhin zahlreiche Anregungen. Vor allem drei Aspekte sind hier zu nennen:

Zum einen lassen sich Einsichten in die Dynamik grenzüberschreitender Austauschprozesse und transkultureller Verhandlungen gewinnen. Aus dem Kontext der *postcolonial studies* sind keine Großnarrative hervorgegangen, die sich auf die Geschichte der gesamten Welt beziehen; im Gegenteil, bei vielen Autoren ist geradezu ein gewisser Vorbehalt gegenüber übergreifenden Perspektiven zu spüren. Gerade deshalb kann gegenüber makrohistorischen Entwürfen der Weltgeschichte, in denen kulturelle Transfers häufig im Modus der Diffusion und Adaption verstanden werden, die Betonung des komplexen Geflechts individueller Handlungsspielräume *(agency)*, von lokal spezifischer Aneignung, von strategischen Modifikationen sowie von Mechanismen der Hybridisierung als wichtiges Korrektiv fungieren. Zu einem komplexeren Bild von Herrschaft und Ungleichheit gehört auch die Einsicht, dass sich koloniale

185 Vgl. zu dieser Thematik etwa Steven Feierman, Afrika in der Geschichte. Das Ende der universalen Erzählungen, in: Sebastian Conrad und Shalini Randeria (Hg), *Jenseits des Eurozentrismus: Postkoloniale Perspektiven in den Geschichts- und Kulturwissenschaften,* Frankfurt am Main (Campus) 2002, 50–83.

Macht häufig auf Formen der Differenz stützte, die zum Teil durch die koloniale Interaktion hervorgebracht und produziert wurden. So haben postkoloniale Historiker gezeigt, wie stark die Konstruktion von Unterschieden durch die Festschreibung und Verabsolutierung von Kategorien wie Kaste, Religion (etwa Muslime versus Hindus) oder Rasse auch das Produkt von Interventionen und Aushandlungsprozessen unter kolonialen Bedingungen gewesen ist.[186]

Zweitens ist im Rahmen postkolonialer Ansätze vorgeschlagen worden, die Verflechtungszusammenhänge der modernen Welt zum Ausgangspunkt einer transnationalen Geschichtsschreibung zu machen. Die Vorstellung von Geschichte als *entanglement* impliziert, dass Nationen oder Zivilisationen nicht als gleichsam naturgegebene Einheiten der Geschichte betrachtet werden; häufig formierten sich die miteinander in Beziehung stehenden Entitäten erst im Kontext globaler Zirkulation. Das lenkt den Blick auf die zahlreichen Abhängigkeiten und Interferenzen, die Verflechtungen und Interdependenzen unter Bedingungen ungleicher Machtverteilung. Diese Perspektive führt dazu, die relationale Konstituierung der modernen Welt zu betonen. Das ist gegen eine eurozentrische Weltgeschichtsschreibung gerichtet, die von der Vorstellung ausgeht, die europäische/westliche Entwicklung sei abgekoppelt vom Rest der Welt verlaufen und könne daher aus abendländischen Besonderheiten heraus verstanden werden. Eine solche Deutung verwies die außereuropäische Welt in den «Warteraum der Geschichte», wie Dipesh Chakrabarty einmal formuliert hat – der erst durch eine «nachholende Modernisierung» verlassen werden konn-

186 Vgl. Nicholas Dirks, *Castes of Mind: Colonialism and the Making of Modern India*, Princeton (Princeton University Press) 2001; Bernard Cohn, *Colonialism and its Forms of Knowledge*, Princeton (Princeton University Press) 1996; Ann Laura Stoler, *Carnal Knowledge and Imperial Power: Race and the Intimate in Colonial Rule*, Berkeley (University of California Press) 2002.

te.[187] Dagegen zielen postkoloniale Ansätze auf die Überwindung des Tunnelblicks, der die Geschichte Europas internalistisch erklärt. Die relationale Perspektive legt das Schwergewicht auf die grundlegende Rolle, welche die Interaktion zwischen Europa und der außereuropäischen Welt für die jeweilige Herausbildung moderner Gesellschaften gespielt hat.[188]

Daran schließt sich, drittens, die Aufmerksamkeit dafür an, dass Prozesse globaler Integration sich nicht in einer herrschaftsfreien Welt vollzogen, sondern innerhalb von Strukturen (kolonialer) Machtungleichheit. In der Sensibilität für diesen Rahmen und seine Machteffekte besteht die wichtigste Anregung für eine kritische Globalgeschichte. So wird ein Kontrapunkt gesetzt gegen vorschnelle Annahmen über die Naturwüchsigkeit des Globalisierungsprozesses, wie sie sich beispielsweise in Teilen der Wirtschaftsgeschichte finden. Dort ist häufig von anonymen Prozessen der Konvergenz von Märkten die Rede, von der Angleichung von Warenpreisen und der überregionalen Vernetzung von Arbeitsmärkten; diese Prozesse erscheinen dann als geradezu naturgesetzlich, gesteuert lediglich von Adam Smiths «unsichtbarer Hand». In Wirklichkeit aber war die Integration von Märkten nicht zu trennen von der ganz sichtbaren Faust des Imperialismus: von Zwangsarbeit und *indentured labor* (Knechtschaft auf Zeit, während der beispielsweise die Überfahrt in die Kolonien abgearbeitet wurde), von der Extraktion von Rohstoffen, der gewaltsamen «Öffnung» von Märkten (etwa in Lateinamerika und Ostasien) sowie der imperialen Finanzkontrolle, wie sie etwa dem Osmanischen Reich sowie Qing-China auferlegt wurde. Generell lässt sich

187 Dipesh Chakrabarty, *Provincializing Europe: Postcolonial Thought and Historical Difference*, Princeton (Princeton University Press) 2000, 9.

188 Sebastian Conrad und Shalini Randeria, Geteilte Geschichten – Europa in einer postkolonialen Welt, in: dies. (Hg), *Jenseits des Eurozentrismus: Postkoloniale Perspektiven in den Geschichts- und Kulturwissenschaften*, Frankfurt am Main (Campus) 2002, 9–49.

die Verflechtung der Welt im 19. und 20. Jahrhundert nicht von den kolonialen Bedingungen trennen, unter denen sie sich vollzog. Der Kolonialismus war zentrales Element der politischen Ordnung der Welt, aber auch der rechtlichen und ideologischen Legitimierung dieser Ordnung. Auch die gesellschaftliche «Modernisierung» in Kolonie und Metropole stand unter kolonialen Vorzeichen, ebenso wie Prozesse kultureller Aneignung. Globalisierung war von den Asymmetrien der kolonialen Situation geprägt, über die Bedeutung formaler Kolonialreiche und informeller Ansprüche hinaus.

Netzwerke

Seit den 1990er Jahren ist das «Netzwerk» zu einem fast allgegenwärtigen Schlagwort in der sozialwissenschaftlichen Globalisierungsforschung geworden, und auch in der Geschichtswissenschaft hat der Begriff breite Resonanz gefunden. Er verdankt einen großen Teil seiner Popularität dem verbreiteten Eindruck, dass der gegenwärtige Globalisierungsprozess durch eine grundlegende Rekonfiguration von Macht und Raum gekennzeichnet ist: Die Epoche der Nationalstaaten, die auf die Kontrolle von Territorien – gedacht als zusammenhängende Flächen – fixiert waren, sei durch ein Zeitalter der Vernetzung abgelöst worden, in dem der Transfer von Waren, Informationen und Menschen zunehmend innerhalb von Netzwerken, also von einem Knotenpunkt zum nächsten, verlaufe. «Der entscheidende Punkt ist, dass diese verschiedenen Positionen nicht mit einzelnen Ländern zusammenfallen. Sie sind in Netzwerken und *flows* organisiert und nutzen die technologische Infrastruktur der informationellen Wirtschaft.»[189] Dieses Modell

189 Manuel Castells, *The Rise of the Network Society,* Band 1: *The Information Age: Economy, Society, and Culture,* Oxford (Blackwell) 1996, 146.

sozialen Wandels geht in seinen ersten Entwürfen bis ins 19. Jahrhundert zurück und ist in unterschiedlichen Disziplinen aufgenommen worden. Die einflussreichste Synthese hat der spanische Stadtsoziologe Manuel Castells in seinem dreibändigen Werk «The Information Age: Economy, Society, and Culture» formuliert.[190]

Für Castells ist die Netzwerk-Gesellschaft ein Produkt des späten 20. Jahrhunderts. Vor allem die Entwicklung computergestützter Informationstechnologien, und hier insbesondere das Internet, hätten dazu beigetragen, eine Verstetigung von Kommunikation und Interaktionsweisen zu ermöglichen, die in der Folge ältere Formen der Vergesellschaftung ablösen konnte. Diese Epochenschwelle sieht Castells letzten Endes als technologisch determiniert. «Im letzten Viertel des zwanzigsten Jahrhunderts ist weltweit eine neue Wirtschaftsform entstanden. Ich nenne sie informationell, global und vernetzt, um ihre grundlegenden Charakteristika zu bezeichnen und deren wechselseitige Verflechtung zu betonen. [...] Sie ist *global,* weil die Kernfunktionen der Produktion, Konsumtion und Zirkulation ebenso wie ihre Komponenten – also Kapital, Arbeit, Rohstoffe, Management, Information, Technologie, Märkte – auf globaler Ebene organisiert sind, entweder unmittelbar oder durch ein Netzwerk von Verknüpfungen zwischen den wirtschaftlichen Akteuren. Sie ist *vernetzt*, weil unter den neuen Bedingungen Produktivität durch ein globales Interaktions-Netzwerk zwischen Unternehmens-Netzwerken erzeugt wird, in dessen Rahmen sich auch Konkurrenz abspielt. Diese neue Wirtschaftsform entstand im letzten Viertel des zwanzigsten Jahrhunderts, weil die Revolution in der Informationstechnologie die unverzichtbare materielle Grundlage für ihr Zu-

190 Manuel Castells, *The Information Age: Economy, Society, and Culture* (3 Bände), Oxford (Blackwell) 1996–1998.

standekommen geschaffen hatte.»[191] Natürlich hat es soziale Beziehungen und auch Netzwerke schon lange gegeben; aber erst in der Gegenwart sieht Castells die Möglichkeit, Komplexität über enge Grenzen hinaus nachhaltig zu organisieren.

Auch wenn man die These von der Netzwerk-Gesellschaft als radikal neuer Form sozialer Ordnung nicht mit demselben Enthusiasmus vertritt wie Castells, bietet das Netzwerkkonzept doch wichtige Anknüpfungspunkte für globalhistorische Untersuchungen. So haben Historiker die infrastrukturelle Vernetzung der Welt in die Vergangenheit zurückverfolgt. Auch frühere Medienumbrüche – etwa die Erfindung des Drucks mit beweglichen Lettern in Korea, China und durch Gutenberg – haben zu einer Verdichtung von Kommunikationsräumen geführt. Vor allem aber die Verkabelung der Welt und das Telegraphensystem im 19. Jahrhundert – das «Viktorianische Internet» – haben zu einer Kommunikationsrevolution beigetragen, die den von Castells beobachteten Veränderungen in mancher Hinsicht gleicht.[192]

Darüber hinaus kann der Begriff des Netzwerks auch jenseits der Fragen von Infrastruktur und technologischer Entwicklung hilfreich sein. Die Verflechtung der Welt vollzog sich Jahrhunderte lang eher in Form von Netzwerken und nicht etwa durch die Ausbreitung von flächendeckenden Weltreichen. Und selbst diese Weltreiche, etwa die mongolischen Imperien der Khane, waren im Grunde Personenverbandsstaaten,

191 Manuel Castells, *Der Aufstieg der Netzwerkgesellschaft*, Band 1: *Das Informationszeitalter: Wirtschaft, Gesellschaft, Kultur*, Opladen (Leske & Budrich) 2001, 83.

192 Tom Standage, *The Victorian Internet: The Remarkable Story of the Telegraph and the Nineteenth Century's Online Pioneers*, New York (Walker) 1999. Vgl. auch Dwayne R. Winseck und Robert M. Pike, *Communication and Empire: Media, Markets, and Globalization, 1860–1930*, Durham NC. (Duke University Press) 2007; Daniel R. Headrick, *Power Over Peoples: Technology, Environments, and Western Imperialism, 1400 to the Present*, Princeton (Princeton University Press) 2009.

die auf den personalen Bindungen von Herrschern, Statthaltern und Vasallen gegründet waren. Auch der portugiesische *Estado da India* war – bei aller ökonomischen Potenz – nicht mehr als ein fragiles System von Hafenstädten in Asien, die von ihrem Umland häufig isoliert und ständiger Gefahr ausgesetzt waren. Auch sonst muss man sich die Geschichte grenzüberschreitender Interaktionen häufig als Netzstruktur vorstellen: Dies gilt für Warenströme – am berühmtesten die Verbindung von Acapulco nach Manila, auf der das Silber aus den Minen in Lateinamerika nach Asien transportiert wurde; es gilt auch für die Mobilität von Menschen, etwa im Kontext des Sklavenhandels oder dann im 19. Jahrhundert der Massenmigrationen aus Europa in die Neue Welt oder aus China in die Mandschurei, die häufig auf Kettenwanderung beruhten; und schließlich für die weltumspannenden Kapitalinvestitionen, die die City in London mit wichtigen Anlagezentren in Verbindung brachte.

In der globalhistorischen Praxis ist das Konzept des Netzwerks jedoch häufig vor allem pragmatisch, wenn nicht sogar metaphorisch verwendet worden. Über seine heuristische und visualisierende Funktion hinaus ist der Stellenwert des Konzepts unklar. Selten werden systematische Überlegungen zu den Dimensionen angestellt, die ein Netzwerk eigentlich ausmacht und von einer losen Folge von Kontakten unterscheidet: Wie dicht sind die Interaktionen? Welche Form der Verstetigung kann man beobachten, kann man von institutionalisierten Beziehungen sprechen? Wie hoch sind die Frequenzen von Begegnungen, wie lange ihre Dauer? Welche Medien ermöglichen die Verstetigung von Netzwerken? Der analytische Mehrwert des Netzwerkbegriffs bleibt in der Regel unbestimmt und vage.

Wenn das Konzept verwendet und fruchtbar gemacht werden soll, sind überdies drei grundsätzliche Problematiken mitzudenken. Erstens darf die Rede von Netzwerken und *flows*, die vom Begriff der Globalisierung beinahe reflexartig ausgelöst wird, nicht den Eindruck selbstgenerierter Prozesse hervorrufen. Netzwerke wurden gemacht, und ihre Etablierung wurde häufig von staatlichen Institutionen ermöglicht und sogar betrieben. Auch wenn die Netzwerktheorie in Opposition zu einer nationalstaatlich begrenzten Definition von Gesellschaft formuliert wurde, darf die Analyse von Netzwerken – das hat auch Manuel Castells betont – nicht vom Staat abstrahieren.

Zweitens suggeriert der Begriff des Netzwerkes, dass die Frage von innen und außen zum wichtigsten Kriterium sozialer Zugehörigkeit geworden sei. Die Mitgliedschaft in Netzwerken ermögliche Zugang zu Ressourcen und Macht – und Marginalisierung erfolge durch Ausschluss von Netzwerken. Diese Beobachtung hat einige Plausibilität für sich – aber zugleich darf nicht übersehen werden, dass auch innerhalb von Netzwerken Hierarchien eine ganz zentrale Rolle spielen. Der Übergang von einem Zeitalter der Hierarchien zu einem Zeitalter der Netzwerke, den Castells beschwört, hat so nicht stattgefunden.[193]

Drittens schließlich sind Netzwerke immer auch in übergreifende Machtstrukturen eingebunden. Der abgelegene Außenposten eines Empire bezieht seine Autorität noch aus Zusammenhängen, die nicht unmittelbar in Begriffen der Vernetzung zu fassen sind: Differenzen militärischer Macht, marktinduzierte Abhängigkeiten oder diskursive Strukturen, die Hegemonie legitimieren und stützen. Umgekehrt haben Netzwerke unmittelbare Auswirkungen auch auf jene, die nicht Teil der Netzwerke sind; Ausgrenzung und Marginalisierung impliziert keineswegs Immunität gegenüber den Effekten der Netzwerke. Diese Einbettung in strukturelle Ungleichheiten darf nicht aus-

193 Manuel Castells, Toward a Sociology of the Network Society, *Contemporary Sociology* 29 (2000), 693–699.

geblendet werden, soll nicht der Eindruck entstehen, Netzwerke operierten im luftleeren Raum.[194]

Multiple Modernities

Seit den 1990er Jahren haben historische Analysen, die sich auf den Zivilisationsbegriff stützen – ein Genre, das seit den Tagen von Buckle, Guizot, Nikolai Danilevsky oder spätestens Toynbee obsolet geworden zu sein schien –, ein geradezu unwahrscheinliches Comeback erlebt. Samuel Huntingtons Stichwort vom *clash of civilizations* war das bekannteste Beispiel für eine Tendenz, die nach dem Ende des Kalten Krieges und der damit einhergehenden Rekonfiguration geostrategischer Ordnung immer stärker geworden ist.[195] Das Konzept der «Zivilisation» ist auch außerhalb Europas, etwa in der islamischen Welt oder in Ostasien, auf große Resonanz gestoßen, und zwar mit ähnlichen Konjunkturen wie in Europa. Der Grund dürfte darin liegen, dass es verspricht, die eurozentrische Formatierung der Geschichtsschreibung zu überwinden und der regionalen und kulturellen Eigendynamik größeres Gewicht beizumessen, was gerade in Phasen der politischen Abgrenzung von besonderer Attraktivität ist.[196]

Die wissenschaftlich einflussreichste Variante des Zivilisationsdiskurses ist ohne Zweifel der Ansatz der *multiple modernities*, der vor allem von dem israelischen Soziologen

194 Zu Castells und seinem Ansatz vgl. Felix Stalder, *Manuel Castells: The Theory of the Network Society*, Cambridge (Polity Press) 2006.

195 Vgl. Samuel P. Huntington, *Kampf der Kulturen. Die Neugestaltung der Weltpolitik im 21. Jahrhundert*, München (Goldmann) 2002.

196 Vgl. allgemein Johann P. Arnason, *Civilizations in Dispute: Historical Questions and Theoretical Traditions*, Leiden (Brill) 2004; Said Amir Arjomand und Edward A. Tiryakian (Hg), *Rethinking Civilizational Analysis*, London (Sage) 2004.

Shmuel N. Eisenstadt angestoßen worden ist. Eisenstadt geht dabei von den Diskussionen der klassischen Modernisierungstheorie aus, zu denen er selbst wichtige Beiträge geleistet hat, deren teleologische Struktur er jedoch überwinden will. Daher beharrt er auf der Anerkennung unterschiedlicher historischer Entwicklungen, der Vielfalt von Zukunftsentwürfen sowie der prinzipiellen Gleichberechtigung kulturell-gesellschaftlicher Varianz. Im Anschluss an den Strukturfunktionalismus des amerikanischen Soziologen Talcott Parsons hat Eisenstadt eine regional übergreifende Analyse der Muster sozialer Ordnung und Integration entwickelt, ohne dabei jedoch den Prozess der Modernisierung mit Verwestlichung gleichzusetzen. Seine Versuche, den Eurozentrismus der herkömmlichen Modernisierungstheorie zu überwinden, zielen auf eine Pluralisierung der Entwicklungslinien in die Moderne.

Darüber hinaus richtet sich das Konzept der *multiple modernities* auch gegen ein zweites Fundament moderner Gesellschaftstheorie, nämlich das Axiom der Säkularisierung. Eisenstadts Plädoyer dafür, die Pluralität der Modernisierungspfade analytisch zu erfassen, ist an die Einsicht gekoppelt, dass sozialer Wandel keineswegs mehr oder weniger automatisch von einem Rückgang religiöser Bindungen begleitet ist, wie es vor allem im Rahmen der Modernisierungstheorie postuliert worden war. Dieser Befund führte Eisenstadt zu einer Neubewertung der Rolle von Religion und zur Analyse der langfristigen Prägekraft religiöser Traditionen. Der Zivilisationsbegriff, auf den sich Eisenstadt – ähnlich wie vorher schon Spengler oder Toynbee – stützte, war also religionssoziologisch fundiert.

Das Schlagwort von der «Vielfalt der Moderne» beinhaltet eine kritische Wendung gegen die Vorstellung, dass das kulturelle Programm der Moderne, wie es in Europa entwickelt wurde, auch in anderen modernisierenden Gesellschaften Bestand haben würde. Stattdessen betont Eisenstadt die kulturelle Pfadabhängigkeit gesellschaftlicher Entwicklung, also das

Fortbestehen kultureller Konfigurationen und Mentalitäten, die auch die transformativen Prozesse in der Moderne mit beeinflussen. Selbst der Zusammenbruch traditioneller Autoritäten sowie die «Entzauberung» herkömmlicher Wertordnungen hätten die Variabilität kultureller Muster nicht beendet. «Eine der wichtigsten Implikationen des Begriffs von der ‹Vielfalt der Moderne› ist, dass Moderne und Verwestlichung nicht identisch sind. Westliche Muster der Moderne sind nicht die einzigen, ‹authentischen› Formen von Modernität, auch wenn sie [...] weiterhin einen wichtigen Bezugspunkt für andere darstellen.»[197]

Die kritische Wendung gegen eine hegemoniale westliche Moderne – und damit gegen die Annahme der Homogenisierung von Kulturen, wie sie die meisten gesellschaftstheoretischen Entwürfe seit dem 19. Jahrhundert teilten – haben verschiedene Wissenschaftler aufgenommen, darunter der Buddhismusforscher Stanley Tambiah oder der Konfuzianismusexperte Tu Wei-ming, die beide an der Harvard-Universität lehren. Tu beispielsweise entwickelt die Vorstellung einer (konfuzianischen) chinesischen Moderne, die – entgegen den Vorstellungen der Modernisierungstheorie – ohne das Konzept des abgeschlossenen Individuums auskommt und stattdessen auf soziale Zusammenhänge, Kohäsion und Kollektive setzt. Dabei sind die Grenzen zwischen einer analytischen Perspektive, die dem Einfluss des Konfuzianismus auf gesellschaftlichen Wandel in China bis in die Gegenwart nachspürt, und einer normativpolitischen Position, die zu einer Erneuerung des konfuziani-

197 Shmuel N. Eisenstadt, Multiple Modernities, *Daedalus* 129 (2000), 1–29, Zitat: 2–3. Vgl. auch Eisenstadt, *Die Vielfalt der Moderne*, Weilerswist (Velbrück) 2000; Dominic Sachsenmaier u. a. (Hg), *Reflections on Multiple Modernities: European, Chinese and Other Interpretations*, Leiden (Brill) 2002; Wolfgang Knöbl, *Spielräume der Modernisierung. Das Ende der Eindeutigkeit*, Weilerwist (Velbrück) 2001. Vgl. auch Eliezer Ben-Rafael und Yitzak Sternberg (Hg), *Identity, Culture and Globalization*, Leiden (Brill) 2001.

schen Humanismus aufruft und perspektivisch eine chinesische Führungsrolle in Asien und der Welt einfordert, nicht immer klar gezogen.[198]

Für eine globalgeschichtliche Perspektive ist das anti-eurozentrische Programm der *multiple modernities* – andere Wissenschaftler sprechen von «alternativen Modernen» (*alternative modernities*) – ein wichtiger Bezugspunkt.[199] Insbesondere lässt sich an den Impuls anknüpfen, sozialen und kulturellen Wandel nicht lediglich als Verwestlichung zu begreifen, sondern stattdessen das komplexe Verhältnis von Transfer und Diffusion einerseits, der Rolle interner Traditionen andererseits in den Vordergrund zu rücken. Strukturelle Differenzierung führte nicht überall zu identischen Ergebnissen. Dahinter steht der normative Anspruch, die Analyse nicht-westlicher Gesellschaften von Begriffen wie Imitation oder Original und Kopie zu befreien und die Gleichberechtigung einer Vielzahl gelebter Modernisierungserfahrungen anzuerkennen.

Zugleich bleiben wichtige kritische Einwände gegen den Ansatz bestehen. Drei Punkte sind hier zu nennen. Erstens bleibt das Programm der *multiple modernities* relativ unbestimmt und konzentriert sich in seiner Argumentation allein auf das Feld der Kultur. Dabei ist nicht immer klar, ob die multiplen Modernen eine beinahe grenzenlose Vielfalt gesellschaftlicher Entwürfe ohne substantiellen Bezug auf einigende Strukturen bezeichnen sollen. Oder zielt das Programm letzten Endes doch auf die Idee einer Moderne im Singular, definiert durch die

198 Vgl. etwa Tu Wei-Ming (Hg), *Confucian Traditions in East Asian Modernity: Moral Education and Economic Culture in Japan and the Four Mini-Dragons*, Cambridge, MA (Harvard University Press) 1996.

199 Zum Konzept der *alternative modernities* vgl. Dilip Parameshwar Gaonkar, On Alternative Modernities, in: ders. (Hg), *Alternative Modernities*, Durham (Duke University Press) 2001, 1–23; Charles Taylor, Two Theories of Modernity, in: Gaonkar, *Alternative Modernities*, 172–96.

üblichen soziologischen Parameter von funktionaler Differenzierung, Rationalisierung und «Entzauberung», verkörpert in einer staatlichen Bürokratie und kapitalistischen Marktmechanismen? Dann müsste man eher von Variationen der Moderne sprechen, also lediglich von der Vielfalt ihrer kulturellen Ausprägungen.

Zweitens konstatieren Eisenstadt und andere Anhänger des Konzepts in den nichtwestlichen Zivilisationen eine jeweils eigene Modernisierungsdynamik, behandeln jede von ihnen aber als in sich weitgehend geschlossene Einheit. An die Stelle territorial fixierter (nationaler) Gesellschaften tritt das Bild quasihermetischer Zivilisationen, deren endogen gedachter Modernisierungsverlauf von ihren je besonderen kulturellen Werten abhängt. Dabei wird die Homogenität von zivilisatorischen Einheiten kaum hinterfragt und überdies nicht diskutiert, ob in der Moderne nicht andere Einheiten, in erster Linie Nationalstaaten, wichtiger gewesen sind als Zivilisationen. Es erscheint zudem problematisch, den kulturellen Kern von Zivilisationen (und ihre institutionellen Dynamiken) in erster Linie durch die Religion zu definieren, zumal wenn dadurch gesellschaftliche Kontinuität bis in die Gegenwart begründet wird. Auf kultureller Differenz zu insistieren kann zu einer Form des Kulturalismus führen, bei dem die Gefahr der Essentialisierung – also der Annahme eines überzeitlichen, nicht wandelbaren kulturellen Kerns einer Gesellschaft – nicht immer gebannt ist.

Drittens schließlich wird in diesem Modell die kulturelle Eigenständigkeit der nichtwestlichen Welt zwar ausdrücklich anerkannt; Modernität wird nicht ausschließlich mit der Ausbreitung westlicher Ideen und Institutionen verbunden. Aber indem Zivilisationen als Untersuchungseinheiten postuliert werden, die auf autonome Prozesse der Kulturentwicklung zurückblicken, wird die lange Geschichte ihrer Interaktionen und Austauschbeziehungen ausgeblendet. Auf diese Weise wird das internalistische Paradigma der Modernisierungstheorie im Kern reproduziert. Die wechselseitige Beeinflussung der Zivilisationen kommt kaum vor – Eisenstadts Konzept bleibt im Wesentlichen endogen.[200]

200 Zur Kritik vgl. Knöbl, *Kontingenz;* Volker H. Schmidt, Multiple Modernities or Varieties of Modernity?, *Current Sociology* 54 (2006), 77–97; Arif Dirlik, *Global Modernity: Modernity in the Age of Global Capitalism,* Boulder CO. (Paradigm Press) 2007; Timothy Mitchell, Introduction, in: ders. (Hg), *Questions of Modernity,* Minneapolis (University of Minnesota Press) 2000, xi-xvii. Aus Weltsystem-Perspektive: Stephen K. Sanderson (Hg), *Civilizations and World Systems: Studying World-Historical Change,* Walnut Creek (AltaMira Press) 1995. Zu Zweifeln an der Nützlichkeit von «Moderne» als analytische Kategorie und damit verbunden auch zur Kritik an Eisenstadts Ansatz der «multiplen Modernen» vgl. Frederick Cooper, *Colonialism in Question,* Berkeley CA. (University of California Press) 2005, 113–49.

6 GLOBALGESCHICHTLICHE KONTROVERSEN

Jenseits der historischen Gegenstände und konkreten Forschungsthematiken, bei denen sich ein globalgeschichtlicher Zugriff als besonders produktiv erwiesen hat, sollen in diesem Kapitel vier größere globalgeschichtliche Problemstellungen und Grundsatzfragen vorgestellt werden, die im Zentrum intensiver Diskussionen stehen. Wie kann man eine Geschichte der Welt und ihrer Verflechtung schreiben, die nicht eurozentrisch ist und ihre narrative Logik nicht durch Verwendung westlicher Begriffe bereits vorstrukturiert? Seit wann kann man überhaupt von einem globalen Zusammenhang sprechen – und seit wann von einer Geschichte der Globalisierung? Lief die Weltgeschichte immer schon auf die Hegemonie des «Westens» heraus, wie sie sich im 19. und 20. Jahrhundert manifestierte, und was waren die Ursachen dieser Divergenz zwischen Europa und Asien? Und schließlich, gab es Modernisierungspotential auch außerhalb des «Westens», und welche Bedeutung hatten die jeweiligen kulturellen Ressourcen vormoderner Gesellschaften für den Übergang in die moderne globalisierte Welt? Diese Fragen, die keineswegs nur akademische Bedeutung haben, sondern normativ und politisch mit drängenden Problemen der Gegenwart verknüpft sind, bleiben nach wie vor aktuell. Ihre wissenschaftliche Thematisierung ist keineswegs abgeschlossen; man kann davon ausgehen, dass sie auch in den nächsten Jahren zu den Feldern kontroverser und konfliktreicher Auseinandersetzung gehören. Gleichwohl ist es sinnvoll, an dieser Stelle in Form einer Zwischenbilanz den gegenwärtigen Stand der Diskussionen zusammenzufassen.

Eurozentrismus

Bei den Debatten über Strategien, eurozentrische Sichtweisen in der Geschichtswissenschaft zu überwinden, handelt es sich weniger um eine Kontroverse im engeren Sinn, mit Polemiken und verhärteten Fronten, als um eine Auseinandersetzung über methodische und epistemologische Grundfragen der Disziplin. Robert Marks hat die wesentlichen Annahmen des Eurozentrismus folgendermaßen zusammengefasst: «Die eurozentrische Weltsicht betrachtet Europa als den einzig aktiven Gestalter der Weltgeschichte, gewissermaßen als ihren ‹Urquell›. Europa handelt, während der Rest der Welt gehorcht. Europa hat gestaltende Kraft, der Rest der Welt ist passiv. Europa macht Geschichte, der Rest der Welt besitzt keine, bis er mit Europa in Kontakt tritt. Europa ist das Zentrum, der Rest der Welt seine Peripherie. Nur Europäer sind in der Lage, Wandlungen oder Modernisierung einzuleiten, der Rest der Welt ist es nicht.»[201]

In der älteren Weltgeschichtsschreibung war ein solches Deutungsmuster bis in die 1990er Jahre hinein verbreitet.[202] Und ungeachtet deutlicher Kritik hat die eurozentrische Meistererzählung auch im 21. Jahrhundert eine erneute Konjunktur erfahren; vor allem nach dem 11. September 2001, der dem älteren Schlagwort von einem bevorstehenden «Kampf der Kulturen» neue Plausibilität verlieh. Historiker stillten das öffentliche Bedürfnis

201 Robert B. Marks, *Die Ursprünge der modernen Welt. Eine globale Weltgeschichte*, Darmstadt (Wissenschaftliche Buchgesellschaft) 2006, 20–21.

202 Zu den prominenten Beispielen zählen William McNeill, *The Rise of the West: A History of the Human Community*, Chicago (University of Chicago Press) 1963; Eric Jones, *The European Miracle: Environments, Economies and Geopolitics in the History of Europe and Asia*, Cambridge (Cambridge University Press) 1981; David Landes, *Wohlstand und Armut der Nationen. Warum die einen reich und die anderen arm sind*, Berlin (Siedler) 1999.

nach einer Selbstverständigung des «Westens» mit Narrativen, in denen die europäische Entwicklung als gänzlich selbst-generiert und die Dynamik globaler Transformation durch eine Diffusion der Errungenschaften westlicher Gesellschaften angetrieben erscheinen.[203] Zum Teil von prominenten Fachvertretern verfasst, sind diese Versionen einer europäischen Sonderwegsthese zugleich Gegenstand von kritischen Angriffen geworden. Besonders polemische Auseinandersetzungen sind über die Publikationen von Niall Ferguson geführt worden, dem vorgeworfen wurde, imperialistische und rassistische Positionen aus dem 19. Jahrhundert wieder aufzukochen.[204]

Die meisten neueren globalgeschichtlichen Ansätze sind hingegen von dem Versprechen getragen, sich von einem eurozentrischen Narrativ zu lösen. Die Herausforderung besteht nicht zuletzt darin, nicht ins andere Extrem zu verfallen und die Rolle von Machtstrukturen unter einem bunten Flickenteppich lokaler Geschichten verschwinden zu lassen. Überwindung des Eurozentrismus – und zugleich keine Marginalisierung Europas: Die Spannung zwischen diesen beiden Polen ist in vielen Diskussionen präsent. Für eine weitere Klärung der Problematik ist es hilfreich, in einem ersten Schritt zwischen der Dynamik des historischen Prozesses und dem Eurozentrismus als Perspektive analytisch zu unterscheiden.

203 Vgl. etwa John M. Headley, *The Europeanization of the World: On the Origins of Human Rights and Democracy* Princeton (Princeton University Press) 2008; Anthony Pagden, *Worlds at War: The 2,500-Year Struggle Between East and West* Oxford (Oxford University Press), 2008; Toby E. Huff, *Intellectual Curiosity and the Scientific Revolution: A Global Perspective*, Cambridge (Cambridge University Press) 2010. Im deutschen Sprachraum vgl. etwa Michael Mitterauer, *Warum Europa? Mittelalterliche Grundlagen eines Sonderwegs*, München (C.H. Beck) 2003; Heinrich A. Winkler, *Geschichte des Westens*, 2 Bände, München (C.H. Beck) 2009–2011.

204 Vgl. beispielsweise die Diskussion über Niall Ferguson, *Civilisation: The West and the Rest, London* (Allen Lane) 2011, etwa im Anschluss an die Kritik von Pankaj Mishra, Watch this Man, *London Review of Books* 33, No.21 (3. 11. 2011) ‹www.lrb.co.uk/v33/n21/pankaj-mishra/watch-this-man› (Zugriff 16. 7. 2012).

Um mit dem ersten Punkt anzufangen: Die grenz- und kulturüberschreitenden Kontakte und Aushandlungsprozesse lassen sich seit dem späten 18. Jahrhundert nicht mehr ohne Bezug zur Hegemonie Westeuropas und später der Vereinigten Staaten verstehen. Die Integration kapitalistischer Märkte, die technische und militärische Überlegenheit der industrialisierten Mächte und der Überlegenheitsanspruch ihrer universalistisch formulierten Werte waren im Zeitalter von Freihandelsimperialismus und Kolonialismus auch außerhalb des Westens als Faktoren wirksam.

Allerdings lief die Weltgeschichte keineswegs geradlinig auf die Dominanz Europas bzw. der Vereinigten Staaten zu. Das gilt bereits für den «Aufstieg des Westens», der nicht nur einer retrospektiven Historiographie, sondern auch vielen Zeitgenossen unaufhaltsam schien. Aber neuere Studien haben sehr deutlich gemacht, dass von einer europäischen Hegemonie bis ins frühe 19. Jahrhundert jedenfalls in dieser allgemeinen Form nicht gesprochen werden kann. Das gilt schon deshalb, weil «Europa» keineswegs eine homogene Einheit war, sondern selbst fragmentiert und von Ungleichheit und Machtgefälle geprägt.[205] Darüber hinaus hat die Expansion nach Asien zwar das Terrain politischer, ökonomischer und kultureller Aushandlungen verändert; aber lange Zeit konkurrierten europäische Imperien mit den Reichsbildungen der Osmanen, Moguln oder Chinas, und portugiesische, niederländische oder britische Kaufleute waren Akteure in einem Spiel, dessen Regeln nicht von ihnen gemacht wurden. Auch ökonomisch setzte die europäische Überlegenheit deutlich später ein, als lange Zeit angenommen wurde.

Man kann von der Integration der Welt auch nicht als linearem Prozess sprechen; vielmehr war sie stets von Fragmentie-

205 Vgl. Dominic Sachsenmaier, Recent Trends in European History: The World beyond Europe and Alternative Historial Space, *Journal of Modern European History* 7 (2009), 5–25.

rungen und Brüchen begleitet. Zunehmend betonen Historiker die Nicht-Notwendigkeit der Durchsetzung europäischer Machtansprüche und erklären sie aus *conjunctures*, also einer Überlagerung von Konstellationen im globalen Kontext. So haben Autoren wie Kenneth Pomeranz in der Diskussion über die europäische und chinesische Industrialisierung die Rolle von Zufällen betont – «geographisches Glück», «ökologische Mitnahmeeffekte» – und sich damit explizit von der Teleologie der Weltgeschichtsschreibung, aber auch der kulturellen Eigenlogik von Zivilisationsanalysen distanziert. Und auch Michael Geyer und Charles Bright beschreiben die «regionalen Ursprünge der globalen Integration» als eine Verkettung von regionalen und im Kern autonomen Krisen, die ihren Impuls nicht einer langfristig angelegten Dynamik verdanken, sondern gleichermaßen historischer Kontingenz.[206]

Während jedoch die zentrale Rolle wichtiger westeuropäischer Staaten und der USA seit dem 19. Jahrhundert – regional jeweils unterschiedlich und mit unterschiedlicher Chronologie – kaum zu bestreiten ist, bleibt die rückblickende Projektion gegenwärtiger Vorstellungen und Werte ein komplexes epistemologisches und methodisches (und nicht zuletzt politisches) Problem. Das bringt uns zu dem zweiten Punkt, dem Eurozentrismus als Perspektive. Die Schwierigkeiten, sich von der eurozentrischen Meistererzählung zu emanzipieren, sind besonders anregend von Dipesh Chakrabarty erörtert worden. Seine These lautet, dass «im akademischen Diskurs über Geschichte [...] ‹Europa› immer noch das souveräne, theoretische Subjekt aller Geschichten [ist], einschließlich derjenigen, die wir als ‹indisch›, ‹chinesisch› oder ‹kenianisch› bezeichnen.» Alle

206 Vgl. Kenneth Pomeranz, *The Great Divergence: China, Europe, and the Making of the Modern World Economy*, Princeton (Princeton University Press) 2000, 12, 23; Michael Geyer und Charles Bright, World History in a Global Age, *American Historical Review* 100 (1995), 1034–1060.

diese nationalen Geschichten seien «Variationen einer Meistererzählung», die in und für Europa entwickelt worden sei.[207]

Im Kern liegt dies daran, dass historische Akteure seit dem 19. Jahrhundert – keineswegs nur in Europa – die europäische Geschichte zum Modell einer universalen Entwicklung stilisierten. Diese Sicht wurde im begrifflichen Instrumentarium der modernen Sozialwissenschaften verankert und dadurch immer wieder reproduziert. Vorgeblich analytische Begriffe wie Nation, Revolution, Gesellschaft oder Fortschritt transformierten eine partielle (europäische) Erfahrung in eine universalistische Theoriesprache, welche die Interpretation der jeweils lokalen Vergangenheiten bereits vorstrukturiert. «Nur ‹Europa› [...] ist *theoretisch* [...] erkennbar; alle anderen Geschichten sind Gegenstand der empirischen Forschung, die einem theoretischen Skelett, welches substantiell ‹Europa› ist, Fleisch und Blut verleiht.»[208] In der historiographischen Praxis führte die Orientierung an europäischen Begriffen und einer in/an Europa entwickelten Geschichtsphilosophie zu dem, was Chakrabarty «Übergangserzählungen» nennt: Geschichte erzählt als Weg von einer feudalen zu einer bürgerlichen Gesellschaft, von Tradition zu Moderne. Die Spezifität und historischen Unterschiede nichtwestlicher Gesellschaften werden dann typischerweise in einer «Sprache des Mangels», in einer Rhetorik des «noch nicht» beschrieben und als Defizite behandelt.[209]

Diesen eurozentrischen Mustern globaler Wissensproduktion stellt Chakrabarty sein Projekt gegenüber, Europa zu «pro-

207 Dipesh Chakrabarty, Europa provinzialisieren. Postkolonialität und die Kritik der Geschichte, in: Sebastian Conrad und Shalini Randeria (Hg), *Jenseits des Eurozentrismus. Postkoloniale Perspektiven in den Geschichts- und Kulturwissenschaften*, Frankfurt am Main (Campus) 2002, 283–312, Zitat: 283.

208 Chakrabarty, Europa provinzialisieren, 285.

209 Robert Young, *White Mythologies: Writing History and the West*, London (Routledge) 1990, 2 f.

vinzialisieren». Damit meint er ausdrücklich nicht eine Rückkehr zu einer autochthonen, vorkolonialen Form der Geschichtsbetrachtung; eine Ablehnung der Moderne und moderner sozialwissenschaftlicher Kategorien ist nicht intendiert. Genauso wenig postuliert er einen historischen Relativismus, also die Gleichberechtigung unterschiedlicher kultureller Perspektiven auf die Vergangenheit. Überhaupt geht es nicht in erster Linie darum, die (eurozentrischen) Kategorien der Analyse einfach über Bord zu werfen. «Das alltägliche Paradox der Sozialwissenschaften in der Dritten Welt besteht darin, dass wir diese Theorien ungeachtet ihrer Unkenntnis ‹unserer› Erfahrungen für das Verständnis unserer Gesellschaften außerordentlich nützlich finden.»[210] Statt diese Kategorien also loszuwerden, kann das Ziel nur lauten, sich stets darüber Rechenschaft abzulegen, dass ihre weltweite Verbreitung nicht einem inhärenten Universalismus zu verdanken ist. Stattdessen war die Diffusion moderner Kategorien das Ergebnis eines Prozesses, der sowohl auf ihrer Übernahme und Aneignung beruhte als auch auf ihrer Durchsetzung unter Bedingungen ungleicher Machtverhältnisse. Chakrabarty spricht von der «Repression und Gewalttätigkeit, die für den Sieg des Modernen ebenso wichtig sind wie die Überzeugungskraft seiner rhetorischen Strategien».[211]

Die Forderung nach permanenter Selbstreflektion und der Historisierung von Begriffen und Entwicklungskonzepten, die unzureichend sind, aber zugleich unverzichtbar – das klingt zunächst bescheiden. Gibt es keine radikalen Alternativen, etwa die Privilegierung jeweils indigener, aus den jeweiligen Kulturen selbst stammender Konzepte und Werturteile? Diese Spur ist beispielsweise in den ersten Bänden der *subaltern studies*-Gruppe verfolgt worden, die eine Geschichte Südasiens aus der

210 Chakrabarty, Europa provinzialisieren, 284.

211 Chakrabarty, Europa provinzialisieren, 306.

Perspektive der unterdrückten Schichten schreiben wollte, unabhängig vom Diskurs der Eliten. Das Ziel war die Annäherung, häufig zwischen den Zeilen der überlieferten Dokumente, an fundamental andere, inzwischen verschüttete und unzugängliche Weltdeutungen. Diese Archäologie alternativer Kosmologien und authentischer Subjektpositionen hat sich jedoch als methodisch schwierig erwiesen und wurde auch als nostalgische Rückprojektion und Essentialismus stark kritisiert. Auch das *subaltern studies*-Kollektiv hat dann in der Folge, beeinflusst von poststrukturalistischen Ansätzen, von diesem Vorhaben Abstand genommen und sich stattdessen darauf konzentriert, subalterne Positionen als Effekte hegemonialer Diskurse zu analysieren.[212]

Dieser Verzicht auf radikale Gegenentwürfe beruht auf der Einsicht, dass sich, etwas vereinfachend formuliert, das Rad der Geschichte nicht zurückdrehen lässt. Hinzu kommt, und das ist ein wichtiger zusätzlicher Aspekt, dass eurozentrische Perspektiven nicht nur eine Rückprojektion darstellen, sondern häufig bereits den Deutungshorizont der historischen Akteure prägten, auch außerhalb des Westens. Für die modernisierenden Strategien kultureller und politischer Eliten in Indien und Ostasien, in Afrika und im Osmanischen Reich war spätestens seit Mitte des 19. Jahrhunderts der Verweis auf Europa und den «Westen» ein zentraler (wenn auch keineswegs der einzige) Bezugspunkt. Cemil Aydin spricht von der Vorstellung eines «universalen Westens», der weite Teile der osmanischen und später auch japanischen Intellektuellen verpflichtet waren.[213]

212 Vgl. Gyan Prakash, Subaltern Studies as Postcolonial Criticism, *American Historical Review* 99 (1994), 1475–1490; Vinayak Chaturvedi (Hg), *Mapping Subaltern Studies and the Postcolonial*, London (Verso) 2000.

213 Vgl. besonders das Kapitel «The Universal West» bei Cemil Aydin, *The Politics of Anti-Westernism in Asia: Visions of World Order in Pan-Islamic and Pan-Asian Thought (1882–1945)*, New York (Columbia University Press) 2007.

Die Hoffnung auf die kulturübergreifenden Utopien der Freiheit, Gleichheit, des Wohlstandes – des Fortschritts – wurden zunächst auch durch die imperialen und durch das Prinzip des Freihandels häufig nur vordergründig kaschierten Interventionen westeuropäischer Staaten nicht grundsätzlich in Frage gestellt. Tapan Raychaudhuri betont für den südasiatischen Fall «den bekannten Umstand, dass das indische Nationalbewusstsein sich anfangs Seite an Seite mit einer großen Begeisterung für die britische Herrschaft in Indien entwickelte. Die koloniale Projektion, die britische Eroberung sei das Beste, das Indien jemals passiert wäre, war bis zu den 1890er Jahren weithin akzeptiert.»[214] Auch Japan in den 1860er und 1870er Jahren oder China im Vorfeld des 4. Mai 1919 erlebten eine intensive, an Europa orientierte Reformdiskussion und -politik, auch wenn die «Übersetzung des Westens» stets zugleich von Widerstand und gegenläufigen Bestrebungen begleitet war.[215]

Die Durchsetzung «eurozentrischer» Paradigmen war mithin nicht allein das Werk europäischer Akteure. Darüber hinaus, darauf hat Arif Dirlik ausgiebig hingewiesen, darf die Kritik am Eurozentrismus nicht auf der Ebene von Begriffen und Narrativen stehen bleiben. Zu häufig konzentriert sich die Kritik ausschließlich auf die diskursive Dimension des Phänomens. Aber wenn es sich in erster Linie um eine Frage der Repräsentation gehandelt hätte, dann müssten die zahlreichen anderen Formen kulturellen Überlegenheitsdenkens – beispielsweise

214 Tapan Raychaudhuri, *Perceptions, Emotions, Sensibilities: Essays on India's Colonial and Post-colonial Experiences*, New Delhi, New York (Oxford University Press) 1999, 19.

215 Vgl. für Japan die Quellensammlung von William Reynolds Braisted (Hg), *Meiroku Zasshi: Journal of the Japanese Enlightenment*, Tokyo (Harvard University Press) 1976. Für China vgl. etwa John Fitzgerald, *Awakening China: Politics, Culture, and Class in the Nationalist Revolution*, Stanford (Stanford University Press) 1996; Charlotte Furth, Intellectual Change: From the Reform Movement to the May Fourth Movement, 1895–1920, in: Merle Goldman und Leo Ou-Fan Lee (Hg), *An Intellectual History of Modern China*, Cambridge (Cambridge University Press) 2002, 13–96.

der Sinozentrismus oder der Russozentrismus – gleichermaßen in das Blickfeld der Kritik geraten. An dieser Stelle wird deutlich, dass die oben in heuristischer Absicht vorgenommene analytische Trennung des Phänomens – Eurozentrismus als Prozess und als Perspektive – tatsächlich nur eine vorläufige Unterscheidung sein kann. Historisch waren beide Ebenen eng miteinander verschränkt – und nur dadurch lässt sich die Macht und Durchsetzungskraft eurozentrischer Narrative erklären. Die Bezugnahme auf «Europa» ergab sich nicht nur aus der Bewunderung für die europäische Kultur, sondern war nicht zu trennen von den ökonomischen und politischen Machtverhältnissen der Zeit. «Ohne die Macht des Kapitalismus und die strukturellen Innovationen, die ihn bei der politischen, sozialen und kulturellen Organisation begleiteten», so Arif Dirlik, «wäre der Eurozentrismus womöglich lediglich ein weiterer Ethnozentrismus gewesen.»[216] Die Omnipräsenz eurozentrischer Bezugspunkte war ein Ergebnis der Geschichte globaler Interaktion. Ein radikales Äußeres zu diesem Diskurs, das sich nicht selbst an den Prämissen und Ansprüchen dieses Diskurses abarbeitet, ist nicht leicht vorstellbar.[217] Auch die Zunahme kritischer Perspektiven auf die westliche Moderne seit den letzten Dekaden des 19. Jahrhunderts sowie nach dem Ersten Weltkrieg, bis hin zu den japanischen Ansätzen einer «Überwindung der Moderne» während des Zweiten Weltkriegs, muss als Herausforderung von Werten und Strukturen verstanden werden, die selbst Teil eines globalen Erbes geworden sind.[218]

216 Arif Dirlik, Is There History After Eurocentrism? Globalism, Postcolonialism, and the Disavowal of History, in: ders., *Postmodernity's Histories: The Past as Legacy and Project*, Lanham (Rowman & Littlefield) 2000, 63–90, Zitat: 72.

217 Dirlik, Is There History after Eurocentrism?, 77.

218 Vgl. Michael Adas, Contested Hegemony: The Great War and the Afro-Asian Assault on the Civilizing Mission Ideology, *Journal of World History* 15 (2004), 31–63; Harry D. Harootunian, *Overcome by Modernity: History, Culture, and Community in Interwar Japan*, Princeton

Periodisierung

Eine zweite aktuelle Debatte kreist um die Periodisierung der Globalisierung. Wann hat dieser Prozess begonnen? Wie weit reichen globale Verflechtungen in die Vergangenheit zurück? Seit wann kann man von einer integrierten Welt sprechen? Das sind zentrale Fragen, wenn es darum geht, die Reichweite und historische Tiefenschärfe globalgeschichtlicher Ansätze zu bestimmen. Wie lässt sich, unter dem Gesichtspunkt grenzüberschreitender Transfers und Austauschbeziehungen, die Geschichte der Welt einteilen und periodisieren?

Der Begriff der Globalisierung ist ein Neuzugang im terminologischen Arsenal der Historiker. Erst seit 1993 kann man von einer weiten Verbreitung in öffentlichen Diskussionen sprechen; danach aber nahm seine Diffusion geradezu epidemische Züge an. Noch später hat Globalisierung als analytischer Begriff in der Geschichtswissenschaft Einzug gehalten. Nachdem er zunächst vor allem bei Wirtschaftshistorikern Verwendung fand, ist die Geschichte der Globalisierung seit etwa der Jahrtausendwende auch jenseits der Frage nach der Entstehung eines Weltmarktes zu einem legitimen Gegenstand der Geschichtsschreibung geworden. Seitdem haben zahlreiche Historiker mit diesem Begriff gearbeitet und versucht, ihn für historische Untersuchungen fruchtbar zu machen.[219]

Wenn also der Begriff neu ist – wie neu ist dann das Phäno-

(Princeton University Press) 2000; David Williams, *Defending Japan's Pacific War: The Kyoto School Philosophers and Post-White Power*, London (Routledge Chapman & Hall) 2004; Iwo Amelung u. a. (Hg), *Selbstbehauptungsdiskurse in Asien. China, Japan, Korea*, München (Iudicium) 2003.

219 Zur Begriffsgeschichte vgl. Olaf Bach, *Die Erfindung der Globalisierung: Untersuchungen zu Entstehung und Wandel eines zeitgeschichtlichen Grundbegriffs*, Diss. Phil. St. Gallen 2007.

men selbst? Glaubt man Manuel Castells, dann sind wir selbst Zeugen einer welthistorischen Zäsur: «Auf einer tieferen Ebene werden die materiellen Grundlagen von Gesellschaft, Raum und Zeit transformiert und organisieren sich um den Raum der Ströme und die zeitlose Zeit. ... Es ist der Anfang einer neuen Existenz und wahrhaftig der Anfang eines neuen Zeitalters, des Informationszeitalters. Es ist gekennzeichnet durch die Autonomie der Kultur gegenüber den materiellen Grundlagen unserer Existenz.»[220] Aber die Behauptung, es handele sich um ein neues Phänomen, ist selbst wiederum keineswegs neu. Schon 1957 sprachen die amerikanischen Modernisierungstheoretiker M. F. Millikan and W. W. Rostow davon, dass «wir uns inmitten einer bedeutenden Weltrevolution befinden [...] Die sich rasch beschleunigende Ausbreitung der Lesekompetenz, der Massenkommunikation und des Reisens [...] löst traditionelle Institutionen und kulturelle Muster ab, die Gesellschaften in der Vergangenheit zusammenhielten. Kurz gesagt, die Weltgemeinschaft wird interdependenter und fluider, als jemals zuvor in der Geschichte.»[221] Und schon 1917 war der amerikanische Soziologe Robert Park davon überzeugt, eine Epochenschwelle der menschlichen Geschichte zu überschreiten, auch wenn dieser Übergang noch auf den Technologien des 19. Jahrhunderts beruhte: «Die Eisenbahn, das Dampfschiff und der Telegraf mobilisieren die Menschen dieser Welt auf rasante Art und Weise. Die Nationen tauchen auf aus ihrer Isolation und Entfernungen, welche die unterschiedlichen Rassen voneinander trennten, schwinden angesichts der Ausweitung der Kommunikation [...] Große kosmische Kräfte haben die Schranken eingerissen, welche die Rassen und Nationalitäten dieser Welt zu-

220 Manuel Castells, *Der Aufstieg der Netzwerkgesellschaft, Bd. 1: Das Informationszeitalter*, Opladen (Leske und Budrich) 2003, 535–536.

221 Max F. Millikan und W. W. Rostow, *A proposal: Key to an Effective Foreign Policy*, New York (Harper) 1957.

vor separierten und zwingen sie zu neuer Vertrautheit und neuen Formen des Wettbewerbs, der Rivalität und des Konflikts.»[222] Und man könnte weiter zurückgehen. In gewisser Weise ist der Befund einer rasanten gesellschaftlichen Transformation, eines kaum begreifbaren sozialen Wandels eine Begleiterscheinung der modernen Welt seit der Französischen Revolution. Und seit Mitte des 19. Jahrhundert wird dieser Wandel mit grenzüberschreitender Interaktion in Verbindung gebracht. Bereits 1848 deklarierten Karl Marx und Friedrich Engels im Kommunistischen Manifest, dass «an die Stelle der alten lokalen und nationalen Selbstgenügsamkeit und Abgeschlossenheit ein allseitiger Verkehr [getreten sei], eine allseitige Abhängigkeit der Nationen voneinander. [...] Die nationale Einseitigkeit und Beschränktheit wird mehr und mehr unmöglich.»[223]

Wie kann man einen historischen Prozess analysieren und vor allem periodisieren, der von seiner Neuheit besessen ist, und zwar kontinuierlich? Die weit verbreitete und in regelmäßigen Abständen erneuerte Überzeugung, einen radikalen Wandel der Geschichte zu erleben und einer fundamentalen Zäsur beizuwohnen, scheint den Anspruch auf sinnvolle Unterteilungen zu entwerten. «Wie können wir die Ansprüche der Globalisierung ernsthaft einschätzen», hat Adam McKeown gefragt, «wenn das einzig beständige Schicksal eines jeden transformativen neuen Zeitalters darin besteht, vom jeweils nächsten als eine Periode der Stasis und Isolation angesehen zu werden?»[224]

Tatsächlich ist das Konzept der Globalisierung theoretisch

222 Robert Park, Introduction, in: Jesse. F. Steiner, *The Japanese Invasion: A Study in the Psychology of Inter-Racial Contacts,* Chicago (A. C. McClurg & Co.) 1917, vii-xvii, Zitate: ix, xi.

223 Karl Marx und Friedrich Engels, *Das kommunistische Manifest. Eine moderne Edition,* Hamburg (Argument Verlag) 1999, 48.

224 Adam McKeown, Periodizing Globalization, *History Workshop Journal* 63 (2007), 218–30, Zitat: 219. Dort finden sich auch die vier vorher referierten Zitate.

vage und relativ unbestimmt. Es macht wenige Annahmen über die Qualität des historischen Wandels, und anders als der Begriff der Modernisierung zielt «Globalisierung» kaum darauf, die historischen Akteure mit einer Zukunftsvision auszustatten und zu aktivieren. Globalisierung ist daher keine Metatheorie, aber auch nicht einfach ein Gegenstand der Betrachtung; vielmehr handelt es sich um einen bestimmten Blick auf die Vergangenheit, der dazu beitragen kann, Prozesse in einem umfassenderen Kontext zu situieren und den methodologischen Nationalismus der Geschichtswissenschaft zu überwinden.[225] Attraktiv ist er für Historiker, die sich für die Verdichtung von Beziehungen auf unterschiedlichen Ebenen interessieren: ökonomische Integration, das veränderte Verhältnis von Nationalstaat und Markt (inklusive der Frage nach Entstehung und Auflösung von Nationen im Zuge der Globalisierung), kulturelle Homogenisierung und Herausbildung von Differenz sowie die neuen Vorstellungen von Zeit und Raum, die mit der Veränderung der Transport- und Kommunikationsmedien einhergehen.[226]

Auch hier ist es sinnvoll, heuristisch zwischen Globalisierung als Prozess und Globalisierung als Perspektive zu unterscheiden. Zum ersten Punkt: Die Frage nach Vernetzung und Austausch über regionale und kulturelle Grenzen hinweg lässt sich weit in die Geschichte zurückverfolgen. So hat Jerry H. Bentley den Vorschlag gemacht, eine globale Geschichte der transkulturellen Interaktion (Migrationsbewegungen, imperialistische Ausdehnung und Handel) bis ins vierte Jahrtausend vor Christus zurückzuverfolgen, die sich in sechs Makroepo-

225 Zum methodologischen Nationalismus vgl. Anthony D. Smith, *Nationalism in the 20th Century,* Oxford (Martin Robertson) 1979, 191 ff; Ulrich Beck, *Was ist Globalisierung?,* Frankfurt am Main (Suhrkamp) 1997, 49 f.

226 Vgl. auch die Überlegungen bei Jürgen Osterhammel und Niels P. Petersson, *Geschichte der Globalisierung. Dimensionen, Prozesse, Epochen,* München (C.H. Beck) 2003, 10–15.

chen bis in die Gegenwart zieht. «Transkulturelle Interaktionen hatten seit jeher, und haben bis in die Gegenwart, wichtige politische, soziale, ökonomische und kulturelle Auswirkungen für alle beteiligten Personen.» Natürlich hatten die Austauschbeziehungen in vormodernen Epochen noch nicht die Dichte und Intensität wie später; und auch die Reichweite der Kontakte war sehr unterschiedlich. «Jedoch hatten Prozesse transkultureller Interaktion selbst in vormoderner Zeit Folgen, die über die Erfahrungen der jeweils beteiligten Individuen weit hinausgingen. Besonders signifikante Auswirkungen hatten drei Prozesse, welche die Grenzlinien von Gesellschaften und kulturellen Regionen überschritten: Massenmigration, Feldzüge imperialer Expansion und Fernhandel.»[227]

In der Tat lässt sich die Weltgeschichte als eine lange Geschichte der Austauschbeziehungen verstehen. Schon in der vormodernen Zeit, darauf verweist die neuere Geschichtsschreibung immer ausdrücklicher, wurden Gesellschaften durch grenzüberschreitende Prozesse und Interaktionen geprägt: die Ausbreitung des Buddhismus bis nach Afghanistan, Indonesien und Kambodscha oder die mongolischen Reiche, die sich bis nach Russland und in den Nahen Osten erstreckten; die Handelskontakte im Indischen Ozean und auf der Seidenstraße; die Pestepidemie in der Mitte des 14. Jahrhunderts, die von Asien nach Europa herüberschwappte; die großen Reisen von Marco Polo (1254–1324) und Ibn Battuta (1304–1377). Weitere Beispiele ließen sich mühelos anfügen.[228] William und John Robert

227 Jerry Bentley, Cross-Cultural Interaction and Periodization in World History, *American Historical Review* 101 (1996), 749–770, Zitate 749, 751. Vgl. auch das Textbuch von Jerry Bentley, *Old World Encounters: Cross Cultural Contacts and Exchanges in Pre-Modern Times*, New York (Oxford University Press) 1993.

228 Ein repräsentatives Werk, das die lange Geschichte der Verflechtungen in den Vordergrund rückt, ist Felipe Fernandez-Armesto, *The World: A Brief History*, New York (Pearson Prentice Hall) 2007. Vgl. in ähnlicher Perspektive auch Joanna Waley-Cohen, *The Sextants of Beijing: Global Currents in Chinese History*, New York (Norton) 1999.

McNeill haben die Geschichte globaler Vernetzung bis zur Entstehung der menschlichen Sprache zurückverfolgt.[229]

Aber unabhängig davon, wie lange man diese Liste verlängert, bleibt die systematische Frage: Wie wichtig waren diese Vernetzungen, wie stark wirkten sie auf die jeweiligen Gesellschaften ein? Ab wann kann man von «Globalisierung» sprechen, wenn mit diesem Begriff wirklich erdumspannende Zusammenhänge gemeint sind? Kann man unterscheiden zwischen einer Geschichte der überregionalen Kontakte (die sich bis in die Vorgeschichte zurückverfolgen lassen) und globalen Verflechtungen (*global connections*)? Lassen sich diese beiden Formen der Interaktionen wiederum analytisch trennen von einer Geschichte der globalen Integration? Zwei mögliche Zäsuren – im 16. Jahrhundert sowie in der Mitte des 19. Jahrhunderts – sind im Hinblick auf diese Fragestellung vor allem diskutiert worden.[230]

Die meisten Historiker setzen den Beginn eines globalen Zusammenhangs im frühen 16. Jahrhundert an. Die europäische «Entdeckung» der beiden Amerikas, der Beginn des Kolonialismus und der von Europa dominierten kapitalistischen Handelszusammenhänge steht dann für einen wichtigen welthistorischen Epocheneinschnitt. Vor allem die Weltsystemtheoretiker um Immanuel Wallerstein meinen, dass die Expansion der europäischen Weltwirtschaft im 16. Jahrhundert einsetzte. Aber auch aus kulturgeschichtlicher Sicht ist argumentiert worden, dass die «Welt» in ihrer planetarischen Ganzheit erst jetzt denk-

229 William H. McNeill und John Robert McNeill, *The Human Web: A Bird's-Eye View of World History*, New York (Norton) 2003.

230 Vgl. zur Diskussion über Periodisierung Anthony G. Hopkins, The History of Globalization – and the Globalization of History?, in: ders. (Hg), *Globalization in World History*, London (Pimlico) 2002, 21–46. Vgl. auch das Fünf-Phasenmodell des Soziologen Ronald Robertson in seinem Buch *Globalization: Social Theory and Global Culture*, London (Sage) 1992 sowie die drei Wellen bei Robbie Robertson, *The Three Waves of Globalization: A History of a Developing Global Consciousness*, London (Zed Books) 2002.

bar wurde.[231] Erstmals waren alle großen Kontinente (mit Ausnahme Australiens) miteinander verbunden.

Eine solche Deutung sieht folgendermaßen aus: Die Eroberung der beiden Amerikas war das Fanal, erstens, für die europäische Expansion, die in den folgenden Jahrhunderten das Gesicht der Erde verändern sollte. Die spanischen und portugiesischen Imperien entstanden in den Amerikas, die Reichtümer aus Lateinamerika finanzierten die spanische Vormachtstellung in Europa und das portugiesische Reich in Asien, und an der nordamerikanischen Ostküste wurden die ersten Siedlerkolonien Großbritanniens gegründet.

Über die machtpolitischen Effekte hinaus lässt sich in Europa zweitens eine tiefgreifende mentalitätsgeschichtliche Horizonterweiterung beobachten, die mit der «Entdeckung» der Neuen Welt begann und im späten 18. Jahrhundert mit der nautischen Erschließung des Pazifik durch die Reisen von James Cook und Louis Antoine de Bougainville einen Höhepunkt erreichte. Viele der Kategorien, die für die Entstehung der modernen Wissenschaften vom Menschen von wesentlicher Bedeutung waren, sind vor dem Hintergrund einer zunehmenden globalen Vernetzung systematisch gedacht worden und als Einverleibung der «Welt» in das europäische Wissensrepertoire zu verstehen. So wurde seit der spanischen *Conquista* im südlichen Amerika darüber diskutiert, ob die dortigen Bewohner als gleichberechtigte Menschen anzusehen seien; von da an stand die Frage nach dem Charakter des «Menschen» und nach der Universalität seiner Kompetenzen und Rechte auf der Agenda. Das gilt ebenso für die Ausarbeitungen zum Völkerrecht und zur internationalen Ordnung der Welt seit Hugo Grotius, für die ethnologische und geographische Erfassung des Globus im Zuge der großen Entdeckungsreisen oder die

231 Walter Mignolo, *Local Histories/Global Designs: Coloniality, Subaltern Knowledges, and Border Thinking*, Princeton (Princeton University Press) 2000.

Dichotomien von Zivilisation und Barbarei und die Herausbildung eines am Fortschritt orientierten Zeitregimes. Die Expansion Europas stellte eine kognitive Herausforderung dar, die eine Reorganisation des Wissens und der Ordnung der Disziplinen auslöste.[232]

Und drittens hatte die Eingliederung der Amerikas in die Handelsnetzwerke auch ökonomische Folgen. Dennis O. Flynn und Arturo Giráldez haben argumentiert, dass die Zirkulation des lateinamerikanischen Silbers die Entstehung des Weltmarktes überhaupt erst möglich gemacht habe. Seitdem Spanien 1545 damit begann, in Potosí im bolivianischen Hochland die reichhaltigste Silbermine der Welt auszubeuten, floss das Edelmetall über europäische Handelsnetze bis nach Asien. Zugleich finanzierte es den Dreieckshandel, der afrikanische Sklaven nach Amerika brachte. Aber erst die Gründung Manilas im Jahre 1571 setzte die größte Volkswirtschaft der Zeit, das China der Ming-Dynastie, direkt mit der Neuen Welt in Verbindung. Fortan brachte die Manila-Galeone das Silber direkt über Acapulco in Mexiko nach Südostasien, wo es in die von China dominierten Handelskreisläufe eingespeist wurde. Für Flynn und Giraldez war die Geburt des Weltmarktes im 16. Jahrhundert – «mit einem silbernen Löffel im Munde geboren» – nicht das Ergebnis einer europäischen Expansion, sondern vielmehr Ausdruck der Dominanz der chinesischen Wirtschaft.[233]

In unterschiedlicher Hinsicht erscheint also das 16. Jahrhundert als Ausgangspunkt für die Integration der Welt, als Beginn der globalisierten Welt der Gegenwart. Allerdings muss man

232 Dieses Argument bei Reinhard Schulze, Neuzeit in Außereuropa, *Periplus* 9 (1999), 117–126.

233 Dennis O. Flynn und Arturo Giráldez, Born with a ‹Silver Spoon›: The Origin of World Trade in 1571, *Journal of World History* 6 (1995), 201–221; Dennis Flynn und Arturo Giráldez, Cycles of Silver: Global Economic Unity through the Mid-Eighteenth Century, *Journal of World History* 13 (2002), 391–427.

auch diese Zäsur relativieren. Für viele Menschen in der Krimregion, im Iran oder in Korea blieb der amerikanische Kontinent fern, wenn nicht unbekannt – ferner sicher als beispielsweise die mongolische Reichsbildung, die tief in den Alltag eingegriffen hatte. Das europäische Ausgreifen selbst war Teil einer vielfältigen Geschichte von Expansionsprozessen, partiell ausgelöst durch das osmanische Vordringen im Mittelmeer.[234] In vieler Hinsicht ermöglichte die Eingliederung der Amerikas in größere Netzwerke zwar neue Verbindungen, ohne diese jedoch gleich maßgeblich zu prägen. C. A. Bayly spricht in dem Zusammenhang von Formen «archaischer Globalisierung» – er verweist etwa auf die Rolle expansiver Stammesdynastien, von Handels-Diasporagemeinden und des Karawanenhandels –, deren Akteure auch die Formen globaler Integration seit dem 16. Jahrhundert noch mitprägten. Das Zusammenwachsen des Globus war ein allmählicher Prozess, und seine Dynamik wurde von einer Vielzahl von Akteuren mitbestimmt.[235]

Die zweite mögliche Zäsur dieser Geschichte fällt ins 19. Jahrhundert. Zunehmend haben globalgeschichtliche Arbeiten einen Prozess ins Zentrum gerückt, der für das lange 19. Jahrhundert kennzeichnend war: Aus der vernetzten Welt des 18. Jahrhunderts, in der regionale Dynamiken für die meisten Gesellschaften noch von primärer Bedeutung waren, wurde ein globaler Funktionszusammenhang. Natürlich standen weite Teile der Welt schon im 18. Jahrhundert miteinander im Austausch. Die Welt war eng verflochten – durch Sklaverei und

234 Vgl. John Darwin, *After Tamerlane: The Global History of Empire,* London (Penguin) 2007.

235 C. A. Bayly, ‹Archaische› und ‹moderne› Globalisierung in Eurasien und Afrika, ca. 1750–1850, in: Sebastian Conrad, Andreas Eckert und Ulrike Freitag (Hg), *Globalgeschichte. Theorien, Ansätze, Themen,* Frankfurt am Main (Campus) 2007. Vgl. auch Osterhammel und Petersson, *Geschichte der Globalisierung,* 27–40.

transkontinentalen Handel, durch koloniale Herrschaft in den Amerikas, europäische Stützpunkte in Asien, durch christliche und islamische Mission. Autonome Entwicklungen gab es daher kaum mehr. Aber diese intensive Vernetzung änderte nichts daran, dass bis ins 19. Jahrhundert hinein – mit unterschiedlicher regionaler Chronologie – lokale und regionale Konstellationen doch im Vordergrund standen. Erst danach kam es zur Integration der Welt, zur Herausbildung globaler Gleichzeitigkeit.

Innerhalb dieses Narrativs lautet die Argumentation wie folgt: Noch im 18. Jahrhundert war die Welt eine Welt der Regionen. Diese Regionen waren nicht einfach durch Religion und Weltbilder gestützte Zivilisationen. Vielmehr handelte es sich um komplexe Interaktionsfelder, die auf Handelsnetzen und Migrationsströmen ebenso fußten wie auf kulturellen Gemeinsamkeiten. Diese Welt der Regionen war durch vielfache Netzwerke eng miteinander verbunden. Aber erst seit der Mitte des 19. Jahrhunderts kam es zu einer systemischen Verschränkung, zur globalen Integration von Gesellschaften. Was heißt das? Worin bestand der Unterschied zwischen Vernetzung und Integration? Im Kern wurde diese Transformation durch eine Überlagerung der «zwei von einander abhängigen Makroprozesse» der modernen Welt ausgelöst, wie Charles Tilly sie genannt hat: die Formierung und Ausbreitung des Systems der Nationalstaaten sowie die Herausbildung eines weltweiten Systems der Märkte und der Kapitalakkumulation.[236] Das 19. Jahrhundert erlebte das Aufkommen des Nationalstaates als politischer Organisationsform und des Nationalismus als politischem Diskurs, auch wenn die großen Reiche – Russland, Habsburg, China – sich noch bis ins 20. Jahrhundert retteten. Parallel dazu kam es seit der Mitte des 19. Jahrhunderts zu einer Integration

236 Charles Tilly, *Big Structures, Large Processes, Huge Comparisons*, New York (Russell Sage Foundation) 1984, 147.

der Märkte. Sie wurde durch die Kommunikations- und Transportrevolution dieser Zeit ermöglicht, und sie zeigte sich in Form von Preis- und Lohnkonvergenz, entstehenden gemeinsamen Arbeitsmärkten und grenzüberschreitender Kapitalinvestition. Sie wurde nicht nur durch Adam Smiths unsichtbare Hand vorangetrieben, wie man in vielen Darstellungen noch lesen kann, sondern zugleich durch die mehr oder weniger sichtbare Faust der imperialen Mächte: Zwangsarbeit und *indentured labor*, gewaltsame «Öffnung» von Märkten sowie die imperiale Finanzkontrolle, etwa in China und im Osmanischen Reich. Der Imperialismus des späten 19. Jahrhunderts war somit eine treibende Kraft, die Tillys Basisprozesse in Schwung hielt und ihre Ungleichheiten verstärkte.[237]

Denn ohne Zweifel war dieser Prozess, bei aller Betonung der systemhaften Integration, ungleich. Das galt ganz offenkundig für die Beziehungen zwischen Staaten und Regionen, aber auch innerhalb von Gemeinwesen. Der Grad der Inkorporation in die globale Ordnung variierte und ebenso ihre Chronologie. Häufig waren die Küstenstädte früher an die Weltwirtschaft angeschlossen und produzierten für diesen Markt; dort entstand eine Schicht lokaler Kapitalisten, aber es entwickelten sich auch freie Professionen, deren Vertreter bald auf gesellschaftliche Reformen drängten. Im Inneren vieler Länder hingegen gab es kaum Intervention von außen, und auch die Präsenz des Weltmarktes war weniger spürbar. Die Einbindung in eine globale Ordnung geschah nicht auf einen Schlag, und sie folgte unterschiedlichen Dynamiken.[238]

237 Für die globalgeschichtliche Zäsur um die Mitte des 19. Jahrhunderts vgl. auch Michael Geyer und Charles Bright, World History in a Global Age, *American Historical Review* 100 (1995), 1034–160; Charles S. Maier, Consigning the Twentieth Century to History: Alternative Narratives for the Modern Era, *American Historical Review* 105 (2000), 807–31.

238 Vgl. am Beispiel des Osmanischen Reichs Cem Emrence, Imperial Paths, Big Comparisons: The Late Ottoman Empire, *Journal of Global History* 3 (2008), 289–311.

Diese Asymmetrien muss man stets mitdenken. Und trotzdem verweisen die Vertreter dieser Lesart darauf, dass bis zum Ende des 19. Jahrhunderts, wenn man die Epoche als Ganzes in den Blick nimmt, der Globus als integriertes System entstand, dessen Regionen nicht mehr durch unterschiedliche Logiken voneinander getrennt waren. Arbeitsmärkte und Preise für Waren konvergierten über politische und geographische Grenzen hinweg.[239] Soziale Eliten, die eine Reformpolitik verfolgten, konnten das nicht mehr allein durch Verweis auf lokale und regionale Präzedenzfälle tun; wer sich auf religiöse Traditionen berief, verwies dabei implizit auf ein global zirkulierendes Konzept von «Religion» in einer sozial ausdifferenzierten Welt; Gesellschaftsentwürfe, die sich nicht – zustimmend oder ablehnend – an dem globalen Diskurs der Zivilisation und Entwicklung orientierten, konnten nicht mehr auf Resonanz setzen. «Die Universalisierung eurozentrischer Praktiken», hat Arif Dirlik diesen Prozess in anderen Worten beschrieben, «bedeutet lediglich die Verlagerung vieler Gesellschaften von ihren historischen Entwicklungsbahnen (*trajectories*) vor dem Kontakt mit Europa auf neue Entwicklungsbahnen; damit muss keine Uniformität einhergehen, da eben jene Universalisierung des Eurozentrismus neue Auseinandersetzungen über Geschichte hervorgebracht hat, die bis in die Gegenwart andauern. Es bedeutet allerdings [...] dass diese Konflikte zunehmend auf Feldern stattfanden, welche – bei allen Unterschieden im Einzelnen – nun durch dynamische Formen euro-amerikanischer Macht mit konstituiert wurden.»[240] Der Zeitpunkt und das Maß der Einbindung in diese Welt globaler Gleichzeitigkeit konnte variieren; aber bis zum Ausbruch des Ersten Weltkrieges hatte

239 Für die wirtschaftsgeschichtliche Perspektive siehe Kevin H. O'Rourke und Jeffrey G. Williamson, *Globalization and History: The Evolution of a Nineteenth-Century Atlantic Economy*, Cambridge, MA. (MIT Press) 1999.

240 Arif Dirlik, Is There History after Eurocentrism?, 77.

sie alle Gesellschaften erfasst und eine regelrechte Re-Territorialisierung der Welt herbeigeführt.[241]

Ist mit dieser Form globaler Integration um 1900 bereits das Stadium der Globalisierung erreicht? Dies ist der letzte Aspekt der Periodisierungsfrage.[242] Ohne Zweifel gibt es infrastrukturelle Bedingungen, die spezifisch sind für die Globalisierung seit den 1990er Jahren, in erster Linie die internetbasierte Kommunikation. Aber kann man aus dieser erneuten Beschleunigung der Nachrichtenübermittlung auch auf eine grundsätzlich neue Ordnung der Welt schließen? Politikwissenschaftler wie David Held haben das getan und die qualitative Differenz der Gegenwart zu früheren Prozessen globaler Vernetzung betont. Die These ruht vor allem auf zwei Argumenten: Zum einen, ökonomisch, hätten die globale Güterproduktion, der grenzüberschreitende Handel sowie die transnationale Kapitalinvestition bislang nicht dagewesene Ausmaße erreicht; und zweitens, politisch, werde die gegenwärtige Globalisierung von einer Erosion des Nationalstaats begleitet.[243]

Beide Thesen über einen Epocheneinschnitt lassen sich aber kaum aufrechterhalten. Die historische Globalisierungsforschung hat gezeigt, dass die ökonomische Verflechtung bereits vor dem Ersten Weltkrieg eine Höhe erreicht hatte, die erst im späten 20. Jahrhundert allmählich wieder erklommen wurde. Der Anteil des Handels am globalen Sozialprodukt oder das

241 Vgl. Maier, Consigning the Twentieth Century to History; Eric D. Weitz, From the Vienna to the Paris System: International Politics and the Entangled Histories of Human Rights, Forced Deportations and Civilizing Missions, *American Historical Review* 113 (2008), 1313–1343.

242 Vgl. für das folgende Michael Lang, Globalization and its History, *Journal of Modern History* 78 (2006), 899–931; David Held und Anthony McGrew, The Great Globalization Debate: An Introduction, in dies. (Hg), *The Global Transformations Reader*, Cambridge (Polity Press) 2006.

243 David Held et al., *Global Transformations: Politics, Economics and Culture*, Oxford (Blackwell) 1999.

(prozentuale) Ausmaß der Kapitalinvestitionen im Ausland lagen vor 1913 schon höher als ein Jahrhundert später.[244] Und auch die Auffassung, der heutige Globalisierungsprozess habe die Auflösung des Nationalstaates als historischer Akteur in Gang gesetzt, hat viel von ihrer Überzeugungskraft verloren. Der Nationalstaat bleibt eine wichtige Instanz, auch im Wirtschaftsleben, etwa als Garant des Eigentums und als Akteur der Wirtschaftspolitik. Aber auch historisch ist die Annahme, dass Globalisierung und Nationalstaatsbildung gegensätzliche Prozesse sind, nicht zu halten. Tatsächlich entstand der Nationalstaat, den wir heute als Norm zurückprojizieren, im Zuge von Verflechtungsprozessen und wurde nicht durch sie unterminiert.[245]

Die Debatten und Kontroversen über Periodisierungsfragen können jedoch nur Anhaltspunkte liefern und geben nicht etwa eine starre Abfolge historischer Zäsuren vor. Eine Geschichte der Globalisierung sollte keine lineare Erzählung von der immer größeren Verdichtung der Welt sein. Hochphasen der Vernetzung und Interaktion – etwa im 18. Jahrhundert oder um 1900 – wurden stets abgelöst von Phasen der Distanzierung und Abschottung; Prozesse der ökonomischen Verflechtung konnten mit politischer Abgrenzung einhergehen, kulturelle Öffnung sowie Phasen des politisch-ökonomischen Austauschs verliefen keineswegs immer synchron. Allgemein formuliert: Grenzüberschreitende Austauschprozesse haben nicht nur zur Homogenisierung der Welt und zur Herstellung von Uniformität beigetragen, sondern stets auch Fragmentierungen und neue

244 Vgl. Carlos Marichal, *A Century of Debt Crises in Latin America: From Independence to the Great Depression, 1820–1930* Princeton (Princeton University Press) 1989; Niall Ferguson, *The Cash Nexus: Money and Power in the Modern World, 1700–2000*, New York (Basic Books) 2001. Vgl. auch Paul Hirst und Grahame Thompson, *Globalization in Question: The International Economy and the Possibilities of Governance*, Cambridge (Polity Press) 1996.

245 Vgl. Rebecca E. Karl, *Staging the World: Chinese Nationalism at the Turn of the Twentieth Century*, Durham NC. (Duke University Press) 2002; Sebastian Conrad, *Globalisierung und Nation im Deutschen Kaiserreich*, München (C.H. Beck) 2006.

Differenzen hervorgebracht: Nationen, Ethnien, Rassen, Grenzen und Grenzkontrollen, Zensus und Reisepass. Die Geschichtsschreibung der Globalisierung muss daher der Gefahr begegnen, lediglich als gewendete Modernisierungstheorie aufzutreten, bei der «Tradition» durch Isolation und «Moderne» durch Verflechtung ersetzt wird.[246]

Diese Überlegung bringt uns zu einem zweiten grundsätzlichen Punkt: Globalisierung als Perspektive. Denn wenn der Prozess der Globalisierung eine lange Geschichte aufweist, wie steht es mit der Perspektive der Globalisierung? Wie unterschied sich, mit anderen Worten, der Blick auf die Welt? Das Bewusstsein dafür, dass die Welt eine zusammengehörige Arena ist, gehört zu den Kriterien sämtlicher Globalisierungstheorien. So ist für Roland Robertson nicht nur die tatsächlich messbare Vernetzung, sondern auch ihre Wahrnehmung eine entscheidende Facette seiner Definition.[247]

Auch für eine Genealogie des globalen Bewusstseins sind Historiker bis in das 16. Jahrhundert zurückgegangen. Serge Gruzinski hat gezeigt, dass eine globale Imagination bereits im Kontext des spanisch-portugiesischen Imperiums entstand und eine dementsprechende Geschichtsschreibung, Geographie und Literatur hervorgebracht hat. Er spricht von einer «iberischen Globalisierung», die sich nicht auf die politische oder ökonomische Ebene beschränken lasse, sondern auch ein Bewusstsein von Globalität mit umfasst habe, ablesbar an der Darstellung «südlicher Barbaren» aus Europa in japanischen *namban*-Ge-

246 Zur Nähe einiger Globalisierungsentwürfe zur Modernisierungstheorie vgl. Raymond Grew, On the Prospect of Global History, in: Bruce Mazlish und Ralph Buultjens (Hg), *Conceptualizing Global History*, Boulder (Westview Press) 1993, 227–249; Wolfgang Schwentker, Globalisierung und Geschichtswissenschaft. Themen, Methoden und Kritik der Globalgeschichte, in: Margarete Grandner et al. (Hg), *Globalisierung und Globalgeschichte*, Wien (Mandelbaum) 2005, 36–59.

247 Robertson, *Globalization*, 183.

mälden, an in Mexiko auf Nahuatl verfassten Chroniken zur Geschichte des französischen Königs Henri IV. oder an einer Geschichte des Osmanischen Reichs, die in Neu-Spanien durch deutsche Exilanten verfasst wurde.[248]

Vor dem Hintergrund der Integration im 19. Jahrhundert entwickelte sich dann eine Form des globalen Bewusstseins, die bereits den Topos der Zeit-Raum-Kompression vorwegnahm, den der Geograph David Harvey ein Jahrhundert später prägte.[249] Die Medienrevolution des Telegraphenzeitalters produzierte den Eindruck von Gleichzeitigkeit. «Die Bedingungen, unter denen wir leben», formulierte Sandford Fleming anlässlich der International Meridian Conference 1884 in Washington, «sind nicht länger dieselben. Der Anwendung der Wissenschaft auf Fortbewegungsmittel und auf die sofortige Verbreitung von Gedanken und Sprache haben den Raum allmählich geschrumpft und Entfernungen aufgehoben. Die ganze Welt wird in unmittelbare Nachbarschaft gerückt und zu engen Beziehungen gezwungen.»[250]

Arif Dirlik hat nun argumentiert, dass die heutige Form der Globalisierung mit einer fundamentalen Veränderung des Verständnisses von Differenz einhergehe. Im 19. Jahrhundert habe Globalisierung – damals verhandelt in Begriffen von «Weltpolitik» und «Zivilisation» – die Diffusion euro-amerikanischer Normen vorausgesetzt, unter Bedingungen des Kolonialismus und der weltweiten Ausbreitung des Nationalstaates. Innerhalb dieses Paradigmas wurden kulturelle Unterschiede hierarchi-

248 Serge Gruzinski, *Les quatre parties du monde: Histoire d'une mondialisation*, Paris (La Martinière) 2004.

249 David Harvey, *The Condition of Postmodernity: An Enquiry into the Origins of Cultural Change*, Oxford (Blackwell) 1989.

250 Zitiert nach Matthias Dörries, Krakatau 1883: Die Welt als Labor und Erfahrungsraum, in: Iris Schröder und Sabine Hohler (Hg), *Welt-Räume: Geschichte, Geographie und Globalisierung seit 1900*, Frankfurt am Main (Campus) 2005, Zitat: 68..

siert und temporalisiert: Die Verflechtung der Welt wurde als Teil einer umfassenden Modernisierung und sukzessiven Homogenisierung wahrgenommen. Seit dem späten 20. Jahrhundert, so Dirlik, habe sich das verändert: Kulturelle Differenz erscheine nun nicht mehr als Rückständigkeit, sondern werde als Alternative zu eurozentrischen bzw. universalen Konzepten aufgefasst. Globalisierung und das Beharren auf kultureller Eigenständigkeit gingen nun Hand in Hand. Ja, mehr noch: Die Zunahme globaler Interaktion bestärke und produziere geradezu kulturelle Besonderheiten. Statt einer Verzeitlichung von Differenz im Sinne der Konstruktion unterschiedlicher Entwicklungsstufen erlebe die globale Welt des 21. Jahrhunderts geradezu einen *spatial turn*. Kulturell unterschiedliche und konkurrierende Moderne-Entwürfe könnten nun als gleichzeitig nebeneinander existierend gedacht werden, was sich in der Verbreitung von Ansätzen wie *postcolonial studies* oder *multiple modernities* niederschlage.[251]

Periodisierungsdiskussionen, das sei als Postskriptum zu dieser Debatte noch angemerkt, haben eine heuristische Funktion und werden angesichts des gesellschaftlichen Wandels regelmäßig neu geführt. Die zeitliche Unterteilung der Weltgeschichte wird dabei nicht zuletzt deswegen auch in Zukunft ein relevantes Anliegen bleiben, weil sie als Orientierungswissen im Unterricht benötigt wird. Ob der Begriff der Globalisierung dabei dauerhaft eine Rolle spielen wird, ist eine offene Frage. Das wird in erster Linie davon abhängen, ob «Globalisierung» sich als analytischer Begriff für Gegenwartsdiagnosen halten kann. Aber selbst dann bleibt abzuwarten, ob sich das Konzept für Historiker als fruchtbar erweist. Es spricht viel dafür, dass spezifischere und für die jeweiligen historischen Kontexte sensib-

251 Arif Dirlik, Globalisierung heute und gestern: Widersprüchliche Implikationen eines Paradigmas, in: Conrad, Eckert und Freitag, *Globalgeschichte;* vgl. auch ders., *Global Modernity: Modernity in the Age of Global Capitalism,* Boulder (Paradigm Publishers) 2007.

lere Begriffe angemessener sind – und zwar selbst dann, wenn man an einer Periodisierung der Geschichte der Welt festhalten möchte.[252]

Asien oder Europa

Warum Europa? Worin bestand der europäische Sonderweg? Und gab es ihn überhaupt? Spätestens seit Max Weber ist dies die Königsfrage der Weltgeschichtsschreibung. Was befähigte eine kleine und in mancher Hinsicht marginale Region am Rande des eurasischen Kontinents, einen großen Teil der Welt politisch zu beherrschen und ökonomisch vorteilhaft in seine eigenen Handelsnetze einzubinden? Im Vordergrund steht dabei die wirtschaftshistorische Frage, wie sich die Durchsetzung des europäischen Kapitalismus, der Industriellen Revolution und die gewaltige Divergenz zwischen Westeuropa und Asien erklären lassen.[253]

In der langen Diskussion über diese Frage kann man im We-

252 Vgl. insbesondere die Kritik von Frederick Cooper, Globalization, in: ders., *Colonialism in Question: Theory, Knowledge, History,* Berkeley (University of California Press) 2005, 91–112.

253 Als Überblick über diese Debatten vgl. Gale Stokes, The Fates of Human Societies: A Review of Recent Macrohistories, *American Historical Review* 106 (2001), 508–525; Patrick K. O'Brien, Metanarratives in Global Histories of Material Progress, *International History Review* 23 (2001), 345–367; Wolfgang Knöbl, *Die Kontingenz der Moderne. Wege in Europa, Asien und Amerika,* Frankfurt am Main (Campus) 2007, 134–168. Sehr positive Bewertungen der revisionistischen Position finden sich bei Jack Goody, *Capitalism and Modernity: The Great Debate,* Cambridge (Polity) 2004; Jack A. Goldstone, Efflorescences and Economic Growth in World History: Rethinking the ‹Rise of the West› and the Industrial Revolution, *Journal of World History* 13 (2002), 323–389; Jack A. Goldstone, *Why Europe? The Rise of the West in World History,* New York (McGraw-Hill) 2008. Kritisch gegenüber Pomeranz hingegen die Position von Joseph Bryant, The West and the Rest Reunited: Debating Capitalist Origins, European Colonialism and the Advent of Modernity, *Canadian Journal of Sociology* 31 (2006), 403–44; Joseph Bryant, A New Sociology for a New History? Further Critical Thoughts on the Eurasian Similarity and the Great Divergence Theses, *Canadian Journal of Sociology* 33 (2008), 119–185.

sentlichen drei Positionen voneinander unterscheiden. Die erste bezog sich auf Marx und stellte die Frage nach den Produktionsweisen in den Vordergrund. Im Kern ging es dabei um eine Analyse des Übergangs zu der einzigen Produktionsform, die dauerhaft materielles Wachstum ermöglichte, nämlich dem durch freie Arbeit und permanente Akkumulation des Kapitals definierten Kapitalismus. Die Forschung konzentrierte sich daher vor allem darauf, die Bedingungen und den Zeitpunkt dieses Übergangs in Europa zu rekonstruieren – und zugleich nach den Ursachen zu fahnden, warum nicht-westliche Gesellschaften in «vorkapitalistischen» Produktionsweisen verharrten.

Im Gegensatz dazu stellten Historiker, die sich am Werk Max Webers orientierten, kulturelle und institutionelle Faktoren in den Vordergrund. Max Weber hatte in seiner Untersuchung zur «Protestantischen Ethik» argumentiert, dass bestimmte calvinistische Strömungen die Menschen zu religiös motivierter innerweltlicher Askese motivierten, die den Einzelnen mit dem Versprechen jenseitiger Entschädigung zu einem arbeitsamen Leben anhielt und so die Entstehung einer aktiven Unternehmerschicht und einer fleißigen Arbeiterschaft begünstigte. In seinen breit angelegten, vergleichenden Schriften beschäftigte er sich mit der Frage, ob auch unter anderen kulturellen Bedingungen – in islamisch, jüdisch, konfuzianisch, hinduistisch oder buddhistisch geprägten Gesellschaften – sich eine Wirtschaftsethik hatte entwickeln können, die zu einer kapitalistischen Wirtschaftsform geführt hätte. Daneben standen empirische Untersuchungen zu den institutionellen Rahmenbedingungen ökonomischen Handelns.[254]

254 Zur Auseinandersetzung mit Webers These gibt es inzwischen eine kaum noch überschaubare Literatur. Von der neueren Literatur ist nützlich: Wolfgang Schluchter, Religion, politische Herrschaft, Wirtschaft und bürgerliche Lebensführung. Die okzidentale Sonderentwicklung, in: ders. (Hg), *Max Webers Sicht des okzidentalen Christentums. Interpretation*

Im Anschluss an Weber haben Historiker alle möglichen kulturellen und sozialen Besonderheiten Europas für das verantwortlich gemacht, was sie als seinen welthistorischen Sonderweg ansehen: politische Systeme und Institutionen des Wirtschaftslebens, religiöse Doktrinen und kulturelle Dispositionen, die Stadt, die Familie und vieles mehr. Besonders prononciert ist diese Perspektive von David Landes vorgetragen worden. In seiner weitgespannten Weltgeschichte der letzten 1000 Jahre verwirft er alle materiellen Erklärungsansätze, die etwa auf natürliche Ressourcen, Geographie oder Klima abheben, und setzt stattdessen auf eine kulturelle Erklärung: «Wenn wir aus der Geschichte der wirtschaftlichen Entwicklung etwas lernen, dann dies: Kultur macht den entscheidenden Unterschied.» Seine Geschichte vom «Wohlstand und Armut der Nationen» ist aus einer eurozentrischen Perspektive heraus verfasst, die nicht nur offen eingestanden, sondern sogar offensiv propagiert wird: «Die treibende Kraft des über tausendjährigen Prozesses, den die meisten Menschen als Fortschrittsprozess verstehen, war […] die westliche Zivilisation mit ihren Errungenschaften.» Landes wendet sich explizit gegen jede Form der *political correctness* und sieht für die außereuropäischen Nationen nur einen Weg der erfolgreichen Modernisierung, der darin besteht, von Europa zu lernen und es ihm gleichzutun.[255]

Auch wenn ein so ostentativ zur Schau getragener Eurozentrismus eher die Ausnahme als die Regel darstellt, ist er doch strukturell in beide vorgestellten Ansätze eingelassen. Sowohl der klassisch marxistische als auch der weberianische Zugriff

und Kritik, Frankfurt am Main (Suhrkamp) 1988, 11–128; Shirô Takebayashi, *Die Entstehung der Kapitalismustheorie in der Gründungsphase der deutschen Soziologie. Von der historischen Nationalökonomie zur historischen Soziologie Werner Sombarts und Max Webers*, Berlin (Duncker & Humblot) 2003.

255 David Landes, *Wohlstand und Armut der Nationen. Warum die einen reich und die anderen arm sind*, Berlin (Bloomsbury) 1999, 517, 514.

privilegieren endogene Erklärungsmuster und bleiben bei einem Narrativ, das Europas Aufstieg internalistisch, aus sich heraus erklärt. In dieser Hinsicht unterscheidet sich das dritte Paradigma, die Weltsystemtheorie, deren Vertreter exogenen Faktoren eine größere Bedeutung beimessen. Aus dieser Sicht hing die Durchsetzung kapitalistischer und marktorientierter Produktionsweisen in Europa selbst wiederum mit der Expansion in die Neue Welt seit dem 16. Jahrhundert zusammen. Der wirtschaftliche Gewinn als Folge interkontinentalen Handels und imperialistischer Ausbeutung sei für den europäischen *take-off* maßgeblich gewesen.[256]

Seit den späten 1990er Jahren ist nun eine Reihe von Arbeiten erschienen, die das Terrain, auf dem die Diskussion geführt wurde, grundsätzlich verschoben haben. Alle bisherigen Autoren gingen von der Annahme der Überlegenheit Europas seit etwa dem 16. Jahrhundert aus und konzentrierten sich lediglich auf die Ursachenforschung. Dieses Axiom ist in dieser Form mittlerweile kaum mehr zu halten. Ein wichtiger erster Beitrag war die noch ganz polemisch gefasste, aus dem Zusammenhang der Weltsystemtheorie heraus formulierte Aufforderung, die Geschichtswissenschaft zu «ReOrientieren», die Andre Gunder Frank 1998 formulierte. Darin stellte er die These auf, dass Indien und China zwischen 1400 und 1800 die beiden zentralen Regionen der Weltwirtschaft darstellten. «Die zwei bedeutendsten und ‹zentralsten› Regionen der Weltwirtschaft waren China und Indien. Diese zentrale Lage beruhte vor allem auf ihrer sowohl absolut als auch relativ gesehen überragenden Produktivität in der Fertigung.» Diese Vorherrschaft Asiens sei von Europa danach nur vorübergehend, und wie man inzwischen wisse: nicht dauerhaft, unterbrochen worden. Frank schließt dabei an die weltsystemtheoretische Beto-

256 Immanuel Wallerstein, *Das moderne Weltsystem*, 4 Bände, Wien (Promedia) 1986–2012.

nung der imperialistischen Ausbeutung der Amerikas an: «Dieses Buch zeigt vielmehr, wie Europa sein amerikanisches Geld verwendete, um in der asiatischen Produktion, den Märkten und dem Handel mitzumischen und zu profitieren – kurzum: um Nutzen aus der dominanten Position Asiens in der Weltwirtschaft zu ziehen. Europa kletterte auf den Rücken Asiens und hielt dann auf seinen Schultern inne – wenn auch nur vorübergehend.»[257]

Frank war nicht der erste, der solche Thesen formulierte. In ihren Grundzügen gehen sie auf Lenin und seine Imperialismusstudie zurück. Seit der Publikation von Franks Streitschrift hat eine Reihe von Autoren die Reichweite der provokanten Thesen durch empirische Arbeit ausgelotet. Auf Europa bezogen haben Historiker herausgestellt, in welchem Maße der europäische Lebensstandard im 18. Jahrhundert von Importen aus der Neuen Welt sowie aus Asien abhing. Dabei geht es um die Abschöpfung der Gewinne aus Sklavenhandel und Sklaverei, um das karibische Plantagensystem, um den Import von Rohstoffen und die Einführung von Nahrungsmitteln aus der Neuen Welt (insbesondere Mais, die Kartoffel sowie Baumwolle), aber auch um die Konsumrevolution, die mit dem Handel mit Tee, Seide, Textilprodukten, Gewürzen oder Porzellan aus Asien zusammenhing. Die Veränderung materieller Kultur in Europa war aus dieser Perspektive auch das Ergebnis der Ausbeutung bzw. Nutzbarmachung von imperialen Strukturen und transkontinentalen Handelsverbindungen.[258]

257 Andre Gunder Frank, *ReOrient: Global Economy in the Asian Age*, Berkeley (University of California Press) 1998, 127, 5.

258 Vgl. etwa Maxine Berg, In Pursuit of Luxury: Global History and British Consumer Goods in the Eighteenth Century, *Past and Present* 182 (2004), 85–142; Craig Clunas, Modernity Global and Local: Consumption and the Rise of the West, *American Historical Review* 104 (1999), 1497–1509; Prasannan Parthasarathi und Giorgio Riello (Hg), *The Spinning World: A Global History of Cotton Textiles*, 1200–1850, Oxford (Oxford University Press) 2009.

Auf Asien bezogen ist beispielsweise die Studie von Bin Wong zur Wirtschaftsentwicklung im China der Qing-Zeit (1644–1911) zu nennen, die er im Wesentlichen durch eine ähnliche Dynamik gekennzeichnet sieht wie das vorindustrielle England auch. Noch bis ins frühe 19. Jahrhundert hinein stellten Theoretiker wie Adam Smith, David Ricardo oder T. Robert Malthus' Theorien über die Begrenztheit ökonomischen Wachstums auf – und das in einer Gesellschaft, die nach herkömmlichem Wissen bereits durch die unaufhörliche Kapitalakkumulation gekennzeichnet war. Wong schließt daraus, erhärtet durch seine wirtschaftshistorischen Daten zum 18. Jahrhundert in China, dass Westeuropa und China bis ins frühe 19. Jahrhundert hinein die Erfahrung einer agrarischen Subsistenzökonomie teilten. Erst die Industrielle Revolution habe daran etwas geändert.[259]

Eine solche Perspektive verschiebt den explanatorischen Fokus von der abstrakten Kategorie des «Kapitalismus», die in marxistischen und weltsystemtheoretischen Arbeiten im Vordergrund gestanden hatte, zur Durchsetzung einer modernen Industriegesellschaft. Daran knüpft auch das Buch von Kenneth Pomeranz über «The Great Divergence» an, das aus einer wirtschaftsgeschichtlichen Streitfrage eine breit in die Disziplin ausstrahlende Debatte machte. Auch Pomeranz betont die grundsätzlich vergleichbare Entwicklung in Europa und China, bevor die Industrialisierung das Verhältnis zwischen beiden Regionen dramatisch verändert habe. Dabei konzentriert er sich methodisch innovativ auf einen Vergleich zwischen England und dem Jangtse-Delta, als den jeweils ökonomisch am weitesten entwickelten Regionen. Pomeranz zielt auf, wie er das nennt, eine «Methode des reziproken Vergleichs», die beide Seiten wechselseitig als Maßstab annimmt; man solle nicht ledig-

259 R. Bin Wong, *China Transformed: Historical Change and the Limits of European Experience*, Ithaca (Cornell University Press) 1997.

lich danach fragen, warum sich die Region um Shanghai nicht so entwickelt habe wie Lancashire, sondern ebenso «die Möglichkeit in Betracht ziehen, dass Europa sich so wie China entwickelt haben könnte». Dabei beobachtet er zwischen dem Jangtse-Delta und dem frühneuzeitlichen England keine fundamentalen Unterschiede, sondern vielmehr «eine Welt überraschender Ähnlichkeiten».[260] Die Ausgangsthese lautet, dass zwischen beiden Regionen in Bezug auf sämtliche wichtigen ökonomischen Indikatoren – Lebensstandard, landwirtschaftliche Produktivität, Märkte sowie institutionelle Strukturen – keine signifikanten Differenzen bestanden hätten.

Was waren dann die Ursachen für die *great divergence* – die plötzliche Schere zwischen der Entwicklung Englands und Chinas nach 1800? Pomeranz diskutiert ausführlich die üblichen Faktoren, die zur Erklärung einer europäischen Sonderentwicklung herangezogen werden: Konsum von Luxusgütern, demographische Strukturen, die Einbindung von Frauen in die Arbeitswelt, ökologische Differenzen und so fort – und erkennt an keiner Stelle substantielle Standortnachteile für die chinesische Wirtschaft. Die Veräußerbarkeit von Land, die Allokation von Kapital und die Mobilität der Arbeitskraft etwa seien in China sogar weniger beschränkt und stärker über Märkte geregelt gewesen als in Europa. Alle diese gesellschaftlichen Bedingungen, so Pomeranz, sind bei genauer Betrachtung nicht in der Lage, ein Entwicklungsgefälle plausibel zu machen.

Der englische Vorsprung im 19. Jahrhundert sei daher nicht in erster Linie auf interne Entwicklungen, sondern vielmehr auf das Einwirken externer Kräfte zurückzuführen. Konkret spricht Pomeranz von einem doppelten Ausgreifen, einerseits unter die Erde (die Entdeckung der Kohle) und andererseits in die Neue Welt, deren Plantagen und Holzvorräte für die Indus-

260 Kenneth Pomeranz, *The Great Divergence: Europe, China, and the Making of the Modern World Economy*, Princeton (Princeton University Press) 2000, Zitate: 9, 29.

trielle Revolution in England entscheidend gewesen seien. Der erste Teil des Arguments ist nicht neu; die Ersetzung menschlicher und tierischer durch fossile Energie gehört zum Standardrepertoire der Industrialisierungsforschung.[261] Und auch mit der Expansion nach Amerika knüpft er an frühere Arbeiten an, die den Einfluss des transatlantischen Dreieckshandels unterstrichen hatten. Eine frühe Variante dieser These hat der karibische Historiker Eric Williams aufgestellt, der an marxistisch-leninistische Vorläufer anschloss und argumentierte, dass der europäische Kapitalismus auf den wirtschaftlichen Austausch europäischer Kolonialmächte mit den großen Plantagen in der karibischen Inselwelt zurückgeführt werden müsse. Die enorme Kapitalakkumulation, die für die industrielle Fertigung von Textilwaren nötig wurde, sei erst im Zuge der konsequenten Ausbeutung von Rohstoffen und Arbeitskraft in den Kolonien möglich geworden. Die Arbeit von afrikanischen Sklaven auf den Zuckerplantagen der Karibik sei mithin als Auslöser der Industriellen Revolution in England zu betrachten.[262] Diese These hat sich nach detaillierter Betrachtung der ökonomisch-fiskalischen Zusammenhänge in dieser Form jedoch nicht halten können.[263]

Das Argument von Pomeranz hingegen zielt nicht auf Kapitalströme, sondern konzentriert sich auf ganz spezifische Pro-

261 Vgl. E. Anthony Wrigley, *Continuity, Chance and Change: The Character of the Industrial Revolution in England*, Cambridge (Cambridge University Press) 1988.

262 Eric Williams, *Capitalism and Slavery*, Chapel Hill (University of North Carolina Press) 1944.

263 Zusammenfassend dazu vorzüglich Seymour Drescher, Capitalism and Slavery after Fifty Years, *Slavery and Abolition* 18 (1997), 212–227. Vgl. auch Jan deVries, *The Economy of Europe in an Age of Crisis, 1600–1750*, Cambridge (Cambridge University Press) 1976, 139–46; Patrick O'Brien, European Economic Development: The Contribution of the Periphery, *Economic History Review* 35 (1982), 1–18. Für eine Position, die dezidiert an die Williams-These anknüpft, vgl. Joseph Inikori, *Africans and the Industrial Revolution in England: A Study in International Trade and Economic Development*, Cambridge (Cambridge University Press) 2002.

dukte, die die Neue Welt zur Verfügung stellte und die in England so nicht hergestellt werden konnten: Nahrung, Textilien und Holz, deren Produktion jeweils große Flächen anbaufähigen Landes voraussetzte. Pomeranz spricht von «Geister-Morgen», also virtuellen Landressourcen: Um das aus Amerika eingeführte Holz, Zucker und Baumwolle in Europa anzubauen, wären mehr als zwei Drittel des gesamten anbaufähigen Landes in England nötig gewesen. Auf diese Weise stellte die Peripherie in der Neuen Welt die Mittel zur Verfügung, das malthusianische Problem – den Mangel an bodenintensiven Produkten bei gleichzeitigem Bevölkerungswachstum – zu überwinden, ohne die eine industrielle Produktion gar nicht möglich gewesen wäre. Diese Importe setzten im 18. Jahrhundert ein und können daher kausal mit der Divergenz in Verbindung gebracht werden. Und der Vergleich mit China, aber auch mit Japan oder etwa Dänemark zeigt, wie sich Gesellschaften entwickelten, die nicht auf unterirdische/überseeische Peripherien zurückgreifen konnten. Erst die globalgeschichtliche Einbettung, so Pomeranz, kann die englische Wirtschaftsentwicklung erklären. «Um zu erklären, warum Westeuropas ansonsten weitgehend durchschnittliches Kernland einzigartige Durchbrüche erzielte und sich zum privilegierten Zentrum der Weltwirtschaft im 19. Jahrhundert aufschwang, müssen Kräfte außerhalb des Marktes und über Europa hinausreichende Umstände in Betracht gezogen werden.»[264]

Natürlich ist auch das Buch von Pomeranz nicht das letzte Wort in dieser Debatte – im Gegenteil, sie ist nach seiner Publikation erst recht wieder in Gang gekommen. Und auch an Gegenpositionen mangelt es nicht. Kritiker werfen Pomeranz vor, die Bedeutung von Technologie und Wissenschaft zu unterschätzen und sich ganz auf die Ebene der Ressourcen zu ver-

264 Pomeranz, *The Great Divergence*, 297.

legen; das Vorhandensein von Kohle heiße noch nicht, dass sie auch genutzt und ökonomisch relevant werde. Auch das größere Potential der englischen Landwirtschaft unterschätze er, und vor allem die unterschiedliche Durchsetzungsfähigkeit staatlicher Bürokratie als Garant der Wirtschaftsordnung und Investor in Infrastrukturprojekten; der sogenannte militärische Fiskalstaat, den das frühneuzeitliche England herausbildete, habe in China keine Entsprechung gefunden.[265] Und nicht zuletzt bleibe die Rolle der Politik merkwürdig unterbelichtet. Kann man den Erwerb von Kolonien als «Zufall» werten, wie das bei Pomeranz erscheint? Welche Rolle spielte hier die Geschichte des Imperialismus – nicht nur für die Eroberung der Neuen Welt, sondern auch für die englische Ausbeutung Indiens sowie für das direkte Verhältnis zwischen England und China? Der Opiumkrieg von 1840 etwa kommt in dem Buch bezeichnenderweise nicht vor. Diese Überlegungen würden dann den Blick einerseits wieder auf interne Faktoren lenken, die berücksichtigt werden müssten, um die Expansionspolitik zu erklären; zum anderen würden sie nahelegen, den Analyserahmen noch globaler anzulegen als Pomeranz das tut, der bei einem relativ klassischen Vergleich stehen bleibt.

Schließlich könnte man die gesamte Debatte über die *great divergence* noch grundsätzlicher problematisieren, indem man die Fragestellung selbst historisierte. Zum einen bleibt sie, trotz der innovativen Idee eines reziproken Vergleichs, dem traditionellen Ost-West-Schema verhaftet. Zum anderen konzentriert sich die Diskussion auf ökonomische Indikatoren und einen

265 Vgl. die ausführliche Kritik von Peer Vries, Are Coal and Colonies Really Crucial? Kenneth Pomeranz and the Great Divergence, *Journal of World History* 12 (2001), 407–446; ders., *Via Peking back to Manchester: Britain, the Industrial Revolution, and China*, Leiden (Research School of Asian, African and Amerindian Studies) 2003. Vgl. auch die breite Synopse zur Entwicklung von Staatlichkeit: Peer Vries, Governing Growth: A Comparative Analysis of the Role of the State in the Rise of the West, *Journal of World History* 13 (2002), 67–138.

Vergleich von Lebensstandards und wirtschaftlicher Produktion und damit auf isolierte Faktoren, die aus einem breiteren Kontext herausgelöst werden. Zumal in den frühneuzeitlichen Gesellschaften Europas und Asiens lassen sich die wirtschaftlichen Dimensionen des sozialen Lebens aber nicht ohne weiteres von anderen Dimensionen trennen. Die Debatte fußt auf einem Weltbild, demzufolge Staaten und Gemeinschaften ein Wettrennen mit identischem Ziel betreiben. Stattdessen wäre jedoch zu eruieren, wie materieller Gewinn und Wohlstand jeweils gesellschaftlich und kosmologisch eingebettet waren und inwiefern soziale Akteure eine Vielzahl von Anliegen und Präferenzen miteinander harmonisierten. Es wäre daher produktiv, die Fragestellung der *great divergence*-Kontroverse einmal mit den kritischen Perspektiven der *postcolonial studies* in einen Dialog treten zu lassen. Denn selbst wenn man sich für eine analytische Perspektive entscheidet, die explizit von einer heutigen Fragestellung ausgeht, wird man die kulturellen und gesellschaftlichen Ordnungen der historischen Akteure gleichwohl als Faktoren nicht ausblenden können.[266]

Ungeachtet dieser Kritikpunkte haben das Buch von Pomeranz und allgemein die revisionistischen Beiträge der sogenannten «California School» (der Begriff meint Historiker wie Pomeranz, Bin Wong, Gunder Frank und andere und geht auf eine Formulierung von Jack Goldstone zurück) der Diskussion über die Industrielle Revolution neues Leben eingehaucht. Die vergleichende Perspektive, der Blick aus China, die Betonung von transregionalen Interaktionen, die Aufmerksamkeit für die politischen Ursprünge der Industriellen Revolution und die Betonung von zufällig zusammenfallenden Faktoren (*conjunctural factors*) haben sich als besonders innovativ erwiesen: Die

266 Für Anregungen in diese Richtung vgl. Dipesh Chakrabarty, Can Political Economy be Postcolonial? A Note, in: Jane Pollard, Cheryl McEwan und Alex Hughes (Hg), *Postcolonial Economies*, London (Zed Books) 2011, 23–36.

Erklärung für die Dynamik der englischen Wirtschaft ist nicht mehr endogen und sie ruht nicht mehr auf langen kulturellen und institutionellen Kontinuitäten.[267] Und hinter einige Ergebnisse wird man kaum mehr zurückgehen; der hohe Grad der Kommerzialisierung im China des 18. Jahrhunderts und der keineswegs rückständige Lebensstandard sind mittlerweile weitgehend anerkannt; und die Webersche Auffassung etwa, der zufolge China aufgrund kultureller Besonderheiten eine grundsätzlich andere Entwicklung eingeschlagen habe, die es zu erklären gelte, wird kaum mehr aufrechtzuerhalten sein.[268]

Early Modernities

Während die Diskussion über die *great divergence* sich zu einer intensiv geführten Kontroverse entwickelt hat, in der die Protagonisten zum Teil polemisch direkt aufeinander reagieren, handelt es sich im Fall der Diskussion über *early modernities* bislang nur um einen losen Gesprächszusammenhang. Gleichwohl könnte aus dieser Thematik und Fragestellung in den kommenden Jahren eines der wichtigsten Felder globalgeschichtlicher Diskussion werden. Ganz allgemein gesprochen geht es dabei um die Frage, welche Bedeutung den unterschiedlichen kulturellen Ressourcen nicht-westlicher Gesellschaften beim Übergang in die moderne Welt zugesprochen werden kann. Die Problematik ist verwandt mit anderen Diskussionen, in denen nicht

267 Vgl. etwa Prasannan Parthasarathi, Review Article: The Great Divergence, *Past and Present* 176 (2002), 275–93.

268 Vgl. Knöbl, *Kontingenz*, 156–60. Für neuere Beiträge in der Debatte vgl. auch Jean-Laurent Rosenthal und R. Bin Wong, *Before and Beyond Divergence: The Politics of Economic Change in China and Europe*, Cambridge, MA (Harvard University Press) 2011; Prasannan Parthasarathi, *Why Europe Grew Rich and Asia Did Not: Global Economic Divergence, 1600–1850*, Cambridge (Cambridge University Press) 2011.

auf den Moderne-Begriff zurückgegriffen wird, sondern auf das Konzept der Handlungsmacht (*agency*), der «Keime des Kapitalismus» (*sprouts of capitalism*) oder der Wurzeln der Globalisierung. Es lohnt sich, die grundsätzlichen Fragen bereits einmal zu sortieren und die theoretischen Implikationen zu skizzieren.

Die Debatte über *early modernities* nahm mit einem Sonderheft der Zeitschrift *Daedalus* im Jahre 1998 ihren Ausgang. In ihrer Einleitung skizzierten die beiden Soziologen Shmuel N. Eisenstadt und Wolfgang Schluchter ihr Programm, das auf eine Pluralisierung des Modernebegriffs hinauslief. In einer Modifikation sich auf Max Weber berufender Modernisierungstheorien betonten sie die kulturelle Vielfalt der tatsächlich beobachtbaren Modernisierungsverläufe. Die europäische Entwicklung diente ihnen als Idealtyp, ohne daraus einen dauerhaften Alleinvertretungsanspruch des Westens abzuleiten. «Die Expansion der Moderne über Europa hinaus darf nicht als Prozess der Wiederholung angesehen werden, sondern als die Kristallisierung neuer Zivilisationen.»[269]

Die Suche nach Variationen oder auch nach parallelen Entwicklungspfaden und Analogien ist nicht neu. Historiker haben schon länger nach autochthonen Prozessen der Rationalisierung gefragt, die nicht als Ergebnis einer Diffusion europäischer Werte und Normen verstanden werden müssen. Die Suche nach den nicht-eurozentrischen Ursprüngen der Moderne basierte auf der Anerkennung kultureller und sozialer Dynamik in vielen Gesellschaften vor ihrer Begegnung mit und Übermächtigung durch den Westen. Das Ziel bestand darin, konventionelle Vorstellungen von traditionellen und stagnierenden Gesellschaften, von «Völkern ohne Geschichte» durch eine Anerkennung multipler Modernisierungspfade zu ersetzen.

269 Shmuel N. Eisenstadt und Wolfgang Schluchter, Introduction: Paths to Early Modernities – A Comparative View, *Daedalus* 127, Nr. 3 (1998), 1–18, Zitat: 2.

Die Genealogie dieser Debatten führt zurück zu klassischen Werken der Modernisierungstheorie wie beispielsweise dem Versuch des Soziologen Robert Bellah im Jahre 1957, die Ursprünge des modernen Japan in der Religion der Tokugawa-Zeit aufzuspüren. Bellah war davon überzeugt, dass bereits im 18. Jahrhundert die «dominanten politischen Werte in Japan für den Aufstieg der Industriegesellschaft ausgesprochen vorteilhaft waren». Bellah wollte beweisen, dass die japanische Modernisierung nicht erst mit der Meiji-Restauration im Jahre 1868 und also in der Folge der Begegnung mit dem Westen eingesetzt hatte, sondern auf Wurzeln in den vormodernen Ressourcen der japanischen Gesellschaft zurückging. Er fand in bestimmten Strängen konfuzianischen Denkens eine Form der innerweltlichen Orientierung, in denen er ein «funktionales Gegenstück zur Protestantischen Ethik» erkannte, die Max Weber als treibende Kraft der Herausbildung des westlichen Kapitalismus ausgemacht hatte. Insbesondere in der Shingaku-Bewegung von Ishida Baigan (1685–1744) sah Bellah einen direkten Antrieb kapitalistischer Aktivität und schloss daraus, dass «Religion eine wichtige Rolle für den Prozess der politischen und ökonomischen Rationalisierung in Japan spielte.»[270]

Bellahs Analyse der indigenen Wurzeln der japanischen Moderne war ein Modell für eine ganze Reihe von Arbeiten, die sich anschickten, den Begriff der Modernisierung zu pluralisieren. Die meisten dieser Ansätze waren ebenfalls vom Werk Max Webers inspiriert und suchten explizit oder unausgesprochen nach kulturellen Wurzeln indigener Formen des Kapitalismus. Für die islamische Welt sei an die einflussreiche, wenn auch hoch kontroverse Studie von Peter Gran erinnert, der im Ägypten des späten 18. Jahrhunderts ein «kulturelles Wiedererwachen» am Werk sah. Gran beschrieb säkulare Tendenzen in den

270 Robert N. Bellah, *Tokugawa Religion: The Cultural Roots of Modern Japan*, New York (The Free Press) 1957, Zitate: 192, 2, 194.

Werken der ägyptischen *ulama*, der religiösen Gelehrten, die sich auf Werke des islamischen Mittelalters bezogen, um gegenwärtige Missstände zu kritisieren. Dieser Neoklassizismus, inklusive einer Wiederentdeckung des Philosophen und Gesellschaftskritikers Ibn Khaldun (1332–1406), repräsentierte für Gran ein spezifisch islamisches Modernisierungspotential, lange bevor Napoleons Ägyptenfeldzug ab 1798 europäische Konzepte an den Nil brachte.[271]

Wenn man diese frühen Debatten Revue passieren lässt, könnte man gegenüber dem Konzept von *early modernities* skeptisch werden. Handelt es sich dabei nicht lediglich um den Versuch, das starre Gerüst der Modernisierungstheorie etwas flexibler zu gestalten, ohne jedoch im Kern seine normativen und eurozentrischen Annahmen zu überwinden? Das Festhalten an dem Modernebegriff ruft zunächst sämtliche Kritikpunkte auf den Plan, die gegenüber der klassischen Modernisierungstheorie sowie noch grundsätzlicher gegenüber der Kategorie der Moderne formuliert worden sind.[272] Kann man den teleologischen Annahmen entkommen, wenn das Verständnis von Moderne durch den Zusatz «früh» ergänzt wird? Der Begriff «erzeugt ein Modell der chinesischen Entwicklung, die als Parallele zu einer idealisierten europäischen Entwicklung konstruiert wird», hat Bin Wong am chinesischen Beispiel eingewandt. «Das führt dazu, dass historischer Wandel weiterhin durch europäische Erfahrungen definiert wird.»[273]

Angesichts der Vielzahl weitgehend unabhängiger Arbeiten und Diskussionen ist nicht eindeutig, worauf das Programm von *early modernities* genau zielt. Zunächst bleibt unklar, wo-

271 Peter Gran, *Islamic Roots of Capitalism: Egypt 1760–1840*, Austin (University of Texas Press) 1979.

272 Frederick Cooper, Modernity, in: ders., *Colonialism in Question: Theory, Knowledge, History*, Berkeley (California University Press) 2005, 113–49.

273 Bin Wong, *China Transformed*, 166.

rauf sich die Kritik am bisherigen Modernebegriff in erster Linie richtet. Einige Autoren argumentieren, dass «Moderne» ein westliches Konzept sei, das im Zuge eines kulturellen Imperialismus anderen Gesellschaften übergestülpt werde. Dagegen steht die Auffassung, dass Modernisierung eine universale Entwicklung sei und sich unabhängig an unterschiedlichen Orten, mit unterschiedlicher Stoßrichtung, ausgebildet habe. Von dieser Maximalposition lässt sich wiederum eine Reihe von Arbeiten unterscheiden, die bescheidener um den Nachweis bemüht sind, dass nicht-westliche Gesellschaften keineswegs stagnierten, sondern auch in der frühneuzeitlichen Epoche ihre eigene Vitalität und Dynamik aufwiesen. Schließlich gibt es Ansätze, die den Modernebegriff globalgeschichtlich umformulieren möchten und den analytischen Kern von *early modernity* in der Verflechtung und transregionalen Interaktion erkennen – auch wenn nicht immer klar ist, warum die Verflechtungen des 17. und 18. Jahrhunderts gegenüber früheren Phasen der großräumigen Verbindungen und Relationen privilegiert werden.[274] In der historiographischen Praxis jedenfalls gehen viele dieser Ansätze ineinander über, ohne die Grenzen ihrer Ansprüche präzise zu formulieren.[275]

Jenseits der Fallstricke genauer terminologischer Definition kann man sagen, dass viele der interessanteren Ansätze auf einen präzisen Merkmalskatalog verzichten und stattdessen *early modernity* pragmatisch als Epochenbegriff verwenden. Sie beziehen sich auf eine Periode der Frühen Neuzeit, die etwa von 1450 bis 1800 währte, also vom Aufstieg der Schießpulver-

274 Ein frühes Beispiel für diese Position ist Joseph Fletcher, Integrative History: Parallels and Interconnections in the Early Modern Period, *Journal of Turkish Studies* 9 (1985), 37–57.

275 Vgl. Lynn A. Struve, Introduction, in: dies. (Hg), *The Qing Formation in World-Historical Time*, Cambridge, MA (Harvard East Asian Monographs) 2004, 1–53; Thomas Schwimm, Multiple Modernities: Konkurrierende Thesen und offene Fragen. Ein Literaturbericht in konstruktiver Absicht, *Zeitschrift für Soziologie* 38 (2009), 454–476.

Imperien bis zur Industriellen Revolution. Dieser Einteilung liegt nicht die Annahme zugrunde, dass die sozio-politischen oder kulturellen Entwicklungen überall identischen Mustern oder derselben Logik folgten. Stattdessen werden gesellschaftliche und kulturelle Transformationen als im Prinzip vergleichbare und in mancher Hinsicht miteinander in Verbindung stehende Antworten auf Herausforderungen verstanden, die seit dem 16. Jahrhundert global wirksam waren: die zunehmende Vernetzung von Regionen über Handelsrouten, die Zirkulation von Edelmetallen, die Diffusion von Gewehren und Kriegstechniken sowie kulturelle und religiöse Interaktion. Sanjay Subrahmanyam beispielsweise hat die Auffassung vertreten, «dass die Moderne historisch gesehen ein globales und auf dem zufälligen Zusammentreffen unterschiedlicher Faktoren beruhendes (*conjunctural*) Phänomen ist und kein Virus, der sich von einem Ort zum nächsten ausbreitet. Sie ist Teil einer Vielzahl historischer Prozesse, die zuvor verhältnismäßig isolierte Gesellschaften miteinander in Kontakt brachten; wir müssen nach ihren Wurzeln daher in einer ganzen Reihe unterschiedlicher Phänomene suchen – dem mongolischen Traum von der Eroberung der Welt, europäischen Forschungsreisen, Aktivitäten indischer Textilhändler in der Diaspora [...] und so weiter.»[276] Wenn man den Begriff der *early modernity* so fasst, ist damit in erster Linie eine Epoche gemeint, in der sich die Kräfte und Strukturen konstituierten, welche die miteinander in Verbindung stehenden, aber keineswegs identischen Transformationen hervorbrachten, die dann in die Welt des 19. Jahrhunderts mündeten. Diese Veränderun-

276 Sanjay Subrahmanyam, Hearing Voices: Vignettes of Early Modernity in South Asia, 1400–1750, *Daedalus* 127, 3 (1998), 99–100. Vgl. auch Sanjay Subrahmanyam, Connected Histories: Toward a Reconfiguration of Early Modern Eurasia, in: Victor B. Lieberman (Hg), *Beyond Binary Histories: Reimagining Eurasia to c. 1830*, Ann Arbor (University of Michigan Press) 1997, 289–315.

gen hatten das Potential, in ganz unterschiedliche Richtungen zu weisen. Erst im Kontext der imperialistischen und kapitalistischen Integration der Welt nach 1800 wurden sie sukzessive in die übergreifenden Prozesse inkorporiert, die die moderne Welt prägten. Ein solches Verständnis der multidirektionalen Dynamik vormoderner Gesellschaften hat in den letzten Jahren zu sehr anregenden Forschungsergebnissen geführt.[277]

Wenn man den Blick von den abstrakten Diskussionen auf konkrete Untersuchungen richtet, wird schnell deutlicher, worin die Chancen und möglicherweise auch die Grenzen dieses Ansatzes liegen. In den unterschiedlichsten Feldern haben Historiker auf Formen endogener Modernisierung aufmerksam gemacht – etwa auf ökonomischem Gebiet oder in Bezug auf meritokratische und bürokratisierte Formen der Verwaltung und Herrschaft.[278] Victor Lieberman hat in einem ambitionierten Projekt auf «merkwürdige Parallelen» bei der frühneuzeitlichen Formierung von Staatlichkeit hingewiesen. Er konstatiert ähnliche Entwicklungen der territorialen Konsolidierung, der administrativen Zentralisierung, der Intensivierung des Handels und schließlich der kulturellen und ethnischen Integration zwischen Burma, Siam und Vietnam einerseits und europäi-

277 Vgl. etwa Anthony Reid, Introduction: A Time and a Place, in: Anthony Reid (Hg), *Southeast Asia in the Early Modern Era*, Ithaca (Cornell University Press) 1993, 1–20; Struve, *The Qing Formation in World-Historical Time*, Kishimoto Mio, *Higashi Ajia no ‹Kinsei›*, Tokyo (Iwanami Shoten) 1998. Eine kritische Perspektive findet sich bei Jack A. Goldstone, The Problem of the ‹Early Modern› World, *Journal of the Economic and Social History of the Orient* 41 (1998), 248–284.

278 Vgl. etwa Wong, *China Transformed;* Jean-Laurent Rosenthal und R. Bin Wong, *Before and Beyond Divergence* (die das Konzept von *early modernity* allerdings nicht verwenden); Alexander Woodside, Territorial Order and Collective-Identity Tensions in Confucian Asia: China, Vietnam, Korea, *Daedalus* 127, Nr. 3 (1998), 191–220; Alexander Woodside, *Lost Modernities: China, Vietnam, Korea, and the Hazards of World History,* Cambridge MA. (Harvard University Press) 2006.

schen Staatsbildungsprozessen andererseits.[279] Andere Autoren haben, im Anschluss an die Arbeiten von Joseph Needham, Entwicklungen in der Wissenschaftsgeschichte in den Vordergrund gestellt. Auch die von Europa unabhängige Herausbildung von Öffentlichkeiten und anderen Feldern kultureller Produktion sind zunehmend in den Blickpunkt geraten, zum Teil mit expliziten Verweisen auf Parallelen zur europäischen Renaissance oder Aufklärung.[280]

Am umfassendsten ist das *early modernity*-Argument bislang für China formuliert worden – nicht überraschend angesichts der gegenwärtigen Wachstumsschübe und der Suche nach den kulturellen Wurzeln einer chinesischen Modernität.[281] Dabei sind vor allem zwei Epochen in den Blick genommen worden: Zum einen das 18. Jahrhundert, auf dem Höhepunkt der Qing-Zeit. So hat Benjamin Elman in einem anregenden Buch eine Transformation des konfuzianischen Denkens beschrieben, die er als kulturgeschichtliche Revolution begreift. Im Jangtse-Delta entstand vor dem Hintergrund wirtschaftlichen Wachstums und einer boomenden Buchkultur ein Gelehrten-Milieu, das ökonomisch einigermaßen unabhängig war und sich in kritischer Absicht wieder den Werken der Klassiker zuwandte.

279 Victor B. Lieberman, *Strange Parallels: Southeast Asia in Global Context c. 800–1830*, 2 Bände, Cambridge (Cambridge University Press) 2003–09. Vgl. kritisch dazu Sanjay Subrahmanyam, Connected Histories.

280 Vgl. Benjamin A. Elman, *On Their Own Terms: Science in China, 1550–1900*, Cambridge, MA (Harvard University Press) 2005; William T. Rowe, *Saving the World: Chen Hongmou and Elite Consciousness in Eighteenth-Century China*, Stanford (Stanford University Press) 2001; Q. Edward Wang, Beyond East and West: Antiquarianism, Evidential Learning, and Global Trends in Historical Study, *Journal of World History* 19 (2008), 489–519; *Modern China* 19 (1993): Special issue on Civil Society in China; Frederic Wakeman, Boundaries of the Public Sphere in Ming and Qing China, *Daedalus* 127 (1998), 167–90; Jonathan Zwicker, Playbills, Ephemera, and the Historical Imagination in Nineteenth-Century Japan, *Journal of Japanese Studies* 35 (2009), 37–59.

281 Vgl. Arif Dirlik, Modernity as History: Post-revolutionary China, Globalization and the Question of Modernity, *Social History* 27 (2002), 16–39.

Elman erkennt darin eine Wendung zur chinesischen Antike, vergleichbar dem Interesse an der Antike in der europäischen Renaissance. Der Kern dieses Rückbezugs lag dabei in der Historisierung klassischer Texte und ihrer genauen philologischen Rekonstruktion. «Die Sechs Klassiker sind allesamt Geschichten», lautete der berühmte Slogan des Gelehrten Zhang Xuecheng (1738–1801). Auch wenn die konfuzianischen Historiker sich dabei weiterhin innerhalb der herrschenden Vorstellung der Geschichte als Spiegel bewegten, orientierten sie sich doch zunehmend an Fragen der Kohärenz, des empirischen Nachweises und der Wahrheit. Selbst Kaiser Qianlong (1711–1799) entwickelte ein Interesse an der Forschung dieser textkritischen Schule (*kaozheng*). Auf ihren Arbeiten beruhte der Katalog aller wertvollen Bücher der Vergangenheit, die «Vollständige Bibliothek der Vier Schätze», die der Kaiser in Auftrag gab. Elman interpretiert die Herausbildung der textkritischen Schule, die bald auch in Japan und Korea einflussreich wurde, als einen Paradigmenwechsel: von «Philosophie» zu «Philologie», von deduktiver Logik zu induktivem Wissen.[282]

Elman ist vorsichtig mit zu raschen Gleichsetzungen und Analogien. In erster Linie geht es ihm darum, das im 18. Jahrhundert in Europa verbreitete und später unter orientalistischen Vorzeichen erneuerte Urteil von Stagnation zu revidieren; kulturelle Transformationen und Konflikte waren kein Monopol des Westens. Gleichwohl schwingt die Frage nach parallelen Entwicklungen häufig mit – und bisweilen werden Vergleiche zur Renaissance oder zur Aufklärung in Europa ganz explizit gezogen. Diese Vergleiche reichen ins späte 19. Jahrhundert zurück, als Intellektuelle wie Zhang Taiyan, Liang Qichao und Hu Shi auf das 18. Jahrhundert zurückblickten bei ihrer Suche nach endogenen Wurzeln einer objektiven und wissenschaft-

282 Benjamin A. Elman, *From Philosophy to Philology: Intellectual Aspects of Change in Late Imperial China*, Cambridge, MA (Harvard University Press) 1984.

lichen Geschichtsschreibung.[283] Heutige Historiker haben an solche Perspektiven angeknüpft. Mark Elvin etwa beobachtet im China des 18. Jahrhunderts «einen Trend, weniger Drachen und Wunder zu sehen, der der ‹Entzauberung›, die sich über das Europa der Aufklärung ausbreitete, nicht unähnlich war».[284] Und auch der Wirtschaftshistoriker Joel Mokyr ist überzeugt, dass «einige der Entwicklungen, die wir mit der Aufklärung assoziieren, Ereignissen in China in bemerkenswerter Weise gleichen».[285]

Expliziter an das Konzept der *early modernities* schließt der chinesische Historiker Wang Hui an, der 2004 eine umfangreiche, ja monumentale vierbändige Geschichte des chinesischen Denkens vorgelegt hat. Sein Werk ist kein Beitrag zu globalhistorischen Debatten, sondern muss als Intervention in chinesische Diskussionen und als Kritik an nationalistischen Versuchen der Vereinnahmung chinesischer Traditionen verstanden werden. Wang rekonstruiert eine alternative *intellectual history* seit der Zhou-Dynastie (11.-3. Jahrhundert v. Chr.) mit der Frage, ob sich aus verschiedenen Strömungen innerhalb des Konfuzianismus Anregungen für eine kritische, nicht-eurozentrische Perspektive auf gegenwärtige gesellschaftliche Fragen

283 Joshua Fogel, On the ‹Rediscovery› of the Chinese Past: Ts'ui Shu and Related Cases, in: Joshua Fogel und William Rowe (Hg), *Perspectives in a Changing China*, Boulder, CO. (Westview Press) 1979, 219–35; Laurence Schneider, *Ku Chieh-kang and China's New History: Nationalism and the Quest for Alternative Traditions*, Berkeley (University of California Press) 1971.

284 J. M. D. Elvin, Vale atque ave, in: K. G. Robinson und Joseph Needham (Hg), *Science and Civilization in China* 7, Band 2, Cambridge (Cambridge University Press) 2004, xxiv-xliii, Zitat: xl.

285 Joel Mokyr, The Great Synergy: The European Enlightenment as a Factor in Modern Economic Growth, in: Wilfred Dolfsma und Luc Soete (Hg), *Understanding the Dynamics of a Knowledge Economy*, Cheltenham (Edward Elgar) 2006, 7–41. Während Mokyr nach kulturellen Voraussetzungen wirtschaftlichen Wachstums fragt, haben Georg Iggers und Edward Q. Wang ein ähnliches Argument für die Herausbildung «moderner» Geschichtsschreibung formuliert, in: *A Global History of Modern Historiography*, Harlow (Pearson) 2008.

beziehen lassen. In gewisser Weise nimmt er die Tradition antiimperialistischer Denker im 19. Jahrhundert wie Ziya Gökalp, José Carlos Mariátegui, Jamal-al-din Al-Afghani oder Mohandas Gandhi auf, auch wenn Wangs Projekt ganz und gar auf dem Boden einer kapitalistisch-modernen Gesellschaft formuliert ist. Gleichwohl sucht er nach kritischen Positionen, die ihm erlauben, spezifische Ausprägungen kapitalistischer Entwicklung zu hinterfragen.[286]

Auch Wang knüpft an eine frühe Formulierung der Thematik an, nämlich die These japanischer Historiker aus der Kyoto-Schule, die schon im China der Song-Zeit (960–1279) den Ursprungsort einer alternativen Modernisierung gesehen haben. Historiker wie Miyazaki Ichisata und Naitô Kônan haben seit den 1920er und 1930er Jahren darauf hingewiesen, dass zahlreiche Dimensionen gesellschaftlicher Entwicklung, die üblicherweise mit der westlichen Moderne assoziiert werden, sich schon im China der späten Song-Dynastie herausbildeten: kapitalistische Produktion und Marktbeziehungen, eine frühe Form des Nationalismus, bürokratischer Zentralismus sowie eine durch und durch meritokratische Rekrutierung der politischen Elite. Die Historiker aus Kyoto sehen damit den modernisierungstheoretischen Merkmalkatalog erfüllt, einige Jahrhunderte früher als üblicherweise angenommen. Wangs Interesse ist jedoch ein anderes: Sein Augenmerk liegt auf den kritischen Ansätzen neo-konfuzianischer Gelehrter, die – in der Sprache von Ferdinand Tönnies – das Leben der konfuzianischen *Gemeinschaft* bewahren wollten in einer Zeit, in der sich bereits alle Züge von *Gesellschaft* herausbildeten.[287] Mit anderen Worten: Es geht nicht um das Zelebrieren einer (nicht-westlichen) *early moder-*

286 Wang Hui, *Zhongguo xiandai sixiang de xingqi (Der Aufstieg chinesischen Denkens)*, 4 Bände, Beijing (Sanlian Shudian) 2004.

287 Vgl. Zhang Yongle, The Future of the Past: On Wang Hui's *Rise of Modern Chinese Thought*, *New Left Review* 62 (Mar/Apr 2010), 47–83, hier: 59.

nity, sondern vielmehr darum, eine eigenständige Kritik an einer solchen Form der Modernisierung wieder zugänglich zu machen. Wang schreibt daher: «Wenn die oben beschriebenen charakteristischen Elemente der Gesellschaft der Song-Dynastie – zentralisierte Regierung, Marktwirtschaft, Fernhandel, Proto-Nationalismus, Individualismus und so weiter – als *early modernity* zusammengefasst werden können, so können wir den politischen und sozialen Gehalt des Konfuzianismus mit dem himmlischen Ordnungsprinzip (*tianli*) im Zentrum als Theorie zusammenfassen, die Elemente dieser sogenannten *early modernity* kritisiert.»[288]

Im zweiten Teil seines Oeuvres, in dem er das späte 19. und frühe 20. Jahrhundert behandelt, fragt Wang dann explizit, «wie es möglich war, dass chinesische Intellektuelle seit der späten Qingzeit sich um eine Moderne ohne Kapitalismus bemühten?»[289] Anhand einer Analyse der Werke von Kang Youwei, Liang Qichao und Zhang Taiyan zeigt er, wie diese Denker auf Song-zeitliches konfuzianisches Denken zurückgriffen, um den Realitäten einer kapitalistischen Gesellschaft – von deren Notwendigkeit und Unabweisbarkeit im globalen Kontext sie zugleich überzeugt waren – zu trotzen und sie schließlich zu überwinden. In diesem gebrochenen und reflektierten Bezug auf eine Situation, die Wang nur noch behelfsweise als *early modernity* benennt, generiert er einen Bezugspunkt in Chinas intellektuellem Erbe, um die Gegenwart – in der an der Einbindung in den globalen Kapitalismus kaum mehr zu zweifeln ist – zu kritisieren.[290]

288 Zitiert nach: Viren Murthy, Modernity against Modernity: Wang Hui's Critical History of Chinese Thought, *Modern Intellectual History* 3 (2006), 137–165, Zitat: 149.

289 Zitiert nach: Murthy, Modernity against Modernity, 153.

290 Vgl. Murthy, Modernity against Modernity, 162. Vgl. auch Ban Wang, Discovering Enlightenment in Chinese History: *The Rise of Modern Chinese Thought, boundary* 2 34 (2007), 217–238.

Ein letztes Beispiel bringt uns nach Südasien, genauer gesagt nach Südindien. Konkret geht es hier um die Frage, ob eine Form des historischen Denkens, die mit der modernen Geschichtswissenschaft kompatibel war, sich auch in Indien entwickelt haben könnte. Tatsächlich sind ähnliche Behauptungen jüngst für Japan aufgestellt worden. Vor allem in der textkritischen Wende im frühen 19. Jahrhundert wird häufig der erste Schritt zur Verwissenschaftlichung der japanischen Geschichtsschreibung gesehen, noch vor dem Einfluss einer europäischen Historik.[291] Masayuki Sato beispielsweise hat argumentiert, dass «die Art der von deutschen Historikern vorgeschlagenen historischen Forschung in Japan zu dieser Zeit weitgehend etabliert war. Mit anderen Worten war deutsche Geschichtswissenschaft aus japanischer Perspektive kein neues Konzept.»[292]

Für eine analoge These einer historiographischen *early modernity* ist Südasien jedoch ein ausgesprochen unwahrscheinlicher Kandidat. Das hinduistische Indien gilt üblicherweise als weltgeschichtlicher Sonderfall, da sich dort vor der Konfrontation mit der britischen Kolonialherrschaft eine eigene Geschichtsschreibung überhaupt nicht herausgebildet habe. Die Auffassung, die Hindus wären ohne Sinn für Historizität und Geschichte, ist nicht neu. Man findet sie bereits bei dem arabischen Astronom und Mathematiker al-Biruni (973–1048) im frühen 11. Jahrhundert: «Die Hindus schenken der historischen Ordnung der Dinge keine sonderliche Beachtung.» Unter britischer Herrschaft wurde die Meinung, dass vor der An-

291 Siehe etwa Iwai Tadakuma, Nihon kindai shigaku no keise, in: *Iwanami kôza: Nihon rekishi*, bekkan 1, Tokyo (Iwanami Shoten) 1963, 59–102.

292 Masayuki Sato, A Social History of Japanese Historical Writing, in: *Oxford History of Historical Writing*, Band 3: 1400–1800, hg. von Jose Rabasa, Masayuki Sato und Edoardo Tortarolo, Oxford (Oxford University Press) 2012 Ein ähnliches Argument findet sich bei Jonathan Zwicker, Playbills, 37–59.

kunft der Muslime in Indien keine Historiographie existierte (selbst die mohammedanischen Chroniken seien eigentlich keine Geschichtsschreibung), kanonisch, vor allem durch die Schriften von James Mill. Die Hindus, schrieb Mill, «entbehrten historischer Aufzeichnungen ganz und gar», interessierten sich nicht für Fragen der Chronologie oder für Argumente innerhalb der «nüchternen Grenzen von Wahrheit und Geschichte».[293]

Diese Sicht hat sich bis in die Gegenwart gehalten. Sie wurde von der nationalistischen Elite seit dem 19. Jahrhundert reproduziert, die davon überzeugt war, dass eine nachholende Institutionalisierung der Geschichtswissenschaft nötig sei – nicht zuletzt, um der antikolonialen Nationalbewegung historische Legitimation zu beschaffen. Sie wurde auch von postkolonialen Denkern erneuert, diesmal jedoch in konträrer Absicht. Am radikalsten hat der Historiker Vinay Lal die Abwesenheit jeglichen historischen Denkens in der Hindu-Tradition auf den Punkt gebracht – diesmal allerdings positiv konnotiert: «Indien hat an einem Punkt die zivilisatorische Entscheidung getroffen, die Diskurse der Geschichte aufzugeben, und hat bis vor kurzem mit dieser Wahl zufrieden gelebt.» Das fremde Verständnis von Geschichte hingegen drohe, die eigenen Traditionen auszulöschen: «Solch eine Geschichte hat alles Potential, eine Form des ‹kulturellen Genozids› anzunehmen, da sie politisch entmachtet und sich destruktiv auf die ökologische Vielfalt von Wissen und Lebensstilen auswirkt.»[294]

293 Zitate nach Vinay Lal, *The History of History: Politics and Scholarship in Modern India*, New Delhi (Oxford University Press) 2003, 28, 30. Vgl. auch Ranajit Guha, *An Indian Historiography of India: A Nineteenth-Century Agenda and Its Implications*, Calcutta (K. P. Bagchi & Co.) 1987.

294 Vinay Lal, Subaltern Studies and its Critics: Debates over Indian History, *History and Theory* 40 (2001), 148; Vinay Lal, Provincializing the West: World History from the Perspective of Indian History, in: Benedikt Stuchtey und Eckhardt Fuchs (Hg), *Writing World History* 1800–2000, Oxford (Oxford University Press) 2003, 288–289.

Gegen diese Perspektive richtete sich nun der Versuch von Velcheru Narayana Rao, David Shulman und Sanjay Subrahmanyam, auch im frühmodernen Südasien Texte aufzuspüren, die in historischer Absicht verfasst worden sind. Die Auffassung, dass das vorkoloniale (hinduistische) Indien keine Historiographie gekannt habe, sei «mit Sicherheit falsch». Ihr innovatives Buch *Textures of Time* zielt darauf, «die Vorstellung zu widerlegen, Geschichte sei ein ‹fremdartiges› Importprodukt gewesen, das, mit allen Vor- und Nachteilen, von der Kolonialmacht eingeführt wurde».[295] Gewiss: Nach einer spezifischen Gattung «Geschichtsschreibung» sucht man vergeblich. Aber die drei Autoren zeigen, dass man außerhalb eines solchen Genres durchaus auf Deutungen der Vergangenheit stößt, und zwar in Werken, die ganz unterschiedlichen Literaturgattungen zuzuordnen sind.

Anstelle des Genres führen die Autoren den diffizilen Begriff der *texture* ein, eine spezifische narrative Struktur, die es erlaube, Texte mehr oder weniger eindeutig in fiktionale und Tatsachentexte zu scheiden. Für Rao, Shulman und Subrahmanyam kommt es darauf an, eine empirische Geschichtsschreibung von anderen Formen der Thematisierung der Vergangenheit zu trennen. Für sie bestehen die entscheidenden Ingredienzien in der Faktenorientierung, der Temporalität (eine Vorstellung von zeitlicher Differenz) und einem starken Bezug auf Kausalität. Ihre Spurensuche konzentriert sich jedoch nicht nur auf narratologische Aspekte. Darüber hinaus rekonstruieren sie ein Milieu von gebildeten Funktionsträgern (die *karanam*), das sich seit dem 17. Jahrhundert in Südindien formiert und eine Form der Historiographie praktiziert habe, die auf Faktizität, kritischer Quellensichtung, kausaler Erklärung und narrativer Geschlossenheit beruhte. Empirische Genauigkeit habe sich als

295 Velcheru Narayana Rao, David Shulman und Sanjay Subrahmanyam, *Textures of Time: Writing History in South India 1600–1800*, New Delhi (Permanent Black) 2001, 1.

Wert an sich etabliert, und die Texte schilderten zunehmend Akteure mit komplexer Motivation und innerer Tiefe. Die Autoren sprechen von «einem Übergang von einem göttlich vorgegebenen zu einem neuen Rahmen, innerhalb dessen der aktive menschliche Protagonist vollkommen verantwortlich für seine oder ihre Wahl ist».[296]

Nicht immer widerstehen Rao, Shulman und Subrahmanyam der Versuchung, diese frühe Form der Geschichtsschreibung zu einer parallelen und unabhängigen Moderne in Südasien zu stilisieren. Die Kategorien, in denen die Texte gemessen werden – Faktizität, Individualisierung, Säkularisierung etc. – klingen vertraut. Das führt die Autoren zu dem Schluss, dass die analysierten Werke «die Ankunft einer bestimmten Art von ‹Moderne› im tiefen Süden» repräsentieren, «die zu einem Zeitpunkt einsetzte, der weit vor den gewöhnlich angeführten historischen Epochenschwellen liegt».[297] Unabhängig davon, ob man das Phänomen in diesen Begriffen verhandeln möchte, bleibt die wichtige Einsicht, dass auch in Südasien eine dynamische Auseinandersetzung und Verarbeitung des Historischen stattfand und die Kultur der modernen Geschichtswissenschaft, bei aller Akzentverschiebung, nicht einfach als voraussetzungsloser Bruch mit einer ahistorischen Tradition verstanden werden kann.[298]

Wie hilfreich ist nun, wenn man die skizzierten Diskussionen zusammennimmt, das Konzept der *early modernities*? Es kann wenig Zweifel bestehen, dass die damit implizierte Fragestel-

296 Rao, Shulman und Subrahmanyam, *Textures of Time*, 137.

297 Rao, Shulman und Subrahmanyam, *Textures of Time*, 264.

298 Vgl. dazu auch die kritischen Beiträge in *History and Theory* 46, 4 (2007). Vgl. auch Sumit Guha, Speaking Historically: The Changing Voices of Historical Narration in Western India, 1400–1900, *American Historical Review* 109 (2004), 1084–1103; Kumkum Chatterjee, *The Cultures of History in Early Modern India: Persianization and Mughal Culture in Bengal*, Oxford (Oxford University Press) 2009.

lung eine heuristische Bedeutung behält, die innovative und stimulierende Arbeiten in Gang gesetzt und häufig gänzlich unbekanntes empirisches Material zutage gefördert hat, wie die letzten Beispiele demonstrieren. Auch wenn eine Reihe theoretischer Einwände gegen den Begriff formuliert werden kann, wird ein pragmatisch als Epoche verstandenes Konzept von *early modernity* auch in Zukunft wichtig bleiben, um die unterschiedlichen kulturellen und sozialen Dynamiken in vormodernen und vorkolonialen Gesellschaften zu fassen und in globale Kontexte einzuordnen.

Allerdings bleibt die Gefahr stets präsent, doch unausgesprochen oder sogar explizit das Kategorienbündel der Modernisierungstheorie in Anspruch zu nehmen, um diese Transformationen analytisch zu durchdringen. Häufig bleiben Prozesse der Rationalisierung, der Individualisierung, der «Entzauberung» der implizite Maßstab. Lokale Dynamik wird dann mit welthistorischer Besonderheit aufgeladen, wenn sie als Fortschritt auf einem universalen Pfad verstanden werden kann.

Darin bestehen die Fallstricke des Ansatzes: Das Projekt einer Pluralisierung der Vorstellung von Modernisierung und der Variabilität des kulturellen Programms der Moderne kann zu einer Reformulierung der Modernisierungstheorie unter Bedingungen der Globalisierung degenerieren. In der Sprache der älteren Modernisierungstheorie waren die kulturellen Bestände vormoderner Gesellschaften Ressourcen, auf die im Prozess der Aneignung westlicher Moderne zurückgegriffen werden konnte. «Radikale Ideen aus dem Westen wären niemals so schnell und effektiv absorbiert worden», so hat es Robert Bellah vor einigen Jahrzehnten ausgedrückt, «wenn es keine Vorbereitung im Inneren gegeben hätte.»[299] Diese Sprache ist seit den späten 1990er Jahren durch eine Rhetorik der multiplen

299 Robert Bellah, To Kill and Survive or To Die and Become: The Active Life and the Contemplative Life as Ways of Being Adult, *Daedalus* 105 (1976), 57–77.

Modernen ersetzt worden, die nicht nur den Stimulus des Westens betont, sondern auf das jeweils indigene Potential eigenständiger Entwicklung abhebt. Nicht die Verwestlichung ist dann das Ziel; kulturelle Entwicklungen dienen vielmehr der Ausbildung unterschiedlicher, jeweils durch spezifische Tradition gefärbter Formen von Modernität. «Einige dieser Übergänge mögen parallel stattfinden», hat Charles Taylor in seinem Plädoyer für das Konzept der «alternativen Modernen» formuliert, «sie werden jedoch nicht konvergieren [...] Definitionsgemäß muss die kreative Adaption, bei der traditionelle Ressourcen verwendet werden, von Kultur zu Kultur unterschiedlich sein.»[300]

Aber auch diese Deutung ist problematisch, da sie letzten Endes ein identisches Ziel suggeriert – eine moderne, kapitalistische Gesellschaft – die jedoch nicht durch die umwälzenden Wirkungen des Kontakts mit dem Westen, sondern auf der Basis eigener Bestände und eines «wiederentdeckten» kulturellen Erbes hervorgebracht wurde: eine Teleologie universaler «Entzauberung», die sich innerhalb jeder Gesellschaft selbständig realisiert, aber gleichzeitig in der ganzen Welt. Das Gespenst der Parallelen und Analogien – «die Suche nach dem indischen Vico, dem chinesischen Descartes, dem arabischen Montaigne»[301] – bleibt bei dieser Fragestellung stets präsent. Auf diese Weise wird die moderne Geschichte zu einer Anordnung paralleler, autopoietischer Zivilisationen stilisiert, die von der tatsächlichen Verflechtung und systemischen Integration der Welt abstrahiert.[302] Von diesen Teleologien muss sich die Diskussion

300 Charles Taylor, Two Theories of Modernity, *Public Culture* 11 (1999), 153–74, Zitate: 162, 163.

301 Sheldon Pollock, Pretextures of Time, *History and Theory* 46 (2007), 365–81, Zitat: 380.

302 Diese Tendenz findet sich beispielsweise in Jack Goody, *The Theft of History*, Cambridge (Cambridge University Press) 2006, 118–21; vgl. auch Jack Goody, *Renaissances: The One or the Many?*, Cambridge (Cambridge University Press) 2009.

lösen; nur dann kommt die Vielfalt kultureller Dynamik, die grundsätzliche Offenheit der Zukunft in der Frühen Neuzeit wieder in den Blick. Geschieht das nicht, läuft das Programm der *early modernities* Gefahr, der gegenwärtigen Globalisierung lediglich eine Vergangenheit zu konstruieren, bei der die Geschichte von Macht und Imperialismus ausgeklammert wird, weil alle Gesellschaften den Keim der Moderne ohnehin bereits in sich trugen.[303]

303 Vgl. die kritischen Überlegungen bei Dirlik, *Global Modernity;* Timothy Mitchell, Introduction, in: ders. (Hg), *Questions of Modernity,* Minneapolis (University of Minnesota Press) 2000, xi-xvii.

7
FELDER UND THEMEN DER GLOBALGESCHICHTE

Wie fruchtbar und weiterführend die Ansätze der Globalgeschichte sind, wo aber auch ihre Grenzen liegen, erweist sich vor allem in der Praxis und am konkreten Beispiel. Nicht alle Themen eignen sich für eine solche Perspektive gleichermaßen; zugleich kann man sagen, dass es so gut wie keine Gegenstände gibt, die sich nicht auch globalgeschichtlich in den Blick nehmen lassen. Dabei hat das neue Interesse an weltumspannenden Zusammenhängen dazu geführt, dass eine Reihe von Themen wieder in den Blickpunkt geraten sind, die in den Jahrzehnten zuvor, vor allem im Zuge der kulturellen Wende innerhalb der Geschichtswissenschaft, ein Schattendasein fristeten. Dazu gehören, nach Jahren der kulturgeschichtlichen Distanz zu Ökonomie und umfassenden «Meistererzählungen», in erster Linie wirtschaftsgeschichtliche Themen sowie Fragestellungen der Makrogeschichte und der historischen Soziologie.

In der Tat gehörten Wirtschaftshistoriker zu den ersten, die globalgeschichtliche Ansätze aufnahmen. Insbesondere das Interesse an der Geschichte der Globalisierung trug dazu bei, ökonomische Fragestellungen wieder in den Fokus zu rücken; schließlich ist Globalisierung ohne Weltmarktintegration schlechterdings nicht vorstellbar.[304] Auch politikgeschichtliche Themen haben von der Globalgeschichte-Diskussion pro-

304 Vgl. etwa Jeffrey Williamson und Kevin H. O'Rourke, *Globalization and History: The Evolution of a 19th Century Atlantic Economy,* Cambridge, MA. (MIT Press) 1999; Jeffrey Williamson und Michael Bordo, *Globalization in Historical Perspective,* Chicago (University of Chicago Press) 2003.

fitiert.[305] Insbesondere die Geschichte der internationalen Beziehungen hat sich rasch neu ausgerichtet, unter anderem durch Arbeiten zu internationalen Organisationen wie dem Völkerbund und anderen Foren der diplomatischen Aushandlung. Überhaupt sind der Internationalismus des späten 19. Jahrhunderts und der Zwischenkriegszeit, aber auch die Dynamik zwischenstaatlicher und supranationaler Allianzen in der Dekolonisierung und im Kalten Krieg zu präferierten Gegenständen der Untersuchung geworden.[306]

Die Kulturgeschichte hat sich in den letzten Jahren ebenfalls zu einem bevorzugten Feld der Globalhistoriker entwickelt. Dazu zählen Überlegungen zur beinahe weltweiten Aneignung – und Produktion – von Weltanschauungen und Ideologien, etwa des Liberalismus. Aber auch die Verbreitung kosmopolitischer Ideen innerhalb der islamischen Welt oder die unwahrscheinlich anmutende transnationale Koalition konservativer und nativistischer Denker in der Zwischenkriegszeit sind zum Gegenstand von Untersuchungen geworden.[307] Viele Themen

305 Vgl. David Armitage, *The Declaration of Independence: A Global History,* Cambridge, MA. (Harvard University Press) 2007; David Armitage und Sanjay Subrahmanyam (Hg), *The Age of Revolutions in Global Context, c. 1760–1840,* New York (Palgrave McMillan) 2009; Niall Ferguson, Charles Maier, Daniel Sargent und Erez Manela (Hg), *The Shock of the Global: The 1970s in Perspective,* Cambridge, MA. (Harvard University Press) 2010. Vgl. auch den aufschlussreichen Aufsatz von Nader Sohrabi, Global Waves, Local Actors: What the Young Turks Knew about Other Revolutions and why it Mattered, *Comparative Studies in Society and History* 44, (2002), 45–79.

306 Vgl. Sunil Amrith und Glenda Sluga, New Histories of the United Nations, *Journal of World History* 19 (2008), 251–274; Mark Mazower, *No Enchanted Palace: The End of Empire and the Ideological Origins of the United Nations,* Princeton (Princeton University Press) 2009; Odd Arne Westad, *The Global Cold War: Third World Interventions and the Making of Our Times,* Cambridge (Cambridge University Press) 2005; Matthew J. Connelly, *A Diplomatic Revolution: Algeria's Independence and the Origins of the Post-Cold War Era,* Oxford (Oxford University Press) 2002; David MacKenzie, *A World Beyond Borders: An Introduction to the History of International Organizations,* Toronto (University of Toronto Press) 2010.

307 Jürgen Osterhammel, *Liberalismus als kulturelle Revolution. Die widersprüchliche Weltwirkung einer europäischen Idee,* Stuttgart (Stiftung Bundespräsident-Theodor-Heuss-Haus)

lassen sich kulturgeschichtlich ausloten, auch wenn es vordergründig um Migration, einen Börsencrash oder koloniale Eroberung geht. Aber auch im engeren Feld kultureller Ausdrucksformen sind globalhistorische Ansätze wichtiger geworden. Zum einen wird danach gefragt, in welchem Maße sich in der kulturellen Produktion – in Reisebeschreibungen, in der Geschichtsschreibung, in visuellen Darstellungen, in der Populärkultur – grenzüberschreitende Interaktionen niedergeschlagen haben. Was sagen chinesische Weltkarten der Qing-Zeit, indische Miniaturen aus der Mogul-Epoche oder die Abenteuer von «Tim und Struppi» darüber aus, wie die Vernetzung der Welt jeweils angeeignet und bewältigt wurde? Diese Perspektiven führen dann, auf einer höheren Aggregationsstufe, zur Frage nach den Formen eines globalen Bewusstseins und seinen Veränderungen, ermöglicht durch die Herausbildung von Öffentlichkeiten und ihre transnationale Vernetzung.[308] Zum anderen steht zur Debatte, inwiefern kulturelle Hervorbringungen selbst Ergebnis und Produkt von Transfervorgängen gewesen sind. Zu denken ist etwa an die Ausbreitung der europäischen Oper oder die weltweite Karriere des naturalistischen Romans, aber auch an die Konjunktur japanischer Holzdrucke oder afrikanischer Plastik. Die besten solcher Untersuchungen begnügen sich nicht damit, die Transfergeschichte kulturübergreifend zu erweitern. Ihnen geht es nicht um eine Geschichte

2004; Kai Kresse und Edward Simpson (Hg), *Struggling with History: Islam and Cosmopolitanism in the Western Indian Ocean,* London (C. Hurst) 2007; Dominic Sachsenmaier, Searching for Alternatives to Western Modernity: Cross-Cultural Approaches in the Aftermath of the Great War, *Journal of Modern European History* 4 (2006), 241–260.

308 Vgl. beispielsweise Lynn Hunt, Margaret C. Jacob und Wijnand Mijnhardt, *The Book that Changed Europe: Picart & Bernard's Religious Ceremonies of the World,* Cambridge, MA (Harvard University Press) 2010; Karen O'Brien, *Narratives of Enlightenment: Cosmopolitan History from Voltaire to Gibbon,* Cambridge (Cambridge University Press) 1997; Robbie Robertson, *The Three Waves of Globalization: A History of a Developing Global Consciousness,* New York (Palgrave Macmillan) 2003.

des Einflusses und der Diffusion, sondern vielmehr um die Formierung und Konstituierung kultureller Produkte unter Bedingungen globaler Interaktion.[309]

Die größte Herausforderung für einen globalgeschichtlichen Ansatz stellen bislang die klassischen Themen der Sozialgeschichte dar. Viele ihrer tragenden Kategorien sind entweder sehr spezifisch (etwa «Kaste») oder stützen sich auf Begriffe – wie «Bürgertum» oder «Mittelschichten» –, die mit jeweils sehr unterschiedlichen Konnotationen aufgeladen sind und deren Anwendung die Gefahr birgt, die zu untersuchende soziale Wirklichkeit einem (häufig eurozentrischen) Schema zu unterwerfen.[310] Gleichwohl sind in den letzten Jahren wichtige Pionierarbeiten erschienen. Vier Felder sind vor allem zu nennen: *Erstens* die transnationalen und globalen Kontexte der Transformation des Alltagslebens, nicht zuletzt die Geschichte von Konsum oder Bekleidung.[311] *Zweitens* gibt es erste Ansätze zu einer vergleichenden Geschichte von Klassen und Schichten. Jürgen Osterhammel hat aufschlussreiche Überlegungen ange-

309 Vgl. etwa Christopher L. Hill, *National History and the World of Nations: Capital, State, and the Rhetoric of History in Japan, France, and the United States,* Durham (Duke University Press) 2008; und Andrew Sartori, *Bengal in Global Concept History: Culturalism in the Age of Capital,* Chicago (Chicago University Press) 2008. Vgl. auch Douglas R. Howland, *Translating the West: Language and Political Reason in Nineteenth Century Japan,* Honolulu (University of Hawaii Press) 2002; Carol Gluck und Anna Lowenhaupt Tsing (Hg), *Words in Motion: Towards a Global Lexicon,* Durham (Duke University Press) 2009; Jorge Canizares-Esguerra, *How to Write the History of the New World: Histories, Epistemologies, and Identities in the Eighteenth-Century Atlantic World,* Stanford (Stanford University Press) 2001. Vgl. auch Arjun Appadurai, *Modernity at Large: Cultural Dimensions of Globalization,* Minneapolis (University of Minnesota Press) 1996.

310 Kenneth Pomeranz, Social History and World History: From Daily Life to Patterns of Change, *Journal of World History* 18 (2007), 71.

311 Vgl. etwa Tommy Bengtsson, Cameron Campbell und James Lee (Hg), *Life under Pressure: Mortality and Living Standards in Europe and Asia, 1700–1900,* Cambridge, MA (MIT Press) 2004; Robert Allen, Tommy Bengtsson und Martin Dribe (Hg), *Living Standards in the Past: New Perspectives on Well-Being in Asia and Europe,* Oxford (Oxford University Press) 2005; Robert Ross, *Clothing: A Global History,* Cambridge (Polity) 2008.

stellt, wie man eine globale Geschichte des Adels und des Bürgertums (bzw. der Mittelklassen oder «Quasi-Bürger») schreiben kann – und beispielsweise in den chinesischen Mandarinen und Literati ein Pendant des europäischen Adels erkannt, auch wenn ihre Titel nicht vererbbar waren und ihr sozialer Status nicht auf Landbesitz beruhte, sondern auf dem Erfolg im amtlichen Prüfungssystem.[312] Neben vergleichenden Untersuchungen bietet es sich hier jedoch an, die Herausbildung von sozialen Schichten und Milieus selbst als Effekt der Globalisierung von Märkten und Lebensstilen zu analysieren, etwa der Arbeiterschaften in den kolonialen Hafenstädten. Und *drittens* lohnt es sich, die Entstehung genuin transnationaler Gruppen zu rekonstruieren, etwa der Manager in transnationalen Unternehmen. Dazu gehören auch soziale Bewegungen, die eine transnationale Agenda verfolgten und sich bisweilen auf eine multi-national zusammengesetzte Mitgliederschaft stützen konnten: im 19. Jahrhundert etwa die Abolitionisten, die Bewegungen für das Frauenwahlrecht, verschiedene Pan-Bewegungen oder die Anarchisten.[313]

Schließlich hat sich, *viertens*, die Veränderung von Arbeitsmärkten, Arbeitsbedingungen und der Valorisierung von «Arbeit» unter Bedingungen globaler Interaktion zu einem eigenen Forschungsfeld entwickelt. Die *global labor history* stellt insbesondere die Arbeitsmobilität seit dem 16. Jahrhundert, und verstärkt seit den 1860er Jahren, in den Mittelpunkt. Dabei geht es etwa um Sklavenarbeit und *indentured labor*, um «Gastarbei-

312 Jürgen Osterhammel, *Die Verwandlung der Welt. Eine Geschichte des 19. Jahrhunderts*, München (C.H. Beck) 2008, 1075–1079. Vgl. auch die Überlegungen in Margrit Pernau, *Bürger mit Turban. Muslime in Delhi im 19. Jahrhundert*, Göttingen (Vandenhoeck & Ruprecht) 2008.

313 Vgl. etwa Leslie Sklair, *The Transnational Capitalist Class*, Oxford (Wiley-Blackwell) 2001; Benedict Anderson, *Under Three Flags: Anarchism and the Anticolonial Imagination*, London (Verso) 2007.

ter» und Saisonarbeit, um Veränderungen von Arbeitsregimen oder Arbeitseinstellungen. Das Feld ist reich und divers, und sehr unterschiedliche Schwerpunkte bestehen nebeneinander. Ein Fluchtpunkt vieler Arbeiten ist die Kritik an modernisierungstheoretischen (und marxistischen) Annahmen über den Übergang von unfreier Arbeit zu freier Lohnarbeit. Dieser Übergang stellt eine Idealisierung bestimmter westeuropäischer Entwicklungen im 19. Jahrhundert dar, die sich in globalgeschichtlicher Perspektive als Ausnahme erweisen. Die globale Durchsetzung kapitalistischer Produktion wurde vielmehr von einer breiten Palette unterschiedlicher Arbeitsregime getragen, die sich nicht in eine bequeme Dichotomie von «rückständig» und «modern» einfügen. Zugleich ist deutlich geworden, dass die Verflechtung von Arbeitsregimen nicht eine immer einheitlichere, von sinkenden Lohndifferentialen geprägte gemeinsame Arbeitswelt geschaffen hat – wie eine auf Freihandel und freie Arbeit fixierte wirtschaftsliberale Perspektive nahelegt –, sondern im Gegenteil eine Sphäre der Produktion, in der Unterschiede in der Vertragsgestaltung, Segregation und diverse Formen des Zwangs die Regel waren.[314]

Wie dieser Überblick zeigt, sind den möglichen globalgeschichtlichen Themen kaum Grenzen gesetzt. Sie können darüber hinaus auf ganz unterschiedlichen Ebenen angesiedelt sein. Makrohistorische Perspektiven widmen sich den übergreifenden Fragen der Weltgeschichte und nehmen potenziell den ganzen Globus in den Blick. Die Diskussion über die *great divergence* zwischen Europa und Asien gehört dazu, aber auch die zahlreichen Bücher, die ein Phänomen, ein Ereignis, ein Jahr um die ganze Welt verfolgen: die Geschichte der Kleidung, des Kal-

314 Vgl. etwa David Northrup, *Indentured Labor in the Age of Imperialism, 1834–1922*, Cambridge (Cambridge University Press) 1995; Jan Lucassen (Hg), *Global Labour History: A State of the Art*, Bern (Peter Lang) 2006; Marcel van der Linden, *Workers of the World: Essays Toward a Global Labor History*, Leiden (Brill) 2008.

ten Krieges, die Geschichte von 1688 oder 1800, jeweils «in global history».[315] Aber globalgeschichtliche Perspektiven müssen keineswegs makrogeschichtlich ausgerichtet sein. Viel häufiger, und meist auch ergiebiger, sind Untersuchungen, die einen konkreten Gegenstand in seiner räumlich-sozialen Spezifität erfassen und zugleich in den globalen Kontext einordnen. Die spannendsten Fragen stellen sich häufig am Schnittpunkt globaler Prozesse und ihrer lokalen Manifestationen.

Dafür zwei Beispiele: In «The World and a Very Small Place in Africa» hat Donald R. Wright den Prozess nachgezeichnet, durch den die kleine Region Niumi (in Gambia) seit dem 15. Jahrhundert in die Weltwirtschaft eingebunden wurde. Aus weltsystemtheoretischer Perspektive interessiert er sich für übergreifende Prozesse: die Ausbreitung des Islam, den transsaharischen Sklavenhandel, die Ankunft der Portugiesen, die europäische Nachfrage nach Erdnüssen aus Gambia seit den 1830er Jahren, die Kolonisierung durch die Briten, die Unabhängigkeit im Kalten Krieg. Aber zugleich geht es Wright um die lokalen Reaktionen, Aneignungsformen und Spielräume, die die Bewohner von Niumi zu Akteuren der Weltgeschichte machten. In jedem Kapitel bis hin zur Unabhängigkeit und postkolonialen Gegenwart stehen einzelne Afrikaner im Blickpunkt, die mit den großen Entwicklungen umzugehen hatten.[316]

Noch konkreter lässt sich die Verbindung von lokalen Ereignissen und globalen Strukturen an einem Beispiel illustrieren, das Andrew Zimmerman aufgearbeitet hat: Im Jahre 1900 rekrutierte das Deutsche Reich vier Absolventen des Tuskegee Normal and Industrial Institute in Alabama dafür, den Weg nach Afrika anzutreten und in Togo eine moderne Baumwoll-

315 Ross, *Clothing;* Westad, *Global Cold War;* Olivier Bernier, *The World in 1800,* New York (Wiley) 2000; John E. Wills, *1688: A Global History,* New York (W. W. Norton) 2002.

316 Donald R. Wright, *The World and a Very Small Place in Africa: A History of Globalization in Niumi, the Gambia,* second Edition, Armonk (M. E. Sharpe) 2004.

produktion in Gang zu bringen. Das deutsche Interesse an den Tuskegee-Absolventen basierte auf der Überzeugung, dass die «Rassenbeziehungen» im amerikanischen Süden ein Modell für Deutschlands afrikanische Kolonien darstellen könnten. Deutsche Bürokraten und Sozialwissenschaftler waren insbesondere von Booker T. Washington angetan, dem Leiter des Instituts, der den afro-amerikanischen Studenten seine Vorstellung von natürlichen Hierarchien mit auf den Weg gab. Washington ging von der Notwendigkeit aus, die Afro-Amerikaner nach der Abschaffung der Sklaverei zunächst zu christlichem Leben, manueller Arbeit und Kleinbauerntum zu «erziehen», um ihnen allmählich und langfristig den Erwerb des Bürgerstatus zu ermöglichen. Seine konservativen Ansichten zu sozialen und «rassischen» Beziehungen korrespondierten mit dem imperialistischen Verständnis von Kontrolle und Segregation. Die Tuskegee-Absolventen erschienen daher als ideale Vermittler eines Modernisierungsprojektes, das die politische und «rassische» Ordnung in den Kolonien nicht in Frage stellte. Umgekehrt unterstützte Washington den Imperialismus, da er Afrika für rückständig hielt, von der Notwendigkeit einer Zivilisierungsmission ausging – und überzeugt war, dass die deutsche «Art, Neger in Afrika zu behandeln, [...] als Modell für andere Nationen dienen könnte».[317]

Das Experiment in Togo – die Gründung einer Baumwollschule, in der Schüler ausgebildet wurden, um für den europäischen Markt anzubauen – war schließlich nicht erfolgreich. Zimmerman beschreibt minutiös die konkreten Bedingungen vor Ort, die zum Scheitern beitrugen – den Konflikt mit lokalen Anbauweisen, die Rolle der bislang hauptsächlich in der Landwirtschaft beschäftigten Frauen, den erbitterten Widerstand der Bevölkerung gegen Rekrutierung, Schulung, Arbeits-

317 Zitiert nach Sven Beckert, Von Tuskegee nach Togo. Das Problem der Freiheit im Reich der Baumwolle, *Geschichte und Gesellschaft* 31 (2005), 505–545, Zitat: 519.

strukturen und gesellschaftliche Eingriffe. Die mikrogeschichtlichen Faktoren werden jedoch zugleich in transnationale Kontexte eingeordnet: So war das Vorhaben Teil der deutschen Kolonialpolitik, in der wirtschaftliche Gewinnerwartungen eine wichtige Rolle spielten. Um 1900 war die deutsche Baumwollindustrie die drittgrößte der Welt, und ganze Regionen wie Sachsen und das Elsass produzierten Deutschlands wichtigstes Exportgut. Das Beispiel steht aber auch für den Einfluss der Zivilisierungsmission, die das koloniale Projekt prägte. Die Rhetorik der «Hebung» und Entwicklung war allgegenwärtig, und Arbeit galt als zentraler Hebel, um die Afrikaner zu «zivilisieren». Darüber hinaus verband sich mit dem Projekt die Hoffnung, dass die soziale Ordnung im amerikanischen Süden ein Vorbild sein könnte, um ethnisch segregierte Arbeitsbeziehungen in der Landwirtschaft zu organisieren – nicht nur in den Kolonien, sondern mittelfristig auch in den polnisch sprechenden Regionen in Ostpreußen. Diese Überlagerung von New South, Ostpreußen und dem kolonialen Togo illustriert die globale Perspektive der sozialwissenschaftlichen Debatten über Arbeit, Mobilität und Modernisierung um die Jahrhundertwende. Schließlich stand das Togo-Projekt auch im Zusammenhang der globalen Restrukturierung der Rohstoffproduktion nach dem Ende des Sklavenhandels. Auch in der Baumwollwirtschaft sollten die Sklavenplantagen durch nominell freie – aber in der Realität häufig unfreie – Arbeit ersetzt werden.[318]

Eine globalgeschichtliche Fragestellung und das Interesse am Einzelfall, ja selbst ein mikrogeschichtlicher Ansatz, müssen

318 Vgl. Andrew Zimmermann, A German Alabama in Africa: The Tuskegee Expedition to German Togo and the Transnational Origins of West African Cotton Growers, *American Historical Review* 110 (2005), 1362–1398; Andrew Zimmerman, *Alabama in Africa: Booker T. Washington, the German Empire, and the Globalization of the New South*, Princeton (Princeton University Press) 2010.

sich also keineswegs widersprechen.[319] Globalisierungsvorgänge korrespondieren stets mit Formen der «Glokalisierung».[320] Die jeweilige «Übersetzung» und Modifikation globaler Strukturen, Institutionen oder Ideen im Rahmen lokaler Idiome und institutioneller Zusammenhänge – und die damit einhergehende Rekonfiguration dieser Zusammenhänge – gehören zu den fruchtbarsten Gegenständen globalgeschichtlicher Analysen.[321] Im Folgenden sollen sechs Bereiche etwas ausführlicher vorgestellt werden, die sich für Untersuchungen auf unterschiedlichen Analyseebenen besonders anbieten und in denen sich bereits ein größeres Forschungsfeld herausgebildet hat.

Globale Waren

Die Wirtschaftsgeschichte ist eines der Felder mit hoher Affinität zu globalen Fragestellungen. Das ist nicht grundsätzlich neu; die Verflechtungen des Weltmarkts waren schon lange Gegenstand der Wirtschaftshistoriker. Gleichwohl hat der globalgeschichtliche Trend der letzten Jahre auch auf diesem Feld neue Einsichten ermöglicht. Neben der Geschichte der Industrialisierung sind dabei vor allem von der Geschichte des Handels und der Warenketten interessante Anregungen ausgegangen. Zahlreiche Produkte und Rohstoffe haben mittlerweile ihre «Biographen» gefunden: der Kabeljau, die Kartoffel, das Glas, der Zucker, das Gold, das Porzellan, die Sojabohne, die

319 Vgl. aus Perspektive der Netzwerkanalyse auch Jordi Borja und Manuel Castells, *Local & Global: Management of Cities in the Information Age*, London (Earthscan) 1997.

320 Roland Robertson, Glokalisierung. Homogenität und Heterogenität in Raum und Zeit, in: Ulrich Beck (Hg), *Perspektiven der Weltgesellschaft*, Frankfurt (Suhrkamp) 1998, 192–220.

321 Vgl. etwa die Beiträge in Anthony G. Hopkins (Hg), *Global History: Interactions between the Universal and the Local*, New York (Palgrave) 2006.

Baumwolle.[322] Jenseits der Rekonstruktion zunehmend globaler Verflechtung haben diese Arbeiten dazu beigetragen, bislang wenig hinterfragte Annahmen der Historiographie zu korrigieren.

Eine dieser Annahmen war, dass die Konsumgesellschaft der Nachkriegszeit gegenüber einem früheren Modell der standardisierten Massenproduktion sowie der klassen- und schichtenspezifischen Kultur- und Konsummuster einen scharfen Bruch markiert habe. Als wichtigste Triebkraft der Durchsetzung einer globalen Konsumkultur nach 1945 galt das «unwiderstehliche Imperium» der amerikanischen Konsumindustrie, vertreten durch Hollywood, Coca Cola, Jeans und den Supermarkt.[323] Diese Globalisierung der Konsummuster wird häufig kritisch betrachtet. Vielen gilt sie als Fetischisierung materieller Bedürfnisse und als wachsende Abhängigkeit von der Welt der Dinge, die zu einer Entpolitisierung der Bevölkerung führe.[324] Inzwi-

322 Mark Kurlansky, *Cod: A Biography of the Fish that Changed the World*, London (Penguin) 1998; Raymond Grew (Hg), *Food in Global History*, Boulder CO. (Westview Press) 2000; Sven Beckert, Emancipation and Empire: Reconstructing the Worldwide Web of Cotton Production in the Age of the American Civil War, *American Historical Review* 109 (2004), 1405–1438; Giorgio Riello und Prasannan Parthasarathi (Hg), *The Spinning World: A Global History of Cotton Textiles, 1200–1850*, Oxford (Oxford University Press) 2009; Robert Finlay, *The Pilgrim Art: The Culture of Porcelain in World History*, Berkeley (University of California Press) 2010; Steven Topik, Carlos Marichal und Frank Zephyr, *From Silver to Cocaine: Latin American Commodity Chains and the Building of the World Economy, 1500–2000*, Durham NC. (Duke University Press) 2007; Stephen Topik und William Gervase Clarence-Smith (Hg), *The Global Coffee Economy in Africa, Asia, and Latin America, 1500–1989*, Cambridge (Cambridge University Press) 2003; Christine M. Du Bois, Chee Beng Tan und Sidney W. Mintz, *The World of Soy*, Chicago (University of Illinois Press) 2008; Alan Macfarlane und Gerry Martin, *Glass: A World History*, Chicago (Chicago University Press) 2002.

323 Vgl. Victoria de Grazia, *Das unwiderstehliche Imperium. Amerikas Siegeszug im Europa des 20. Jahrhunderts*, Stuttgart (Steiner) 2010.

324 Bruce Mazlish, Consumerism in the Context of the Global Ecumene, in: Bruce Mazlish und Akira Iriye (Hg), *The Global History Reader*, New York (Routledge) 2005, 125–132; Peter N. Stearns, *Consumerism in World History: The Global Transformation of Desire*, London (Routledge) 2001.

schen wird dieses Zwei-Stadien-Modell der Herausbildung einer globalen Konsumgesellschaft noch um das dritte und jüngste Kapitel einer «Sinisierung» des globalen Konsums erweitert.[325]

Die neuere globalgeschichtliche Forschung hat diese Fragestellungen nun in das 17. und 18. Jahrhundert zurückverlegt.[326] Bereits in der Frühen Neuzeit hat der Transfer von Gewürzen, Ackerbauprodukten und Genussmitteln viele Gesellschaften stark verändert. Diese Veränderungen erstreckten sich auf unterschiedliche Bereiche, darunter auch auf die Arbeitswelt. Sidney Mintz' berühmtes Buch über den Zucker ist hier ein Vorläufer aktueller Studien, die in der Sphäre der Produktion Wechselbeziehungen zwischen den Kontinenten beobachten. Vor allem die Modelle der Arbeitsdisziplin und der Messung der Arbeit in Zeittakten, die auf den kolonialen Plantagen etwa in der Karibik erstmals umgesetzt wurden, werden dann als Vorgeschichte für jene Arbeitspraktiken interpretiert, die in den europäischen Fabriken im Zeitalter der Industrialisierung zu beobachten sind.[327]

Tatsächlich wurden global gehandelte Güter, bis dahin in erster Linie Luxusartikel, im 17. und 18. Jahrhundert einer breiteren Konsumentenschicht zugänglich und veränderten den Alltag. Seide aus Indien und Gewürze aus Süd- und Südostasien wurden in Europa nachgefragt, und ganze Generationen von Keramikproduzenten versuchten, die Qualität des chinesischen Porzellans auch in Meißen, Wien oder Delft nachzuahmen.

325 Vgl. Karl Gerth, *As China Goes, so Goes the World: How Chinese Consumers Are Transforming Everything,* New York (Hill & Wang) 2010.

326 Vgl. für den Versuch, die beiden Forschungsfelder zusammenzudenken, Frank Trentmann, Crossing Divides: Consumption and Globalization in History, *Journal of Consumer Culture* 9 (2009), 187–220.

327 Vgl. Sidney W. Mintz, *Die süße Macht. Kulturgeschichte des Zuckers,* 2. Aufl., Frankfurt am Main (Campus Verlag) 2007; Richard Drayton, The Collaboration of Labor: Slaves, Empires and Globalizations in the Atlantic World, c. 1600–1850, in: Anthony G. Hopkins (Hg), *Globalization in World History,* London (Pimlico) 2002, 98–114.

Umgekehrt schlugen sich die intensivierten Verbindungen mit Europa und der Neuen Welt auch in Ostasien nieder. Das seit 1571 über Manila einströmende Silber aus Bolivien – im frühen 17. Jahrhundert landete vermutlich die Hälfte des in Potosí abgebauten Silbers im Reich der Ming – veränderte die chinesische Wirtschaft nachhaltig. Und der *columbian exchange* brachte Kartoffeln, Mais und die Erdnuss nach Ost- und Südostasien, mit Auswirkungen auf die dortige Subsistenz-Landwirtschaft.[328]

Das ökonomisch wichtigste Handelsgut im 18. Jahrhundert war der Zucker. An seinem Beispiel lässt sich die enge Vernetzung der damaligen Welt gut illustrieren. Zunächst wurde er in Europa als Statussymbol, als Medizin oder Konservierungsmittel gebraucht. Seit Mitte des Jahrhunderts verbreitete er sich auch in ärmeren Schichten. In England wurde er, eine britische Besonderheit, nicht zuletzt zum Süßen von Tee verwendet – ebenfalls eines der Importprodukte, deren Handel weltgeschichtliche Bedeutung hatte. In Boston wurden 1773 insgesamt 342 Kisten mit Tee, der von der Britischen Ostindien-Kompanie aus China bezogen worden war, in den Hafen geschüttet – ein Vorgang, der seitdem den Beginn des Unabhängigkeitskrieges symbolisiert. Für die Handelsgesellschaft war Tee im späten 18. und frühen 19. Jahrhundert «der Gott, dem alles andere geopfert wurde» – bis die Kompanie 1834 ihr Monopol im Chinahandel verlor.[329] Tee hatte im Durchschnitt

328 Vgl. Alfred W. Crosby, *The Columbian Exchange: Biological and Cultural Consequences of 1492*, Westport CT. (Praeger Publishers) 2003; Maxine Berg, In Pursuit of Luxury: Global History and British Consumer Goods in the Eighteenth Century, *Past and Present* 182 (2004), 85–142. Vgl. als Überblick zu China Joanna Waley-Cohen, *The Sextants of Beijing: Global Currents in Chinese History*, New York (Norton) 1999.

329 Earl H. Pritchard, *The Crucial Years of Early Anglo-Chinese Relations, 1750–1800*, Washington (Pulman) 1936, 163; vgl. auch Peer Vries, *Zur politischen Ökonomie des Tees. Was uns Tee über die englische und chinesische Wirtschaft der Frühen Neuzeit sagen kann*, Wien (Böhlau) 2009; Marshall Sahlins, Cosmologies of Capitalism: The Trans-Pacific Sector of ‹The World

mehr als achtzig Prozent ihres Umsatzes ausgemacht. Bezahlt wurde er mit dem Silber aus der Neuen Welt – ein vom chinesischen Protektionismus erzwungener Abfluss von Edelmetallen, dem England in den Opiumkriegen mit Gewalt ein Ende setzte.

Die Untersuchung von Warenketten hat gezeigt, dass global vernetzte Konsummuster bereits lange vor der Industriellen Revolution bestanden. Der transregionale Handel mit Genussmitteln reicht viele Jahrhunderte zurück, aber seit der frühen Neuzeit schlug er auch auf das Alltagsleben breiter Gesellschaftsschichten durch. Zudem bietet sich das Thema der Warenketten dafür an, sowohl die soziale und kulturelle Einbettung ökonomischer Prozesse deutlich zu machen als auch die häufig selektiven, netzwerkartigen Wege der Zirkulation nachzuzeichnen.

Geschichte der Ozeane

Angesichts der verbreiteten Kritik an der methodischen Fixierung auf den Nationalstaat ist es nicht überraschend, dass Globalhistoriker mit alternativen geographischen Einheiten gearbeitet haben. Viele historische Phänomene lassen sich nicht auf eine Gesellschaft oder eine Nation beschränken, sondern vollzogen sich in Räumen, deren Reichweite über staatliche Grenzen hinausging. In diesem Zusammenhang sind Interaktionsräume wieder in den Blick gekommen, die – wie etwa die Seidenstraße – lange Zeit und über unterschiedliche politische Regime hinweg Austauschbeziehungen kanalisiert haben, auch über weite Entfernungen hinweg.[330] Andere Konzepte erinnern

System›, in: Nicholas B. Dirks, Geoff Eley und Sherry B. Ortner (Hg), *Culture/Power/History: A Reader in Contemporary Social Theory*, Princeton (Princeton University Press) 1994, 412–455.

330 Vgl. Xinru Liu, *The Silk Road in World History*, Oxford (Oxford University Press) 2010; Christopher I. Beckwith, *Empires of the Silk Road: A History of Central Eurasia from the Bronze Age to the Present*, Princeton (Princeton University Press) 2009.

in ihrer Ausdehnung eher an das Zivilisationsparadigma früherer Traditionen der Weltgeschichtsschreibung. Dazu gehört etwa die islamische Welt bzw. «Islamicate Eurasia», nach einer Wortprägung von Marshall Hodgson. Aber anders als etwa Toynbee verwies Hodgson damit «nicht unmittelbar auf die Religion, den Islam, selbst, sondern auf den sozialen und kulturellen Komplex, welcher […] geschichtlich mit dem Islam und den Muslimen assoziiert wird».[331] In ähnlicher Weise ist für die von China geprägte Welt der Begriff «Sino-Sphäre» (*sinosphere*) vorgeschlagen worden, um Prozesse kultureller Transformation und wirtschaftlicher Beziehungen in Ost- und Südostasien zusammenzudenken.[332] Alle diese Orientierungen an Großregionen gehen von konkreten Interaktionen und Verflechtungen aus und halten sich nicht an die jeweilige Reichweite staatlicher Macht.

Besonders beliebte Räume bei transnational operierenden Historikern sind die großen Ozeane. Ihr Studium geht zurück auf das klassische Werk von Fernand Braudel, der unmittelbar nach dem Zweiten Weltkrieg seine wegweisende mehrschichtige Arbeit zur Geschichte des Mittelmeers veröffentlichte.[333] Die aktuelle Konjunktur von *ocean studies* knüpft in manchem an Braudel an, ist jedoch ein neueres Phänomen. Die «Neue

331 Marshall Hodgson, *The Venture of Islam: Conscience and History in a World Civilization, vol. I: The Classical Age of Islam*, Chicago (University of Chicago Press) 1974, 59. Vgl. auch Hodgson, *Rethinking World History: Essays on Europe, Islam, and World History*, Cambridge (Cambridge University Press) 1993; John Obert Voll, Islam as a Special World-System, *Journal of World History* 5 (1994), 213–226; Gagan Sood, Circulation and Exchange in Islamic Eurasia: A Regional Approach to the Early Modern World, *Past and Present* 212 (2011), 113–162.

332 Vgl. Joshua A. Fogel, *Articulating the Sinosphere: Sino-Japanese Relations in Space and Time*, Cambridge, MA. (Harvard University Press) 2009. Vgl. auch David C. Kang, *East Asia Before the West: Five Centuries of Trade and Tribute*, New York (Columbia University Press) 2010.

333 Vgl. zum Mittelmeer die neueren Diskussionen: Peregrine Horden and Nicholas Purcell, *The Corrupting Sea: A Study of Mediterranean History*, Oxford (Blackwell) 2000; William V. Harri (Hg), *Rethinking the Mediterranean*, Oxford (Oxford University Press) 2005.

Thalassologie», wie sie kürzlich getauft wurde, ermöglicht es nicht nur, nationalgeschichtliche Perspektiven zu überwinden, sondern geht auch über die herkömmlichen Regionalwissenschaften und *area studies* hinaus. Neben kleineren Meeren wie der Ostsee, dem Schwarzen Meer oder der philippinischen Inselwelt stehen vor allem die großen Ozeane im Vordergrund: der Indische Ozean, der Atlantik und der Pazifik.[334] Dabei werden ganz unterschiedliche Fragestellungen verfolgt: Themenstellungen reichen von einer Ideengeschichte der Meere und Inseln über eine Geschichte der Arbeit und der Migration, eine Geschichte der kolonialen Expansion, die Wissenschafts- und Wirtschaftsgeschichte bis hin zur Umwelt- und Klimageschichte.[335] Daneben stehen zunehmend Synthesen, die sich der Geschichte eines der Ozeane in seiner Gesamtheit widmen.

Die großen Meere fungierten häufig nicht als trennende Gewässer, sondern ermöglichten Verbindungen und Verflechtungen über politische und kulturelle Grenzen hinweg. Aber auch wenn Ozeane als natürliche Räume erscheinen mögen, waren sie das für historische Akteure keineswegs immer; häufig machten diese Erfahrungen nur mit einem geographischen Ausschnitt. Als zusammengehörige Entitäten wurden Ozeane konstruiert – und häufig waren es die großen imperialen Projekte, die das Geschehen auf den Meeren und die Beziehungen zwischen Anrainergesellschaften überhaupt erst in einen Zusammenhang brachten. Daher ist auch eine Diskussion darüber entbrannt, ob *ocean history* nicht im Kern eine imperiale Weltsicht

334 Zum Pazifik vgl. Matt Matsuda, The Pacific, *American Historical Review* 111 (2006), 758–780; Katrina Gulliver, Finding the Pacific World, *Journal of World History* 22 (2011), 83–100.

335 Vgl. dazu die Beiträge zu dem Forum «Oceans in History», *American Historical Review* 111 (2006); Alain Corbin, *The Lure of the Sea: The Discovery of the Seaside in the Western World, 1750–1840*, Berkeley (University of California Press) 1994; Philip Steinberg, *The Social Construction of the Ocean*, Cambridge (Cambridge University Press) 2001; Philip de Souza, *Seafaring and Civilization: Maritime Perspectives on World History*, London (Profile Books) 2002.

in die Forschung hinein verlängert: atlantische Geschichte als schlecht verkleidete *imperial history*.

Darüber hinaus stellt sich die Frage der Kohärenz. War das Braudelsche Mittelmeer vielleicht einzigartig in der Dichte der Beziehungen und Verflechtungen und in der Art und Weise, wie maritime Verbindungen auch die Gesellschaften in den Küstenregionen prägten? Der Atlantik etwa besaß diese Form des systemischen Zusammenhalts gewiss nicht, weder klimatisch noch historisch. Vertreter der *atlantic history* haben daher auch die Vielfalt der Atlantik-Entwürfe in den Vordergrund gestellt und beispielsweise einen «weißen» Atlantik von dem *black atlantic* der Afrikaner, Sklaven und Afro-Amerikaner, dem «grünen» Atlantik der irischen Migration und dem «roten» Atlantik des «Klassenkampfes» von Piraten, Vertragsarbeitern, verschleppten Proletariern und Ureinwohnern der Karibik unterschieden.[336]

Neben dem Atlantik gibt es vor allem zur Geschichte des Indischen Ozeans eine lange Forschungstradition. Bisweilen als «Wiege der Globalisierung» tituliert, ermöglichte er über lange Jahrhundert hinweg kulturelle und wirtschaftliche Beziehungen zwischen Afrika, der arabischen Welt, dem indischen Subkontinent sowie Südostasien bis nach China, und zwar noch vor der europäischen Präsenz in der Region. Eines der frühesten Werke war hier die eng an Braudel angelehnte Studie «Asia

336 Vgl. David Armitage, Three Concepts of Atlantic History, in: David Armitage und Michael J. Braddick (Hg), *The British Atlantic World, 1500–1800*, Basingstoke (Palgrave Macmillan) 2002, 11–27; Paul Gilroy, *The Black Atlantic: Modernity and Double-Consciousness*, Cambridge, MA. (Harvard University Press) 1993; Marcus Rediker, *Between the Devil and the Deep Blue Sea: Merchant Seamen, Pirates and the Anglo-American Maritime World, 1700–1750*, Cambridge (Cambridge University Press) 1989; Peter Linebaugh und Marcus Rediker, *The Many-Headed Hydra: The Hidden History of the Revolutionary Atlantic*, Boston (Beacon Press) 2001. Vgl. auch Bernard Bailyn, *Atlantic History: Concept and Contours*, Cambridge, MA. (Harvard University Press) 2005; Jack P. Greene und Philip D. Morgan (Hg), *Atlantic History: A Critical Appraisal*, Oxford (Oxford University Press) 2009.

Before Europe» von K. N. Chaudhuri, der die kulturellen Bedingungen rekonstruierte, die der Entstehung von Produktion und Handel in der Region zugrunde lagen. Chaudhuri beschrieb den Handel von Luxusartikeln, aber auch die Zirkulation von Massengütern, die Menschen und Märkte vom Roten Meer und dem Persischen Golf bis hin nach Japan miteinander in Beziehung setzten.[337] Viele Studien arbeiteten sich in der Folge – zustimmend oder ablehnend – an Immanuel Wallerstein ab, der davon ausging, dass der Indische Ozean eine «externe Arena» außerhalb des frühneuzeitlichen Weltsystems war und erst im 19. Jahrhundert integriert wurde. Einige Autoren betonen demgegenüber die indigene, auch kapitalistische Dynamik nichteuropäischer Gesellschaften; die meisten von ihnen beschließen ihre Geschichte des Ozeans jedoch in der Mitte des 18. Jahrhunderts, symbolisiert durch die Schlacht von Plassey (1757) und den Beginn britischer kolonialer Herrschaft in Indien.[338] Aber es gibt auch Versuche, diese Geschichte zu verlängern. So hat Sugata Bose argumentiert, dass der Indische Ozean auch nach 1800 noch als transnationaler Handlungsraum wichtig blieb, vor allem als intermediärer Raum, der zwischen Nation und globalen Zusammenhängen vermitteln konnte, in erster Linie auf ökonomischem und kulturellem Gebiet.[339]

Die Geschichte der Ozeane besitzt nach wie vor innovatives Potential, und sie hat faszinierende Arbeiten hervorgebracht,

337 K. N. Chaudhuri, *Asia Before Europe: Economy and Civilisation of the Indian Ocean from the Rise of Islam to 1750*, Cambridge (Cambridge University Press) 1990.

338 Vgl. als Überblick Markus P. M. Vink, Indian Ocean Studies and the «New Thalassology», *Journal of Global History* 2 (2007), 41–62. Vgl. auch Michael N. Pearson, *The Indian Ocean*, London (Routledge) 2003.

339 Sugata Bose, *A Hundred Horizons: The Indian Ocean in the Age of Global Empire*, Cambridge, MA. (Harvard University Press) 2006. Vgl. Auch Thomas R. Metcalf, *Imperial Connections: India in the Indian Ocean Arena, 1860–1920*, Berkeley (University of California Press) 2007; Claude Markovits, *The Global World of Indian Merchants, 1750–1947: Traders of Sind from Bukhara to Panama*, Cambridge (Cambridge University Press) 2000.

die viel zum Verständnis der Dynamik von Verflechtungsbeziehungen beigetragen haben. Die überzeugendsten Werke sind eher Geschichten, die innerhalb einer Region angesiedelt sind, weniger dagegen solche einer Region insgesamt; Studien also, die sich lösen von relativ immobilen Raum-Definitionen und sich stattdessen an Prozesskategorien orientieren, basierend auf Handel, Reisen, Heiraten, Pilgerfahrt, Krieg, Konversionen, Kolonialismus oder Exil. Auf sie trifft dann auch die Kritik nicht zu, ozeanische Geschichte konstruiere auf artifizielle Weise kohärente Räume und vernachlässige Bevölkerungsgruppen im Inland.[340]

Generell ist die Geschichte von oder in Regionen, ob maritim oder landbasiert, geeignet, Geschichte jenseits des Nationalstaates zu schreiben, ohne sich gleich auf das Abstraktionsniveau einer Weltgeschichte begeben zu müssen. Eine interessante Frage ist, wie (und wann) die Geschichten dieser Regionen miteinander verbunden und schließlich auch integriert wurden – Regionen als Ingredienzen einer Geschichte der Globalisierung.[341] Ebenso fruchtbar ist es jedoch, die umgekehrte Perspektive einzunehmen: Regionen und die damit verbundenen politischen Projekte der Regionalisierung waren ebenso häufig nicht ein Vorläufer, sondern ein Effekt von Globalisierungsprozessen. Globale Integration ging oft mit der Formierung von regionalen Bezügen Hand in Hand. «Zum gegenwärtigen historischen Zeitpunkt», hat Leo Ching in Bezug auf aktuelle Regionalisierungstendenzen in Ostasien argumentiert, «vermitteln

340 Gute Beispiele dafür sind Eric Tagliacozzo, *Secret Trades, Porous Borders: Smuggling and States Along a Southeast Asian Frontier, 1865–1915*, New Haven (Yale University Press) 2005; Ulrike Freitag, *Indian Ocean Migrants and the Reform of Hadhramaut*, Leiden (Brill) 2003; Engseng Ho, *The Graves of Tarim: Genealogy and Mobility across the Indian Ocean*, Berkeley (University of California Press) 2006.

341 Vgl. Beispielsweise Donna Gabaccia und Dirk Hoerder (Hg), *Connecting Seas and Connected Ocean Rims: Indian, Atlantic, and Pacific Oceans and China Seas Migrations from the 1830s to the 1930s*, Leiden (Brill) 2011.

Regionalismen zwischen der Erosion nationaler Autonomie und einer Deterritorialisierung des Kapitalismus, indem sie transnationales Kapital reterritorialisieren.»[342] Ähnliche Phänomene lassen sich jedoch auch in die Vergangenheit zurückverfolgen. Vor allem für die Geschichte seit dem 19. Jahrhundert haben Historiker gezeigt, dass regionale Handlungsräume nicht in erster Linie als Ergebnis langer regionaler Kontinuitäten, sondern ebenso als spezifisches Ergebnis von Globalisierungsprozessen verstanden werden müssen. Die Formierung von Regionalismen – sei es als wirtschaftliche Blöcke, als supranationale politische Einheiten oder kulturell definiert als «Zivilisationen» – muss dann als Ausdruck der Neubestimmung von Territorialität unter Bedingungen globaler Integration verstanden werden.[343]

Migration

Migration war von Anfang an ein zentrales Feld globalgeschichtlicher Forschung. Zusammen mit dem Handel und der Expansion von Imperien gehört die grenzüberschreitende Mobilität zu den Basisprozessen einer Weltgeschichte, die sich über Interaktionen und Zirkulation definiert. Auch hier gibt es zu den unterschiedlichen Regionen und Epochen eine reiche ältere Sekundärliteratur, an die sich anschließen lässt. Eine explizit

342 Leo Ching, Globalizing the Regional, Regionalizing the Global: Mass Culture and Asianism in the Age of Late Capital, *Public Culture* 12 (2000), 233–57, Zitat: 243.

343 Vgl. Rebecca E. Karl, Creating Asia: China in the World at the Beginning of the Twentieth Century, *American Historical Review* 103 (1998), 1096–1118; Miyoshi Masao und Harry D. Harootunian (Hg), *Japan in the World*, Durham (Duke University Press) 1993; Peter J. Katzenstein, *A World of Regions: Asia and Europe in the American Imperium*, Ithaca (Cornell University Press) 2005; Prasenjit Duara, Asia Redux: Conceptualizing a Region for Our Times, *Journal of Asian Studies* 69 (2010), 963–983. Vgl. auch Arif Dirlik, *Global Modernity: Modernity in the Age of Global Capitalism*, Boulder, CO. (Paradigm Publishers) 2001.

globalgeschichtliche Migrationsforschung jedoch ist jüngeren Datums.[344] Sie ist heterogen und vielfältig, aber man kann drei Schwerpunkte ausmachen.

Nach wie vor die am intensivsten untersuchte Form der Mobilität ist die größte Zwangsmigration in der Geschichte der Menschheit, der transatlantische Sklavenhandel. Lange Zeit dominierten in diesem Feld wirtschaftsgeschichtliche Perspektiven; neuere Arbeiten haben hingegen kulturellen Dimensionen eine größere Aufmerksamkeit gewidmet und auf diese Weise auch die *agency* der afrikanischen Sklaven stärker berücksichtigt. Das betrifft in erster Linie die *Neue Welt,* wo bis in das frühe 19. Jahrhundert hinein mehr Afrikaner als Europäer eintrafen und insbesondere auf kulturellem Gebiet neue, hybride Ausdrucksformen schufen.[345] Darüber hinaus sind auch die Rückwirkungen der Sklaverei auf die sklavenhandelnden, metropolitanen Gesellschaften Europas thematisiert worden. Schließlich hat der globalgeschichtliche Zugriff den Blick geweitet und die transatlantische Sklaverei in einen breiteren Zusammenhang gestellt. Dazu gehören zum einen die vielfältigen Formen der Versklavung in Afrika sowie der Handel mit Menschen und ihr Transport durch die Sahara sowie aus Ostafrika im Indischen Ozean. Zum anderen wird jedoch die afrikanische Sklaverei mit vielen anderen Formen der Versklavung in Beziehung gesetzt – von den russischen Leibeigenen oder den Sklaven in Thailand, Burma oder Korea, wo die Sklaverei 1894

344 Wang Gungwu (Hg), *Global History and Migrations,* Boulder, CO. (Westview Press) 1997; Patrick Manning, *Migration in World History,* New York (Routledge) 2005; Dirk Hoerder, *Cultures in Contact: World Migrations in the Second Millennium,* Durham (Duke University Press) 2002; Tim N. Harper, Diaspora and the Languages of Globalism, 1850–1914, in: Anthony G Hopkins (Hg), *Globalization in World History,* London (Pimlico) 2002, 141–166.

345 John Thornton, *Africa and Africans in the Making of the Atlantic World,* 2. Aufl., Cambridge (Cambridge University Press) 1999; J. Lorand Matory, *Black Atlantic Religion: Tradition, Transnationalism, and Matriarchy in the Afro-Brazilian Candomblé,* Princeton (Princeton University Press) 2005.

offiziell abgeschafft wurde, bis hin zu den kriegsgefangenen Zwangsarbeitern sowie den Sexsklaven im 20. Jahrhundert.[346]

Daneben, zweitens, hat in den letzten Jahren die Faszination für globale Lebensläufe eine reiche Literatur hervorgebracht, die sich den Erfahrungen von mobilen Individuen widmet. Ein gutes Beispiel ist Natalie Zemon Davis' Studie über Leo Africanus (ca. 1486–1554), in der sie das «Portrait eines Mannes mit einer doppelten Perspektive» zeichnet, «der zwei kulturellen Welten angehört, sich bisweilen zwei Zuhörer vorstellt, Techniken aus dem arabischen und islamischen Repertoire anwendet und gleichzeitig auf eigene Weise europäische Elemente daruntermischt».[347] Geboren als al-Hasan ibn Muhammad ibn Ahmad al-Wazzan im muslimischen Granada, wuchs Leo Africanus in Fes auf, reiste quer durch die Sahara, nach Kairo und Istanbul, bevor er von Piraten gefangen genommen und Papst Leo X. zum Geschenk gemacht wurde. In Rom wurde er 1520 getauft und avancierte zu einem Gesprächspartner für eine Reihe von Gelehrten und sogar den Papst. In Rom erfuhr Leo Africanus eine weit größere Aufmerksamkeit, als sie sein sozialer Status in seinem Heimatland ermöglicht hätte, und war in der glücklichen Lage, die sich aus der Mobilität über kulturelle Grenzen hinweg ergebenden Chancen zu nutzen – Chancen, die sich nur wenigen Gefangenen auf Piratenschiffen geboten haben dürften.

Davis präsentiert ihren Helden als Vertreter einer Übergangszeit, in der die Welten von Muslimen und Christen in engeren Kontakt kamen und transkulturelle Verständigung mög-

346 Vgl. David Northrup, *Indentured Labor in the Age of Imperialism, 1834–1922*, Cambridge (Cambridge University Press) 1995; Martin A. Klein (Hg), *Breaking the Chains: Slavery, Bondage, and Emancipation in Modern Africa and Asia*, Madison (University of Wisconsin Press) 1993; Dirk Hoerder, *Cultures in Contact: World Migrations in the Second Millennium*, Durham NC. (Duke University Press) 2002; David Eltis (Hg), *Coerced and Free Migration: Global Perspectives*, Stanford (Stanford University Press) 2002.

347 Natalie Zemon Davis, *Leo Africanus. Ein Reisender zwischen Orient und Okzident*, Berlin (Klaus Wagenbach) 2008, 16.

lich schien, auch wenn die Spannungen zwischen religiösen, ethnischen, kulturellen und nationalen Identitäten, die sich in der Folgezeit verhärten sollten, schon sehr spürbar waren. In gewisser Weise ist der Text von einer Sehnsucht nach kulturübergreifendem Dialog durchzogen und in dieser Hinsicht ein typisches Produkt seiner Zeit – verfasst gegen das Menetekel eines «Kampfes der Kulturen» und der Wiederkehr religiöser Konflikte am Anfang des 21. Jahrhunderts. Überhaupt wird man sagen können, dass einige – nicht alle! – der globalen Biographien dazu tendieren, die individuellen Globalisierungserfahrungen mit verklärtem Blick zu betrachten.[348] Besonders aufschlussreich sind hingegen die Lebensläufe der kulturellen Makler der Globalisierung, der Experten und Wissenschaftler, der Reisenden, Lehrer und Übersetzer sowie anderer Mediatoren des Wissens.[349] Im besten Fall gelingt es, am Beispiel einzelner Akteure oder Akteursgruppen systematische Dimensionen des Globalisierungsprozesses zu erörtern und die Frage nach Handlungsspielräumen in Zeiten großer weltumspannender und anonym erscheinender Prozesse grundsätzlich zu stellen.[350]

348 Vgl. Tony Ballantyne und Antoinette Burton (Hg), *Moving Subjects: Gender, Mobility and Intimacy in an Age of Global Empire*, Champaign, IL. (University of Illinois Press) 2009; Desley Deacon, Penny Russell und Angela Woollacott (Hg), *Transnational Lives: Biographies of Global Modernity, 1700–Present*, Basingstoke (Palgrave Macmillan) 2010; Bernd Hausberger (Hg), *Globale Lebensläufe. Menschen als Akteure im weltgeschichtlichen Geschehen*, Wien (Mandelbaum) 2006; Miles Ogborn (Hg), *Global Lives: Britain and the World 1550–1800*, Cambridge (Cambridge University Press) 2008; Linda Colley, *The Ordeal of Elizabeth Marsh: A Woman in World History*, New York (Pantheon) 2007; David Lambert und Alan Lester (Hg), *Colonial Lives Across the British Empire: Imperial Careering in the Long Nineteenth Century*, Cambridge (Cambridge University Press) 2006.

349 Simon Schaffer, Lissa Roberts, Kapil Raj und James Delbourgo (Hg), *The Brokered World: Go-Betweens and Global Intelligence, 1770–1820*, Sagamore Beach (Science History Publications) 2009; Mark Häberlein und Alexander Kneese (Hg), *Sprachgrenzen. Sprachkontakte. Kulturelle Vermittler: Kommunikation zwischen Europäern und Außereuropäern (16.–20. Jahrhundert)*, Stuttgart (Franz Steiner) 2010.

350 Für ein faszinierendes Beispiel vgl. Sho Konishi, Reopening the «Opening of Japan»: A

Drittens schließlich sind die Massenwanderungen und die großen Migrationswellen seit etwa 1840 zu einem zentralen Thema der Weltgeschichtsschreibung geworden. Die massenhafte Mobilität war eines der Charakteristika der Globalisierung im 19. Jahrhundert. Eine Verkettung tiefgreifender Veränderungen, vor allem im Zusammenhang mit der globalen Ausbreitung kapitalistischer Produktionsweisen, führte zu einer deutlichen Zunahme der Mobilität und zugleich der Distanzen, die dabei überwunden wurden. Die industrielle Produktion und die Ausweitung der Plantagenwirtschaft sorgten im Verein mit der weltwirtschaftlichen Vernetzung von Märkten dafür, dass die Nachfrage nach Arbeitskräften zunehmend außerhalb nationaler Grenzen gestillt wurde. Die Entstehung globaler Arbeitsmärkte wurde durch die revolutionären Veränderungen der Verkehrsmittel und der Informationstechnologie entscheidend begünstigt, aber auch durch die imperiale Durchdringung weiter Teile der Welt seit 1882. Allein aus Europa wanderten im 19. Jahrhundert rund 60 Millionen Menschen aus, vornehmlich in die *Neue Welt.*

In diesem Feld zeigen sich die Vorteile eines globalgeschichtlichen Zugriffs sehr deutlich. Zunächst einmal deshalb, weil er auch die westlichen Historiker dazu gezwungen hat, die fast ausschließliche Fixierung auf die transatlantischen Wanderungsbewegungen aufzugeben. Die europäische Auswanderung war nur Teil einer globalen Mobilität, die häufig von den kolonialen Regierungen organisiert und nach der Abschaffung des Sklavenhandels weiter intensiviert wurde. Die Größenordnungen waren enorm. Zwischen 30 und 45 Millionen Menschen verließen den indischen Subkontinent zwischen 1834 und 1937; nahezu 50 Millionen Menschen zog es in dieser Zeit aus Russ-

Russian-Japanese Revolutionary Encounter and the Vision of Anarchist Progress, *American Historical Review* 112 (2007), 101–30. Aufschlussreich ist auch Emma Rothschild, *The Inner Life of Empires: An Eighteenth-Century History,* Princeton (Princeton University Press) 2011.

land und Nordostasien nach Sibirien und in die Mandschurei; mehr als 19 Millionen Chinesen wanderten nach Südostasien aus, japanische Arbeiter gelangten nach Hawaii, Kalifornien und Brasilien, Java stellte Arbeitskräfte für die europäischen Kolonien in Asien, und auch in Afrika nahm die Arbeitsmobilität (häufig unter der Sklaverei ähnlichen Bedingungen) weiter zu.[351]

Dirk Hörder hat fünf große Migrationssysteme unterschieden, die wiederum miteinander verbunden waren und von denen einige an frühere Muster der Migration anknüpften: das «weiße» atlantische System, das seit dem 15. Jahrhundert Europa mit den beiden Amerikas verband und wo die Migration zwischen 1880 und 1914 ihren Höhepunkt erlebte; den afrikanischen Sklavenhandel im *black atlantic*; die (bisweilen erzwungene) Arbeitswanderung von Männern und Frauen aus Asien, darunter sogenannte «Kulis», in die Plantagen und Minen in den Kolonien sowie in der *Neuen Welt;* ein russisch-sibirisches System der Migration; sowie schließlich die Verbindung zwischen China und der Mandschurei, die erst seit dem 19. Jahrhundert bestand und in der Zwischenkriegszeit ihre höchste Wanderungsdichte erlebte.[352]

Der globalgeschichtliche Zugriff stellt aber nicht nur ein geographisches Korrektiv dar. Er ermöglicht auch Einsichten in Zusammenhänge, die über die quantitativen und sozialgeschichtlichen Fragestellungen hinausgehen, die einen großen Teil der Migrationsforschung immer noch dominieren. Ein gutes Beispiel sind die Thesen zum Zusammenhang von chinesischer Migration und der Entstehung eines internationalen Systems von Mobilitätskontrollen und Identifikationsmechanismen, die

351 Adam M. McKeown, Global Migration, 1846–1940, *Journal of World History* 15 (2005), 155–189.

352 Dirk Hoerder, *Cultures in Contact: World Migrations in the Second Millennium*, Durham NC. (Duke University Press) 2002, 306–404.

Adam McKeown aufgestellt hat. Die minutiöse Sicherung und Kontrolle von Grenzen, ergänzt durch ein System von Reisepässen und biometrischen Verfahren, entwickelte sich erst in den drei Dekaden vor dem Ersten Weltkrieg. McKeown argumentiert nun, dass dieses Regime der reglementierten Mobilität nach dem Modell der Exklusion chinesischer und anderer asiatischer Migranten entwickelt wurde, das seit den 1880er Jahren in den weißen Siedlernationen entwickelt wurde. Der Chinese Exclusion Act von 1882 in den USA und die Maßnahmen im Anschluss an die *Chinese crisis* von 1888 in Australien waren die prominentesten Fälle der Einschränkung der Reisefreiheit und der Etablierung eines Systems rigider Einlasskontrollen. Dieses System wurde von genau jenen Nationen zuerst eingeführt, die sich als Pioniere der Durchsetzung liberaler und demokratischer Freiheiten im 19. Jahrhundert betrachteten. McKeown sieht darin keinen Widerspruch; «Moderne Grenzkontrollen sind kein Überbleibsel einer ‹illiberalen› politischen Tradition, sondern ein bewusstes Produkt von Pionieren politischer Freiheit und Selbstbestimmung.» Die zunächst an asiatischen Arbeitern entwickelten Kontrollen seien nach und nach auf andere Gruppen ausgeweitet und in anderen Ländern übernommen worden. Die Merkmale dieses Migrationsregimes – Kontrolle vornehmlich bei der Einreise; Individualisierung und Isolierung des Migranten; rigide Überwachung bei gleichzeitigem Ideal des «freien Migranten» – seien geblieben, während die Ursprünge dieses Systems im Rassendenken des späten 19. Jahrhunderts inzwischen unsichtbar geworden seien.[353]

353 Adam McKeown, *Melancholy Order: Asian Migration and the Globalization of Borders*, New York (Columbia University Press) 2008, 7. Vgl. auch Erika Lee, *At America's Gates: The Exclusion Era, 1882–1943*, Chapel Hill (University of North Carolina Press) 2003; Lucy E. Salyer, *Laws Harsh as Tigers: Chinese Immigrants and the Shaping of Modern Immigration Law*, Chapel Hill (University of North Carolina Press) 1995; Daniel J. Tichenor, *Dividing Lines: The Politics of Immigration Control in America*, Princeton (Princeton University Press) 2002; Marilyn Lake und Henry Reynolds, *Drawing the Global Colour Line: White Men's Coun-*

Das Studium von Migrationsprozessen ist fundamental für globalgeschichtliche Ansätze. Es grundiert die Rede von Globalisierungsvorgängen in sozialgeschichtlich und demographisch nachweisbaren Bewegungen und zeigt zudem, wie Prozesse globaler Integration individuell oder von Gruppen und Schichten erfahren worden sind. Darüber hinaus eröffnet die Migrationsgeschichte den Blick auf Diaspora-Situationen und transnationale Bezüge, die das klassische räumlich begrenzte Verständnis von Gesellschaft, wie es der Nationalgeschichte zugrunde liegt, hinterfragt.[354] Aber zugleich muss man sich klar darüber sein, dass die Privilegierung von Mobilität auch analytische Kosten haben kann. Es besteht zumindest die Gefahr, dass die Analyse von Gesellschaft und sozialer Schichtung in erster Linie auf mobile Bevölkerungsgruppen beschränkt wird. Keine historische Analyse wird sich ganz auf die Teile der Gesellschaft beschränken können, die in Bewegung waren.

Empire

Auch die Geschichte der Imperien hat durch die Herausforderung der Globalgeschichte eine neue Dynamik erhalten. Schon in den 1980er und 1990er Jahren standen imperiale Herrschaftsverhältnisse im Zentrum intensiver Debatten der *postcolonial studies*. Dabei war es vor allem ein kritischer Blick auf die Imperien, vorzugsweise aus der Sicht der Kolonisierten und «Subalternen», der das Bild prägte. Seit der Jahrtausendwende hat sich demgegenüber ein erneutes, globalgeschichtliches Interesse

tries and the International Challenge of Racial Equality, Cambridge (Cambridge University Press) 2008.

354 Vgl. etwa Donald Nonini und Aiwah Ong (Hg), *Ungrounded Empires: The Cultural Politics of Modern Chinese Transnationalism,* New York (Routledge) 1997.

an Imperien als Form der überregionalen Herrschaft entwickelt. Zum Teil waren die in dieser Zeit entstandenen Arbeiten ebenfalls einer kritischen Perspektive verpflichtet und betrachteten die lange Geschichte der großen Reiche vor dem Hintergrund amerikanischer Hegemonie nach dem 11. September 2001, die als Form der Imperienbildung wahrgenommen wurde.[355] Andere Autoren sahen im britischen Empire hingegen ein positives Modell der Weltordnung, sogar eine Handlungsanleitung für die Vereinigten Staaten in der Gegenwart. «Wie das britische Empire belegte», deklamierte beispielsweise Niall Ferguson, «sind Imperien eine Form der internationalen Regierung, die funktionieren kann – und das nicht nur zugunsten der herrschenden Macht.»[356]

Eine solche politische Indienstnahme ist in der Forschung jedoch untypisch; vor allem drei größere Fragenkomplexe sind dort behandelt worden. Erstens haben Historiker eruiert, in welchem Maße die großen Reichsbildungen zur Integration der Welt beigetragen haben. Insbesondere das *British Empire* ist dabei als treibende Kraft von Globalisierungsprozessen beschrieben worden. Das kann man als Leistung bewerten oder kritisch betrachten; in beiden Fällen jedoch lautet das Argument, dass die zentralen Charakteristika der gegenwärtigen Globalisierung ihren Ursprung im britischen Empire gehabt haben, und zwar insbesondere in den Siedlerkolonien, deren Bedeutung zwischen 1850 und 1914 deutlich zunahm. Ein Großteil der globalen Transaktionen – von Gütern, Kapital, Arbeit und Informati-

355 Vgl. etwa Charles Maier, *Among Empires: American Ascendancy and its Predecessors*, Cambridge, MA. (Harvard University Press) 2006. Vgl. auch die einflussreiche Kritik an neuen Formen des Imperiums von Michael Hardt und Antonio Negri, *Empire: Globalization as a New Roman Order, Awaiting its Early Christians*, Cambridge, MA. (Harvard University Press) 2000.

356 Niall Ferguson, *Empire: How Britain Made the Modern World*, London (Allen Lane) 2003, 379. Vgl. auch Ferguson, *Colossus: The Rise and Fall of the American Empire*, London (Penguin Books) 2004.

onen – habe sich innerhalb einer *British world* vollzogen. Das Netzwerk von Siedlerkolonien garantierte kulturelle Gemeinsamkeiten und schaffte das Vertrauen, das für grenzüberschreitende Investitionen, Mobilität und Transfers nötig war. Die Tatsache, dass die Kolonien unter britischer Souveränität verblieben und für ihre Sicherheit auf die *Royal Navy* vertrauen konnten, trug zur Verlässlichkeit dieser Verbindungen bei – eine Verlässlichkeit, die zur Transport- und Kommunikationsrevolution dieser Dekaden hinzu kommen musste, um globalisierende Wirkung zu entfalten.[357]

Die zweite Tendenz der globalgeschichtlichen Empire-Forschung arbeitet sich in vieler Hinsicht kritisch an dieser anglozentrischen Perspektive ab (Niall Ferguson hat sogar von «Anglobalisierung» gesprochen).[358] Gegenüber der Privilegierung des britischen Empire haben andere Historiker die lange Kontinuität und Relevanz konkurrierender Reichsbildungen betont. In Jane Burbanks und Frederick Coopers großer Weltgeschichte der Imperien kommt das britische Reich nur noch am Rande vor.[359] Ihre Interpretation stellt überhaupt den Zäsurcharakter des Hochimperialismus im 19. Jahrhundert in Frage; die westeuropäischen Kolonialreiche läuteten demnach keine fundamental neue Ordnung der Welt ein. Der Hochimperialis-

357 Vgl. A. G. Hopkins (Hg), *Globalization in World History*, London (Pimlico) 2002; Kevin Grant, Philippa Levine und Frank Trentmann (Hg), *Beyond Sovereignty: Britain, Empire and Transnationalism, c. 1880–1950*, London (Palgrave MacMillan) 2007; James Belich, *Replenishing the Earth: The Settler Revolution and the Rise of the Anglo-World, 1783–1939*, Oxford (Oxford University Press) 2009; Gary Magee und Andrew Thompson, *Empire and Globalisation: Networks of People, Goods and Capital in the British World, c.1850–1914*, Cambridge (Cambridge University Press) 2010; John Darwin, *The Empire Project: The Rise and Fall of the British World-System, 1830–1970*, Cambridge (Cambridge University Press) 2009.

358 Ferguson, *Empire*, xxii.

359 Jane Burbank und Frederick Cooper, *Empires in World History: Power and the Politics of Difference*, Princeton (Princeton University Press) 2010.

mus stellte in ihrer Deutung nicht das erste globale imperiale System dar und knüpfte in vieler Hinsicht an frühere Formationen an.[360]

Eine solche Kritik an der bisherigen Historiographie beginnt mit einer terminologischen Überlegung: Während in Bezug auf die europäische Expansion meist von Kolonialismus die Rede ist, spricht man im Fall des Osmanischen Reichs, der Sikhs oder Zulus von Imperien. «Der Kolonialismus wird für eine der globalen Kräfte gehalten, die das moderne Zeitalter definierten», hat Michael Adas die herrschende Meinung in kritischer Absicht zusammengefasst. «Imperien werden als uralte Formen von staatlicher Expansion wahrgenommen und als zunehmend anachronistisch in einer Zeit der Industrialisierung und Hochtechnologie.»[361] Stattdessen müssten die unterschiedlichen Reichsbildungen im Zusammenhang und in ihrer historischen Gleichzeitigkeit gesehen werden – das Osmanische Reich, das Zarenreich, das Qing-Imperium oder das Reich der Qajaren im Iran reichten noch bis in das frühe 20. Jahrhundert hinein. Andere Imperien, die lange Zeit kaum Beachtung fanden – die Qing, Russland, aber auch das islamische Sokoto-Kalifat in Westafrika oder das Imperium der Komantschen – geraten nun stärker in den Fokus.[362] Viele Jahrhunderte lang konkurrierten unterschiedliche Imperien miteinander, so kann man diesen Forschungszweig zusammenfassen, und die Hege-

360 C. A. Bayly, The First Age of Global Imperialism, c. 1760–1830, *Journal of Imperial & Commonwealth History*, 26, Nr. 2 (1998), 28–47.

361 Michael Adas, Imperialism and Colonialism in Comparative Perspective, *The International History Review* 20 (1998), 371–388, Zitat: 371.

362 Vgl. etwa Peter Perdue, *China Marches West: The Qing Conquest of Central Eurasia*, Cambridge, MA. (Harvard University Press) 2005; Daniel Brower und Edward J. Lazzerini (Hg), *Russia's Orient: Imperial Borderlands and Peoples, 1700–1917*, Bloomington (Indiana University Press) 1997; Dominic Lieven, *Empire: The Russian Empire and its Rivals*, New Haven (Yale University Press) 2001; Pekka Hämäläinen, *The Comanche Empire*, New Haven (Yale University Press) 2008.

monie der europäischen Reiche setzte sich erst im 19. Jahrhundert durch.[363]

Wenn aber Imperien den historischen Normalfall darstellten, und das ist der dritte Punkt, dann muss auch die herkömmliche Deutung des Aufstiegs des Nationalstaats seit dem späten 18. Jahrhundert revidiert werden. Diese Interpretation erscheint dann selbst als das Produkt der Legitimationsdiskurse nationalstaatlicher Eliten. Globalgeschichtlich gesprochen waren kohärente Nationalstaaten jedoch noch um 1900 die absolute Ausnahme. Auch «im 19. Jahrhundert war das Imperium, noch nicht der Nationalstaat, die im Weltmaßstab dominante territoriale Organisationsform», wie Jürgen Osterhammel zusammenfasst.[364] Aber selbst das 20. Jahrhundert war von großen imperialen Formationen geprägt – Japan und NS-Deutschland oder das sowjetische Imperium kamen zu den bisherigen Kolonialreichen dazu. Einige Autoren bezweifeln selbst für die Nachkriegszeit den Übergang zu einer Welt der Nationalstaaten. Frankreich beispielsweise begann erst nach 1962, nach dem Friedensvertrag von Evian und dem Ende seines Kolonialreichs, sich in einen Nationalstaat zu verwandeln; aber schon 1957 war es im Vertrag von Rom und der Integration in die Europäische Wirtschaftsgemeinschaft darüber hinausgegangen und hatte Teile seiner staatlichen Souveränität an eine größere Entität abgegeben. «Das Imperium war eine bemerkenswert langlebige Staatsform», schreiben Burbank und Cooper. «Im Vergleich erscheint der Nationalstaat als ein kurzes Leuchten am historischen Horizont, eine Staatsform, die erst jüngst unter dem imperialen Himmel hervorkam und deren Einfluss auf die

363 Vgl. vor allem John Darwin, *After Tamerlane: The Global History of Empire*, London (Penguin Books) 2007. Vgl. auch die anregenden Beiträge in Ann Laura Stoler, Carole McGranahan und Peter Perdue (Hg), *Imperial Formations*, Santa Fe (School of American Research Press) 2007.

364 Osterhammel, *Verwandlung*, 606.

politische Imagination sich als durchaus partiell oder kurzlebig herausstellen kann.»[365]

Wie diese Beispiele zeigen, ist das Plädoyer von Niall Ferguson, aus einer liberalen Deutung des britischen Weltreichs politische Lektionen für die Zukunft abzuleiten, nicht repräsentativ für die globalgeschichtlichen Arbeiten der letzten Jahre. Gleichwohl bleibt auffällig, dass die neueren Studien häufig eine Makroperspektive verfolgen und Imperien als Herrschaftsstrukturen auffassen, die politische Stabilität unter Bedingungen ethnischer und kultureller Heterogenität erlauben, während die Formen der Gewaltausübung, die sozialen Kosten sowie die Überformung alternativer kultureller Traditionen in diesen Darstellungen eine deutlich geringere Rolle spielen. Die subversive Stoßrichtung der *postcolonial studies* hat in mancher Hinsicht einer weniger kritischen Deutung Platz gemacht, die im Empire weniger einen Sündenfall der europäischen Kolonialherren erkennt als vielmehr die historische Normalität: «Imperien», schreibt John Darwin, «waren in der Geschichte ein Grundmodell politischer Organisation. Imperiale Macht war im Grunde der Normalfall.»[366]

Aber diese Normalisierung sollte nicht den Blick dafür trüben, dass imperiale Herrschaft immer auch auf Machtungleichgewicht, Ausbeutung und Repression beruhte; die gewaltsamen Formen ökonomischer Extraktion und gesellschaftlicher Transformation dürfen auch in globalgeschichtlicher Perspektive nicht aus dem Blick geraten. Das ist insbesondere deshalb wichtig, weil sich die Integration der Welt seit dem 16. Jahrhundert, und mehr noch seit dem 19. Jahrhundert, unter Bedingungen

365 Burbank und Cooper, *Empire*, 2–3. Vgl. zu dieser Fragestellung auch Jörn Leonhard und Ulrike von Hirschhausen, *Empires und Nationalstaaten im 19. Jahrhundert*, Göttingen (Vandenhoeck & Ruprecht) 2009.

366 John Darwin, *Der imperiale Traum. Die Globalgeschichte großer Reiche 1400–2000*, Frankfurt am Main (Campus) 2010, 35.

kolonialer Herrschaft vollzog. Globale Verflechtung – die Mobilität von Waren, Menschen, Ideen und Institutionen – stand im Zeichen imperialer Strukturen. Die Weltwirtschaft beruhte auf dem Einsatz und der häufig gewaltsamen Ausbeutung von Arbeitskraft, Rohstoffen und der Nachfrage kolonisierter Gesellschaften. Kolonialismus war ein zentrales Element der Weltordnung – aber auch der rechtlichen und ideologischen Legitimierung dieser Ordnung. Projekte der «Modernisierung», sowohl in den Kolonien als auch in den Metropolen, wurden ebenso unter kolonialen Bedingungen verfolgt wie kulturelle Transfers und Aneignungen. Globalisierungsprozesse waren kein naturgesetzlicher Drang zu immer engerer Vernetzung, und Imperien waren ein zentraler Bestandteil solcher Prozesse, die sich innerhalb einer von ihnen geprägten Ordnung der Welt entfalteten. Umso wichtiger ist es, bei der Rekonstruktion der globalen Vergangenheit die Begleiterscheinungen und Kosten dieser Ordnung nicht aus dem Blick zu verlieren.[367]

Nation

In den 1990er Jahren, als der Begriff der Globalisierung aufkam, waren Experten mit Prognosen vom Ende des Nationalstaats schnell bei der Hand. Diese Euphorie hat sich jedoch rasch gelegt und der Einsicht in die fortdauernde Relevanz nationalstaatlicher Institutionen, wenn auch in einer veränderten Umwelt, Platz gemacht. Auch in der Geschichtswissenschaft

367 Für eine scharfe Kritik an einer entpolitisierten Imperialgeschichte vgl. Richard Drayton, Where Does the World Historian Write from? Objectivity, Moral Conscience and the Past and Present of Imperialism, *Journal of Contemporary History* 46 (2011), 671–685. Vgl. auch die sehr Empire-kritische, wenn auch polemische Darstellung von Timothy Parsons, *The Rule of Empires: Those Who Built Them, Those Who Endured Them, and Why They Always Fall*, New York (Oxford University Press) 2010.

wurde die Überwindung nationalstaatlicher Narrative vehement gefordert; in vieler Hinsicht ist das globalgeschichtliche Projekt gerade darauf angelegt. Globalgeschichte impliziert aber nicht automatisch, dass nationalgeschichtliche Themen keine Rolle mehr spielen; für viele Fragen wird der nationale Rahmen von Politik und Gesellschaft maßgebend bleiben.

Zunehmend wichtiger wird jedoch, die globalen Horizonte nationaler Geschichten systematisch zu rekonstruieren und auf diese Weise die Vorstellung nationaler Einheiten als Container zu revidieren. Geschichte fand keineswegs nur innerhalb der Grenzen des Nationalstaates statt. Zugleich blieb die Welt nicht außerhalb, sondern reichte tief in die Gesellschaften hinein. Auf diese Weise lassen sich Prozesse der Vergesellschaftung, der Konstituierung nationaler Wirtschaftsräume, von Öffentlichkeiten oder kulturellen Praktiken im Kontext grenzüberschreitender Prozesse verstehen. Thomas Benders «A Nation Among Nations» ist ein Beispiel für die globalgeschichtliche Erweiterung des Blicks mit dem Ziel, die Dynamik der Nationalgeschichte besser zu verstehen. So zeigt Bender etwa in seinem Kapitel über die amerikanische Revolution, wie stark die Ereignisse auf dem amerikanischen Kontinent von der britisch-französischen Konkurrenz geprägt waren, aber auch von der Revolution in Haiti. Sie standen selbst mit Revolten gegen die Zentren der Macht in Beziehung, die am Ende des 18. Jahrhunderts in Peru und Kairo, Brasilien und Bengalen stattfanden.[368] Generell kann man sagen, dass globalgeschichtliche Perspektiven die Nation als Kategorie keineswegs überflüssig machen, sondern häufig sogar die große Bedeutung der Nationalstaaten bei der Gestaltung sozialer Prozesse unterstreichen. Die Geschichte der Nationalstaaten ist auf diese Weise komplexer geworden und verweist stets auf die Spannung und wechsel-

368 Thomas Bender, *A Nation among Nations: America's Place in World History*, New York (Hill and Wang) 2006.

seitige Bedingtheit von internen Dynamiken und externen Faktoren.[369]

Das gilt erst recht für Untersuchungen, die Nationalgeschichte nicht nur durch breitere Kontexte anreichern möchten, sondern den Nationalismus und die Institution des Nationalstaats selbst als Produkte globaler Prozesse zu begreifen suchen. Dies ist eine zentrale Fragestellung und zugleich ein Feld, auf dem sich zeigt, wie produktiv und innovativ globalgeschichtliche Ansätze sein können. In gewisser Weise war die Theorie des Nationalismus immer schon auf globale Reichweite angelegt. So waren die von der Modernisierungstheorie inspirierten Erklärungsansätze, am einflussreichsten von Ernest Gellner formuliert, universal angelegt. Nationen formierten sich demzufolge als Effekt des Übergangs von einer traditionalen zu einer modernen Gesellschaft. Die industrielle Produktionsform zerstörte die Hierarchien der agrarischen Gesellschaft, um die Mobilität der Arbeit und damit kontinuierliches Wachstum zu garantieren. «Der Nationalismus» steht für Gellner «somit für die Errichtung einer anonymen, unpersönlichen Gesellschaft [...] die vor allem durch eine solche gemeinsame Kultur zusammengehalten wird – anstelle der früheren komplexen Struktur lokaler Gruppen, zusammengehalten durch Volkskulturen, die sich lokal und nach ihren eigenen Traditionen innerhalb dieser Mikro-Gemeinschaften selbst reproduzieren. Das ist, was *tatsächlich* im nationalistischen Zeitalter geschieht.»[370]

369 Vgl. etwa auch James L. Hevia, *British Lessons: The Pedagogy of Imperialism in Nineteenth-Century China*, Durham NC. (Duke University Press) 2003; Sebastian Conrad und Jürgen Osterhammel (Hg), *Das Kaiserreich transnational. Deutschland in der Welt 1871–1914*, Göttingen (Vandenhoeck und Ruprecht) 2004.

370 Ernest Gellner, *Nationalismus und Moderne*, Hamburg (Rotbuch) 1995, 89. Vgl. als Überblick über Nationalismustheorien Geoff Eley und Ronald Grigor Suny (Hg), *Becoming National: A Reader*, Oxford (Oxford University Press) 1996; Umut Özkirimli, *Contemporary Debates on Nationalism: A Critical Engagement*, Basingstoke (Palgrave Macmillan) 2005.

In dieser Sicht sind alle Nationalismen, trotz oberflächlicher Variationen, prinzipiell gleich; Nationalismus ist ein Effekt sozioökonomischer Modernisierung und wird vollständig endogen erklärt. Demgegenüber haben neuere Ansätze herausgearbeitet, dass die weltweite Ausbreitung des Nationalismus im 19. Jahrhundert nicht allein auf je interne Faktoren zurückgeführt werden kann, sondern auch als Prozess der Diffusion verstanden werden muss. Benedict Anderson ist zwar hauptsächlich als Vertreter einer konstruktivistischen Wende und der Produktion der Nation im Feld der Kultur und Imagination rezipiert worden, aber sein methodisch wichtigster Beitrag war die Beschreibung des modularen Charakters der Nation. Damit meinte er die Transferierbarkeit der Form des Nationalismus, nachdem sie einmal geschaffen worden war. Diese Form entstand in Europa in der Mitte des 19. Jahrhunderts; damals wurden die Konzepte und Modelle des Nationalismus generiert und fortan global zur Verfügung gestellt. Von nun an wurden die sich herausbildenden Nationalismen von diesem Vorbild beeinflusst und geprägt.[371]

Gegenüber den modernisierungstheoretischen Entwürfen war das ein wichtiger Schritt vorwärts, weil die globale Ausbreitung des Nationalismus nun nicht mehr als quasi naturgesetzlicher Automatismus gelten konnte. Allerdings blieben die konkreten Mechanismen der Verbreitung der nationalen Form unterbeleuchtet. Anderson interessierte sich für die komplexen Entstehungsbedingungen des Nationalismus in Europa, nahm aber für den Rest der Welt im Grunde die Transferierbarkeit des einmal etablierten Modells axiomatisch an.[372] Dagegen richtete sich die Kritik postkolonialer Historiker, die demgegenüber die

371 Benedict Anderson, *Die Erfindung der Nation. Zur Karriere eines folgenreichen Konzepts*, Frankfurt am Main (Campus) 1988, 86.

372 Eine scharfsinnige Kritik an Andersons Konzept aus globalhistorischer Perspektive findet sich bei Manu Goswami, Rethinking the Modular Nation Form: Toward a Sociohistorical Conception of Nationalism, *Comparative Studies in Society and History* 44 (2002), 776–783.

konkreten imperialen Bedingungen in den Vordergrund rückten, unter denen in der kolonisierten Welt Nationalbewegungen entstanden. Am folgenreichsten war hier die Intervention von Partha Chatterjee. In seinem viel zitierten Buch «Nationalist Thought and the Colonial World» argumentierte er, dass der Nationalismus in der kolonialen Welt unweigerlich ein von Europa abgeleitetes Phänomen bleiben müsse, ein «abgeleiteter Diskurs». Nationale Bewegungen richteten sich zwar gegen die Fremdherrschaft, doch auf einer ontologischen Ebene blieben sie den Parametern des herrschenden, und das heißt imperialen Diskurses verpflichtet.[373]

Daneben enthält das Buch aber ein zweites Argument: Inhaltlich ist der antikoloniale Nationalismus durch die Opposition gegen den Westen aufgeladen, häufig in Form einer emphatischen Betonung nationaler Spiritualität gegenüber westlicher Materialität. Dieses Argument hat Chatterjee in «The Nation and its Fragments» dann weiter ausgeführt, in gewisser Weise eine Korrektur des ersten Buches. Chatterjee vollzieht hier eine Trennung des Nationalismus in eine materielle, äußerliche und eine innere, spirituelle Sphäre. Auf dieser spirituellen Ebene, «ihrem wahren und essentiellen Bereich», ist die Nation bereits souverän, lange bevor sie es auch politisch wird. Mit anderen Worten: Selbst wenn die «Nation-Form» (Etienne Balibar) transferierbar ist und der nationale Diskurs auf dieser formalen Ebene ein abgeleiteter, bleibt doch die inhaltliche Aufladung des Nationalismus räumlich-kulturell spezifisch und lässt sich nicht aus dem europäisch-imperialen Modell deduzieren.[374]

373 Partha Chatterjee, *Nationalist Thought and the Colonial World: A Derivative Discourse*, Minneapolis (University of Minnesota Press) 1993.

374 Partha Chatterjee, *The Nation and its Fragments: Colonial and Post-Colonial Histories*, Princeton (Princeton University Press) 1993, Zitat: 6. Zu Balibar vgl. Etienne Balibar, The Nation Form: History and Ideology, in: ders. und Immanuel Wallerstein, *Race, Nation, Class: Ambiguous Identities*, London (Verso) 1991, 86–106.

In welchem Maße ist diese inhaltliche Partikularität nun selbst das Produkt globaler Konstellationen? Denn in gewisser Weise bleibt der Ansatz Chatterjees noch dem endogenen Modell verpflichtet: Zwar konzediert er den Transfer der Nationals-Form unter Bedingungen imperialer Macht, aber die inhaltliche Spezifik des kolonialen Nationalismus wird mit Verweis auf kulturelle Eigendynamik vor Ort erklärt, insbesondere durch Rückgriff auf vorkoloniale Traditionen. Man hat Chatterjee vorgeworfen, dass er diese vorkolonialen kulturellen Ressourcen idealisiere und reifiziere.[375] Wichtiger in unserem Zusammenhang sind zwei andere Kritikpunkte, die aus globalgeschichtlicher Sicht formuliert werden können: Zum einen bleibt die Analyse noch ganz auf die binäre Beziehung zwischen kolonisierter und imperialer Nation fixiert. Die Dynamik des indischen, chinesischen oder japanischen Nationalismus war jedoch Teil einer globalen historischen Problematik. Das Paradigma der lokalen «Reaktion» auf Impulse aus Europa und den USA greift ebenso zu kurz wie die Privilegierung des Rückbezugs auf autochthone kulturelle Traditionen. Auf diese Weise wird die Welt ausgeblendet, die seit dem späten 19. Jahrhundert in vielen Regionen zunehmend als globale Totalität spürbar und wirksam war; Nationalismus und das Denken in nationalen Kategorien entstanden unter Bedingungen globaler Integration. Und zum anderen bleibt ausgespart, in welchem Maße auch die inhaltliche Aufladung des Nationalismus nicht nur auf endogene Bestände rekurrierte, sondern zugleich durch die globale Konstellation mit produziert wurde. Statt also eine (universale, transferierbare) «Nation-Form» und eine kulturell je spezifische inhaltliche Manifestation analytisch voneinander zu trennen, muss es darum gehen, beide Ebenen in ihrem globalen Kontext zu rekonstruieren – der häufig entscheidend dafür war,

375 Vgl. etwa Sumit Sarkar, The Decline of the Subaltern in Subaltern Studies, in: ders., *Writing Social History*, New Delhi (Oxford University Press) 1997, 82–108.

welche der zahlreichen Traditionen für nationale Projekte mobilisiert wurde.[376]

Es geht also darum, die Art und Weise, in der die Nation definiert, verstanden und praktiziert wurde, tiefer in globale Kontexte einzubetten. Eine Reihe globalgeschichtlich inspirierter Studien haben gezeigt, wie fruchtbar ein solcher Ansatz sein kann. So hat Manu Goswami die Entstehung des indischen Nationalismus, aber auch die Herausbildung eines nationalen Wirtschaftsraums als Effekt kolonialer Interventionen und der Expansion des globalen Kapitalismus beschrieben. Sie skizziert dabei nicht nur die Ebenen der Vorstellung und Repräsentation, sondern ebenso eng geknüpfte Kommunikationsnetzwerke, kapitalistische Produktion und Austausch, staatliche Einrichtungen und soziale Beziehungen.[377] Rebecca Karl hat in einer Studie zur späten Qing-Zeit vorgeführt, inwieweit die Strategien nationaler Eliten von einem globalen Bewusstsein geprägt waren. Und auch die Arbeit von Christopher Hill zur Repräsentation des nationalen Raumes in Japan, Frankreich und den USA demonstriert, dass im späten 19. Jahrhundert die Prozesse globaler Verflechtung und die Herausbildung nationaler Partikularität Hand in Hand gingen.[378]

376 Diese Kritik folgt Hill, *National History and the World of Nations.*

377 Manu Goswami, *Producing India: From Colonial Economy to National Space,* Chicago (University of Chicago Press) 2004.

378 Vgl. Karl, Creating Asia; Hill, *National History and the World of Nations.* Vgl. in diesem Zusammenhang auch Mark Ravina, State-Making in Global Context: Japan in a World of Nation-States, in: Joshua A. Fogel (Hg), *The Teleology of the Modern Nation-State,* Philadelphia (University of Pennsylvania Press) 2005, 87–104; Sebastian Conrad, *Globalisierung und Nation im Deutschen Kaiserreich,* München (C.H. Beck) 2006.

Umweltgeschichte

Seit dem Beginn des 21. Jahrhunderts ist die Umweltgeschichte zu einem der am raschesten wachsenden Forschungsfelder für Historiker geworden. Umweltgeschichte handelt von den wechselseitigen Beziehungen zwischen sozialen und naturgeschichtlichen Entwicklungen und ihren Folgen; es geht dabei also stets um die Präsenz des Menschen in seiner natürlichen Umwelt. Die Fragestellungen der *environmental history* transzendieren gegenstandsbedingt fast automatisch nationale und regionale Grenzen, auch wenn sie durchaus in lokalen Gegebenheiten verankert sein können; die Umweltgeschichte eignet sich daher besonders für einen globalgeschichtlichen Zugriff, auch wenn bislang nur eine Minderheit der Umwelthistoriker sich auf übergreifende Makroperspektiven eingelassen hat.

Die Themen der Umweltgeschichte sind breit und vielfältig: die Geschichte des Waldes und der Abholzung, der Jagd und des Wilderns; Bodenerosion und Klimawandel; die Effekte von Erdbeben, Tsunamis und anderen Naturkatastrophen; die Ausbreitung von Keimen und Erregern, Krankheiten und Epidemien; die Geschichte von Flüssen und Seen; die Auswirkungen von Dürreperioden und Regenzeiten, von Vulkanausbrüchen oder Waldbränden auf menschliche Gemeinschaften; die Geschichte der Umweltverschmutzung und der Umweltpolitik, aber auch der Widerstand gegen Interventionen in die Umwelt. Diese Liste ließe sich beliebig verlängern. Die meisten Untersuchungen zeichnen sich dadurch aus, dass sie Umweltthematiken mit gesellschaftlichen Prozessen verknüpfen und danach fragen, wie Veränderungen der natürlichen Umwelt sich auch sozial auswirken und in Formen von Ungleichheit niederschlagen – und, umgekehrt, wie menschliches Handeln auf die Umwelt zurückwirkt. Stärker als viele andere Bereiche der Geschichtswissenschaft sind umwelthistorische Arbeiten häufig politisch und moralisch aufgeladen und unmittelbar mit gesellschaftlichen Anliegen der Gegenwart verknüpft. Und anders als in vielen Bereichen der Globalgeschichte, in denen ein triumphierender Grundton des «immer mehr» vorherrscht – mehr Mobilität, mehr Kommunikation, mehr grenzüberschreitender Handel –, steht die Umweltgeschichte als Erzählform im Zeichen des Niedergangs und des Verlusts der Unschuld.[379]

Die meisten Autoren lassen die Geschichte der Umwelt als Globalgeschichte im späten 15. Jahrhundert beginnen; vorher waren Umweltentwicklungen vornehmlich lokalen und regionalen Charakters. Die Eroberung der westlichen Hemisphäre durch Spanier und Portugiesen setzte den *Columbian exchange* in Gang, der nicht nur europäische Krankheiten in die Amerikas brachte, sondern auch Pflanzen und Tiere zwischen Europa, Asien und Amerika zirkulieren ließ und an vielen Orten eine grundlegende Veränderung der Lebensstile und Konsummuster mit sich brachte.[380] Seit dem Erscheinen des Buches von Alfred Crosby ist die Frage, welche Faktoren in erster Linie ursächlich für die Zerstörung bzw. radikale Transformation von Umweltbedingungen verantwortlich gemacht werden können, im Mittelpunkt globalgeschichtlicher Umweltforschung geblieben: der Kapitalismus, der Imperialismus oder die Industrialisierung?

379 Eine globalgeschichtliche Perspektive auf die Geschichte der Umwelt bieten: William McNeill, *Plagues and Peoples*, New York (Anchor) 1976; Joachim Radkau, *Natur und Macht. Eine Weltgeschichte der Umwelt*, München (C.H. Beck) 2000; John R. McNeill, *Blue Planet. Die Geschichte der Umwelt im 20. Jahrhundert*, Frankfurt am Main (Campus) 2003; Stephen Mosley, *The Environment in World History*, London (Routledge) 2010; J. Donald Hughes, *An Environmental History of the World: Humankind's Changing Role in the Community of Life*, London (Routledge) 2009; Clive Ponting, *A New Green History of the World: The Environment and the Collapse of Great Civilizations*, London (Penguin) 2007; John R. McNeill, *Something New under the Sun: An Environmental History of the Twentieth-Century World*, New York (W.W. Norton) 2000.

380 Alfred W. Crosby, *The Columbian Exchange: Biological and Cultural Consequences of 1492*, Westport CT. (Greenwood Press) 1972.

Die erste Position stützt sich auf eine längere Tradition kapitalismuskritischer Arbeiten zur Umweltgeschichte, vor allem zu Westeuropa und den Vereinigten Staaten. Darin werden der Raubbau an der Natur, die zunehmende Urbarmachung von Sümpfen und Marschland sowie die Zerstörung natürlicher Biotope und der Wildnis mit der Akkumulationslogik des Kapitalismus in direkte Verbindung gebracht. Vor allem die Überführung von Grund und Boden in Privateigentum galt als der Mechanismus, der den Raubbau an der Natur verstärkte. Die globalgeschichtliche Literatur hat diese Annahmen jedoch stark relativiert.[381] Ein breiter, vergleichender Blick zeigt vielmehr, dass Projekte der Staatsbildung und auch schon der Stadtentwicklung seit der Frühen Neuzeit in ganz unterschiedlichen Regionen eine Intensivierung der Landnutzung und der Müllentwicklung in Gang gebracht haben, die nicht auf kapitalistische Expropriation zurückgeführt werden kann. Wie beispielsweise John Richards in seiner groß angelegten Umweltgeschichte der Zeit vor 1800 gezeigt hat, ging die frühmoderne Staatsbildung mit der Verdrängung nicht-sesshafter Gruppen und der Zerstörung ökologischer Nischen einher. Die Intensivierung der menschlichen Landaneignung durch permanente Ausweitung der Siedlungsgrenzen und der zunehmende Bedarf an Energiequellen waren meist nicht allein Ausdruck kapitalistischer Logik, sondern staatlicher Ambitionen und großer Entwicklungsprojekte.[382] Dies war zudem keineswegs eine europäische Besonderheit. Auch der chinesische Staat setzte auf Entwaldung, auf die Ausweitung ackerbaufähigen Landes, auf die Zähmung widerspenstiger Flussläufe. Unter der Qing-Dynastie

381 Vgl. dazu Kenneth Pomeranz, Introduction: World History and Environmental History, in: Edmund Burke III und Kenneth Pomeranz (Hg), *The Environment and World History,* Berkeley (University of California Press) 2009, 3–32.

382 John F. Richards, *The Unending Frontier: An Environmental History of the Early Modern World,* Berkeley (University of California Press) 2003.

(1644–1911) nahm die Rolle des Staates in der Wirtschaft weiter zu, nicht zuletzt aufgrund der hohen Kosten, die die Aufrechterhaltung hydraulischer Systeme, Bewässerungsanlagen, der großen Kanäle sowie der Flutkontrolle mit sich brachte.[383] Die Zurückdrängung der Natur sowie nomadischer Gruppen, deren Produktionsweise nicht auf Eigentum an Land basierte, setzte nicht erst mit kapitalistischer Produktion ein, sondern ergab sich aus der Ausdehnung staatlicher Interventionen. Diese Einsicht hat auch dazu beigetragen, die nostalgische Sicht auf vorkapitalistische Gesellschaften zu relativieren.[384]

Ganz ähnlich verläuft auch, zweitens, die Diskussion über den Zusammenhang von Imperialismus und ökologischem Gleichgewicht. Im Anschluss an Alfred Crosby hat eine Reihe von Autoren die These aufgestellt, dass die westliche Hegemonie seit der Frühen Neuzeit eine Grundlage im «ökologischen Imperialismus» Europas besaß. Diese Deutung bezieht sich zunächst auf die biologische Expansion Europas, durch welche Flora, Fauna und Keime aus der *Alten Welt* in die Amerikas gelangten und zur Dezimierung der lokalen Bevölkerung sowie zur Zerstörung indigener Umwelten führte; im Süden Amerikas wird der durch eingeschleppte Krankheiten wie die Grippe ausgelöste Bevölkerungsschwund auf bis zu 95 Prozent der Einwohner geschätzt. In dieser Deutung war die – nicht intendierte – Ausbreitung von Krankheitserregern einer der Geburtshelfer des europäischen Imperialismus.[385] Aber in den

383 Vgl. Mark Elvin, *The Retreat of the Elephants: An Environmental History of China*, New Haven (Yale University Press) 2004. Vgl. auch Robert Marks, *Tigers, Rice, Silk and Silt: Environment and Economy in Late Imperial South China*, Cambridge (Cambridge University Press) 1998 sowie für das 20. Jahrhundert Judith Shapiro, *Mao's War against Nature: Politics and the Environment in Revolutionary China*, New York (Cambridge University Press) 2001.

384 Vgl. etwa Shepard Krech III, *The Ecological Indian: Myth and History*, New York (Norton) 1999.

385 Alfred W. Crosby, *Ecological Imperialism: The Biological Expansion of Europe*, Cambridge (Cambridge University Press) 1986. Vgl. auch die ähnlich gelagerte, sehr kontroverse Argu-

seltensten Fällen ließ sich die biologische von der politischen und sozialen Expansion gänzlich trennen. Krankheiten wie das Gelbfieber oder die Malaria wurden nicht nur auf Schiffen über den Atlantik eingeschleppt; sie konnten in der Neuen Welt überhaupt erst Fuß fassen, weil die dortigen Ökosysteme im Zuge der Neuordnung von Anbau und Produktion unter kolonialen Bedingungen transformiert worden waren.[386]

Diese Wechselbeziehung zwischen Umwelt und imperialer Herrschaft war nicht ungewöhnlich.[387] Die europäische Expansion profitierte zwar durchaus davon, die natürlichen Ressourcen der nicht-westlichen Welt ausbeuten zu können, aber mindestens so wichtig war die umgekehrte Kausalität: Koloniale Herrschaft führte zu einer Zerstörung indigener Ökosysteme. Im Anschluss an die *postcolonial studies* sind die Folgen imperialer Eingriffe in Umwelt und Sozialsystem ausführlich beschrieben worden. Konkret geht es dabei um Phänomene wie den Abbau von Gold und Silber in den Bergwerken, die großflächig angelegte Plantagenwirtschaft oder die Monokultur von Exportprodukten, die lokale Produktionsweisen zerstörten und zu einem Raubbau an Grund und Boden führten. Ebenso wichtig waren gesellschaftliche Eingriffe, insbesondere die Konfiskation von Land, die in der Folge die risikominimierende und extensive Nutzung durch einheimische Bauern unmöglich machte.[388] Vor allem aber haben Historiker von einer Kolonisie-

mentation von Mike Davis, *Late Victorian Holocausts: El Nino Famines and the Making of the Third World,* London (Verso) 2001.

386 So das Argument von John R. McNeill, *Mosquito Empires: Ecology and War in the Greater Caribbean,* 1620–1914, Cambridge (Cambridge University Press) 2010.

387 Vgl. etwa Richard H. Grove, *Green Imperialism: Colonial Expansion, Tropical Island Edens and the Origins of Environmentalism, 1600–1860,* Cambridge (Cambridge University Press) 1995.

388 Vgl. etwa Nancy Jacobs, *Environment, Power, and Injustice: A South African History,* Cambridge (Cambridge University Press) 2003, 96–116.

rung der Natur gesprochen, bei der indigene Formen des nachhaltigen Anpassens an die natürliche Umwelt von der instrumentellen Vernunft des Westens und der rücksichtslosen Ausbeutung der Ressourcen verdrängt worden seien.[389] Koloniale Eroberung bestand dann, in dieser Lesart, in einer Konfrontation von Wissenssystemen. Das Credo der wissenschaftlichen Revolution und der Aufklärung – der Anspruch auf Herrschaft über die Natur, symbolisiert in Bacons Forderung, die Natur zu foltern, bis sie ihre Geheimnisse preisgebe – habe umweltfreundliche Alternativen lokaler Gesellschaften zerstört, zum Teil für immer.[390]

Auch diese Sicht ist im Zuge globalgeschichtlicher Forschung modifiziert und eingeschränkt worden. Zwar besteht kaum ein Zweifel, dass im Zuge imperialer Projekte – häufig betrieben von Akteuren ohne direkten Bezug zu dem Land und der Region – auch die Vernichtung natürlicher Ressourcen eine Beschleunigung erfuhr. Zugleich ist die Rekonstruktion indigener Formen ökologischen Wissens und «Umweltweisheiten» zu einem wichtigen Forschungsfeld geworden, bisweilen, um daraus Anregungen für die Gegenwart zu ziehen. Aber die Dichotomie zwischen einem harmonischen Zusammenleben mit der Natur in vorkolonialen Gemeinschaften und der kompromisslosen modernen Naturbeherrschung lässt sich so nicht halten. Die «Entzauberung» der Natur hatte vielerorts längst einge-

389 Eine gute Zusammenfassung dieser Position findet sich bei John MacKenzie, Empire and the Ecological Apocalypse: The Historiography of the Imperial Environment, in: Tom Griffiths und Libby Robin (Hg), *Ecology and Empire: Environmental History of Settler Societies*, Edinburgh (Keele University Press) 1997, 215–28.

390 Vgl. beispielsweise Madhav Gadgil und Ramachandra Guha, *This Fissured Land: An Ecological History of India*, Delhi (Oxford University Press) 1992; David Arnold und Ramachandra Guha, *Nature, Culture, Imperialism: Essays on the Environmental History of South Asia*, Delhi (Oxford University Press) 1995; John MacKenzie, *The Empire of Nature: Hunting, Conservation and British Imperialism*, Manchester (Manchester University Press) 1988.

setzt und zu Trockenlegungen, Abholzung oder Bodenerosion geführt.[391] «Durch eine ökologische Brille betrachtet», hat Kenneth Pomeranz zusammengefasst, «unterscheidet sich der Imperialismus häufig im Ausmaß, nicht aber in der Art von den ‹zivilisierenden› Projekten, die Staaten an der eigenen Bevölkerung und Landschaft durchführten.»[392]

Drittens schließlich haben Historiker über die Frage diskutiert, inwiefern die Industrialisierung eine Zäsur und Wendemarke in der Umweltgeschichte darstellt. Diese Diskussion läuft parallel und interessanterweise weitgehend unabhängig von der unter Wirtschaftshistorikern geführten Debatte über die Frage, ob man sinnvollerweise von einer «Industriellen Revolution» sprechen kann und worin die weltgeschichtliche Bedeutung der Industrialisierung liegt. Im Vergleich dazu steht für die meisten Umwelthistoriker der Zäsurcharakter der Industrialisierung außer Frage. Der Übergang von Holz und anderen erneuerbaren Energiequellen hin zu Kohle seit der Mitte des 18. Jahrhunderts hat eine Ära der energieintensiven Produktion eingeläutet, die bis heute anhält. Der Abbau von Kohle und später von Erdgas und Erdöl, sowie schließlich, seit dem Beginn des *Manhattan Project* 1942, die Nutzung nuklearer Energie haben ökologische Folgeerscheinungen mit sich gebracht, die seit dem späten 19. Jahrhundert, und dann verstärkt seit dem Zweiten Weltkrieg, Aktivisten und Umweltbewegungen auf den Plan gerufen haben.[393]

391 Vgl. den Überblick bei William Beinart, Beyond the Colonial Paradigm: African History and Environmental History in Large-Scale Perspective, in: Edmund Burke III und Kenneth Pomeranz (Hg), *The Environment and World History*, 211–28.

392 Pomeranz, Introduction, 15.

393 Zur Geschichte der Umweltbewegungen vgl. Ramachandra Guha, *Environmentalism: A Global History*, New York (Longman) 2000; Corinna Unger und John R. McNeill (Hg), *Environmental Histories of the Cold War*, New York (Cambridge University Press) 2010.

In gewisser Weise waren Menschen immer schon biologische Akteure. Menschliche Aktivität, in anderen Worten, war nicht nur von natürlichen und klimatischen Bedingungen geprägt, sondern hat selbst zur Transformation der Umwelt beigetragen. In diesem Kontext haben Umwelthistoriker die konkreten Effekte industrieller Produktion nachgezeichnet und ihre beschleunigende Wirkung auf die Zerstörung natürlicher Ressourcen und Biotope konstatiert. Aber in den letzten Jahren, unter dem Einfluss der globalen Erderwärmung und des Treibhauseffektes, haben Naturwissenschaftler damit begonnen, eine viel radikalere Position zu vertreten: Die industrielle Produktion und die Nutzung fossiler Energien habe eine neue geologische Epoche eingeläutet. Der mit dem Nobelpreis ausgezeichnete Chemiker Paul J. Crutzen hat vorgeschlagen, die Gegenwart mit dem Begriff des «Anthropozäns» zu bezeichnen. Darunter versteht er eine Epoche, in der die Einwirkungen menschlicher Aktivitäten auf die Umwelt eine Dimension erreicht haben, die mit natürlichen Einflüssen vergleichbar sind: Menschliches Leben verändert das Klima und die geologischen Bedingungen des Erdballs in grundlegender Weise. Das Anthropozän habe um 1800 eingesetzt und sei eine «vom Menschen dominierte, geologische Epoche, welche das Holozän ergänze – die warme Periode der letzten 10–12 Jahrtausende».[394] Diese Anregungen aufnehmend hat Dipesh Chakrabarty dafür plädiert, über die traditionelle humanistische Unterscheidung zwischen Naturgeschichte und menschlicher Geschichte hinauszugehen: Globalgeschichte in einem planetarischen, gattungsgeschichtlichen Gewand. Die Veränderungen der Umwelt könnten nicht lediglich als Nebeneffekt kapitalistischer Produktionsformen verstanden werden; vielmehr müsse die Geschichte des Kapitalismus selbst in einen übergreifenden Zu-

394 Paul Crutzen, Geology of Mankind, *Nature* 415 (2002), 23.

sammenhang der Geschichte der menschlichen Spezies eingeordnet werden.[395]

Race

Zum Schluss soll noch ein Gegenstand skizziert werden, der sich bislang noch nicht zu einem eigenen Forschungsfeld entwickelt hat, bei dem sich eine globalgeschichtliche Perspektive jedoch aufdrängt: die Geschichte des Rassismus, der Rassediskurse und der Praxis der auf Rassekategorien gestützten Ausgrenzung und Entrechtung. Zu diesen Themen gibt es bereits eine breite Literatur, etwa zur Geschichte der Sklaverei, des Holocaust oder der Apartheid in Südafrika. Bislang sind diese unterschiedlichen historischen Fälle jedoch noch kaum zu einer Weltgeschichte des Rassismus zusammengeführt worden. Die bislang existierenden Überblicksdarstellungen beschränken sich meist auf einige Fälle und konzentrieren sich dabei auf den «Westen». George Fredricksons kurze Geschichte des Rassismus, eines der Standardwerke in dem Feld, ist dafür ein gutes Beispiel. Fredrickson zeigt, wie der mittelalterliche Antisemitismus den rassistischen Diskurs zur Legitimierung des Sklavenhandels beeinflusste und stellt dann das Denken der Aufklärung und der Romantik als wichtige Zäsuren eines modernen, auf biologische Kriterien abhebenden Rassediskurses vor. Schließlich werden die diskriminierenden Jim Crow-Gesetze in den amerikanischen Südstaaten, die Rassepolitik des Nationalsozialismus sowie der südafrikanische Fall miteinander verglichen.[396]

395 Dipesh Chakrabarty, The Climate of History: Four Theses, *Critical Inquiry* 35 (2009), 197–222.

396 George M. Fredrickson, *Racism: A Short History*, Princeton (Princeton University Press) 2003. Ähnlich auch Christian Delacampagne, *Une Histoire du Racisme des Origines à nos Jours*,

Eine genuin globale Perspektive ist das noch nicht, und in der Tat überrascht das Fehlen globalgeschichtlicher Zugriffe bei einem Thema, dessen weltweite Relevanz ins Auge sticht. Verschiedene Gesellschaften verfügten schon lange über ihr je eigenes Arsenal an Ausschlusskriterien und Ausgrenzungsmechanismen. Aber spätestens seit dem ausgehenden 19. Jahrhundert avancierte das Rassedenken zu einem globalen Diskurs und wurde zu einem konstitutiven Bestandteil der internationalen Ordnung; es kann ohne Berücksichtigung von globalen Zusammenhängen nur unzureichend verstanden werden. Abgesehen von einer Vielzahl von Einsichten im Einzelnen sind es vor allem drei Problemstellungen, die eine globalgeschichtliche Antwort verlangen.

Dazu gehört erstens die Frage nach der Genealogie des modernen Rassismus. Diese Frage löst unmittelbar definitorische Überlegungen aus – ab wann kann man von Rassedenken sprechen, ab wann von Rassismus? Gehört die Trope der «Barbaren» in der griechischen Antike oder die Abgrenzung der Chinesen von den «barbarischen» Jurchen in der Song-Dynastie (960–1279) bereits dazu? Wie überlagerten sich Unterschiede der Religion, der Sprache, der Hautfarbe und der «Rasse» im Mittelalter? Paul Spickard hat vorgeschlagen, erst dann von «Rasse» zu sprechen, wenn Menschen «beginnen, sich als fundamental und unwiderruflich anders zu sehen», das heißt ohne Möglichkeit des Übergangs, der Erziehung oder Konversion. Spickard bezeichnet die Kristallisierung von verschiedenen Formen des Differenzdenkens, sei es in kulturellen oder ethnischen Begriffen, zu «Rasse» als «the racial moment».[397]

Paris (Livre de Poche) 2000; Ivan Hannaford, *Race: The History of an Idea in the West*, Baltimore, MD. (Johns Hopkins University Press) 1996.

397 Paul Spickard, Race and Nation, Identity and Power: Thinking Comparatively about Ethnic Systems, in: ders. (Hg), *Race and Nation: Ethnic Systems in the Modern World*, New York (Routledge) 2005, 1–32, Zitat: 2.

Wenn man eine solche Definition zu Grunde legt, sind aus globalgeschichtlicher Perspektive hauptsächlich drei mögliche Zäsuren genannt worden: Zum einen die symbolisch durch die Jahreszahl 1492 markierte iberische Eroberung der Neuen Welt und die zeitgleiche Reconquista, also die Vertreibung der Juden und Muslime aus Spanien. Während im letzten Fall die herkömmliche Frage nach der Reinheit des Glaubens zunehmend von einem Interesse an der Reinheit des Blutes (*limpieza de sangre*) überformt wurde, gehörten die brutalen Kriege im südlichen Amerika und die Berichte der Eroberer und Missionare zu den Grundlagen der ersten wissenschaftlichen Systematisierungen des Rassekonzepts im 17. Jahrhundert.[398] Zum anderen wird regelmäßig auf die europäische Aufklärung als wichtiger ideengeschichtlicher Einschnitt verwiesen. Erst die allmähliche Ablösung der biblischen Vorstellung von der einheitlichen Abkunft der Menschheit, und damit einhergehend die Durchsetzung der polygenetischen Deutung, der zufolge die verschiedenen Rassen auf unterschiedliche Spezies zurückgeführt werden könnten, habe eine Radikalisierung des frühneuzeitlichen Denkens in Rassekategorien ermöglicht. Seitdem gehörte «Rasse» in Europa zum festen Bestandteil des politischen Vokabulars – und auch der politischen Praxis.[399] Diesen beiden Ursprungsmomenten wird schließlich die Annahme gegenübergestellt,

398 Vgl. Christian Geulen, *Geschichte des Rassismus,* München (C.H. Beck) 2007, 32–47; Carolyn Fluehr-Lobban, *Race and Racism: An Introduction,* Lanham, MD. (Rowman and Littlefield) 2006; Colin Kidd, *The Forging of Races: Race and Scripture in the Protestant Atlantic World 1600–2000,* Cambridge (Cambridge University Press) 2006.

399 Vgl. etwa die Quellenauszüge in Emmanuel C. Eze (Hg), *Race and the Enlightenment: A Reader,* Oxford (Wiley-Blackwell) 1997; vgl. auch A. Gerbi, *The Dispute of the New World: The History of a Polemic 1750–1900,* Pittsburgh (University of Pittsburgh Press) 1973; Roxann Wheeler, *The Complexion of Race: Categories of Difference in Eighteenth-Century British Culture,* Philadelphia (University of Pennsylvania Press) 2000; William Max Nelson, Making Men: Enlightenment Ideas of Racial Engineering, *American Historical Review* 115 (2010), 1364–1394.

dass sich die moderne Form des Rassismus erst seit den 1860er Jahren herausgebildet habe, rasch wirkungsmächtig geworden sei und ihren Siegeszug um die Welt angetreten habe. Diese Deutung findet bei der Mehrzahl der Historiker Unterstützung. Die Vorstellung von einer Unterteilung der Menschheit in Rassen – jetzt unveränderlich gedacht, nicht mehr erzieh- und reformierbar – war einerseits ein Effekt des Rückgangs religiöser Weltbilder und ihrer Substituierung durch den Diskurs der Wissenschaft, andererseits ein Instrument der entstehenden imperialen Weltordnung.[400]

Komplementär zu dieser Diskussion ließe sich, zweitens, nach den möglichen nicht-westlichen Traditionen des Rassedenkens fragen. Tatsächlich gehen die meisten Autoren von einem europäischen Ursprung des Konzepts aus, ob es sich nun aus innereuropäischen Debatten heraus entwickelt hat oder an der Peripherie, als Folge der kulturellen Begegnungen des Expansionszeitalters. War die weltweite Akzeptanz rassischer Kategorien um 1900 dann das Ergebnis der politisch-ökonomischen Hegemonie des Westens, oder konnte der Rassediskurs möglicherweise an unterschiedliche lokale Traditionen anknüpfen? So hat jedenfalls Frank Dikötter für den chinesischen Fall argumentiert. Zwar markiert auch für ihn die Verwendung des Begriffs «Rasse» (Komposita mit dem Schriftzeichen *zhong*), zunächst als Übersetzung europäischer Termini, einen neuen politischen Diskurs. Aber Dikötter betont, wie stark das Verständnis der Kategorie «Rasse» durch eine lange Tradition politischer Differenzkonstruktionen aufgeladen war. «Weit entfernt davon, bloße Imitation einer ‹authentischeren› Form des ‹weißen Rassismus› zu sein, hatten in China Narrative von Blut und Abstammung eine innere Bindekraft, die auf der aktiven Rekonfiguration indigener Modi der Repräsentation beruh-

400 Vgl. als Überblick Joseph L. Graves, *The Emperor's New Clothes: Biological Theories of Race at the Millennium*, New Brunswick, NJ. (Rutgers University Press) 2001.

ten.» Nur durch die Verbindung mit lokalen und populären Deutungsmustern lasse sich die Virulenz, aber auch die Spezifik der chinesischen Aneignung der Rassekategorien erklären; Dikötter erwähnt etwa die Verbindung des Topos von der «Gelben Rasse» zur traditionellen Identifikation des Kaiserhofes mit der Farbe Gelb.[401] Der Hinweis auf indigene Ressourcen ist wichtig; nur so können die Varianten des Rassedenkens und die unterschiedlichen Koalitionen erklärt werden, die der Begriff mit anderen Kategorien wie Religion, Sprache, Kaste oder Familie einging.[402] Allerdings sollte man nicht der Versuchung erliegen, nach einer unabhängigen, indigenen Genese des Rassediskurses zu fahnden.[403] Auf diese Weise würden die globalen Entstehungs- und Diffusionsbedingungen ausgeblendet, die den weltweiten Siegeszug der Rassekategorie erst ermöglichten.

Daher, und das ist das dritte Problemfeld, muss der globale Entstehungs- und Resonanzraum des Rassedenkens im späten 19. Jahrhundert, aber auch in der Zwischenkriegszeit, noch systematischer als bisher zum Thema gemacht werden. Das heißt nicht, dass die Vielfalt des Begriffes eingeebnet wird – im Gegenteil. So musste der Verweis auf biologische Rassen nicht automatisch mit Ausgrenzung und Diskriminierung einhergehen. Auf dem First Universal Races Congress, der 1911 in London

401 Frank Dikötter, Racial Discourse in China: Continuities and Permutations, in: Frank Dikötter (Hg), *The Construction of Racial Identities in China and Japan,* Honolulu (University of Hawaii Press) 1997, 12–33, Zitat: 14.

402 Sehr anregend: Thomas R. Trautmann, *Aryans and British India,* New Delhi (Yoda Press) 2004; Oguma Eiji, *A Genealogy of ‹Japanese› Self-Images,* Melbourne (Trans Pacific Press) 2002. Vgl. auch Marilyn G. Miller, *Rise and Fall of Cosmic Race: The Cult of Mestizaje in Latin America,* Austin (University of Texas Press) 2004.

403 Diese Tendenz scheint bei Dikötter durch; vgl. sein *The Discourse of Race in Modern China,* Stanford (Stanford University Press) 1992. Mit ähnlicher Tendenz auch Bernard Lewis, *Race and Slavery in the Middle East: An Historical Enquiry,* New York (Oxford University Press) 1990.

stattfand, ließ sich für die Mehrzahl der Tagungsteilnehmer die wissenschaftliche Rassenkunde mit einer kosmopolitischen Sicht auf die Welt verbinden. «Eine Untersuchung der genetischen Bedingungen und Ursachen [...] welche den Aufstieg, das Wachstum und den Niedergang der menschlichen Rassen geformt und beherrscht haben, kann es uns ermöglichen, die zukünftige Entwicklung der Menschheit zu lenken und zu kontrollieren», versprach etwa der indische Wissenschaftler Brajendranath Seal. «Eine universale Humanität, realisiert auf dieser unveränderbaren Basis, ist der Zweck eines universalen Rassekongresses wie diesem [...] Unser Motto ist Harmonie.»[404] Der Verweis auf «Rasse» war vielschichtig und «produktiv», im Foucaultschen Sinne; er konnte Differenz markieren, aber auch als Basis für Veränderung und «Hebung» dienen (das war das Credo der Eugenik) oder schließlich als Basis für politische Koalitionen fruchtbar gemacht werden.[405]

Aber auch als Ausschlussmechanismus, als Grundlage für Diskriminierung und sogar Vernichtung und «Auslöschung» des Gegners war der Rassismus eingebunden in globale Zusammenhänge. Er gelangte zu globaler Hegemonie in der Epoche des Kolonialismus und Imperialismus und muss daher in diesem Kontext gesehen werden. Vor allem die großen Siedlerkolonien entwickelten sich zu Inkubatoren rassistischer Praxis, von Ausschreitungen und Massakern bis zu weniger massiv auf die Körper zielenden Formen wie Arbeitserlaubnissen und Einwanderungsbeschränkungen. Aufgrund der zunehmenden Integration der Welt waren diese Prozesse an unterschiedlichen Schauplätzen – etwa den Vereinigten Staaten, Südafrika und

404 Zitiert nach Christian Geulen, The Common Grounds of Conflict: Racial Visions of World Order 1880–1940, in: Sebastian Conrad und Dominic Sachsenmaier (Hg), *Competing Visions of World Order: Global Moments and Movements, 1880s–1930s*, New York (Palgrave) 2007, 69–96, Zitat: 84–85.

405 Karl, Creating Asia.

Australien – miteinander verbunden.[406] Sie waren wiederum Teil eines kolonialen Zusammenhangs, in dem viele Aspekte einer rassischen Ordnung – die Rekrutierung «ethnischer» Arbeiterkontingente, die Einschränkung der Mobilität von «Stämmen» und «Rassen», die Segregation von Stadtvierteln, das Verbot der «Mischehen» und so fort – tägliche Praxis waren. Dies ist der größere Kontext, in dem auch das Aufkommen des europäischen Rassismus im 20. Jahrhundert verstanden werden muss. Dabei muss man von der rassistischen Praxis in den Kolonien, die bis zum Genozid reichen konnte, nicht gleich – um auf eine aktuelle Diskussion zu verweisen – eine direkte und ursächliche Verbindung zum Holocaust ziehen.[407] Aber es ist klar, dass die historische Analyse nur davon profitieren kann, wenn auch vorgeblich einzigartige Phänomene wie der nationalsozialistische Rassenstaat in einen breiteren Kontext einer Geschichte der Imperien und des Rassedenkens eingeordnet werden.[408]

Erst durch eine globale Perspektive kommen die sich wechselseitig beeinflussenden Faktoren in den Blick, welche die historisch wandelbaren Formen rassischer Identifikation hervorgebracht haben. Dieses relationale Verständnis von «Rasse»

406 Vgl. Lake und Reynolds, *Drawing the Global Colour Line;* Dirk A. Moses (Hg), *Empire, Colony, Genocide: Conquest, Occupation, and Subaltern Resistance in World History,* New York (Berghahn Books) 2008; Susan Pedersen und Caroline Elkins (Hg), *Settler Colonialism in the Twentieth Century,* New York (Routledge) 2005.

407 Vgl. dazu Jürgen Zimmerer, *Von Windhuk nach Auschwitz? Beiträge zum Verhältnis von Kolonialismus und Holocaust,* Münster (LIT) 2011, sowie kritisch: Robert Gerwarth und Stephan Malinowski, Der Holocaust als ‹kolonialer Genozid›? Europäische Kolonialgewalt und nationalsozialistischer Vernichtungskrieg, *Geschichte & Gesellschaft* 33 (2007), 439–466. Einen guten Überblick vermittelt Matthew P. Fitzpatrick, The Pre-History of the Holocaust? The Sonderweg and Historikerstreit Debates and the Abject Colonial Past, *Central European History* 41 (2008), 477–503.

408 Vgl. Mark Mazower, *Hitler's Empire: Nazi Rule in Occupied Europe,* London (Penguin) 2008; Shelley Baranowski, *Nazi Empire: German Colonialism and Imperialism from Bismarck to Hitler,* Cambridge (Cambridge University Press) 2010.

bezieht explizit auch das «Weißsein» mit ein, das von vielen Studien zum Rassismus mehr oder weniger unhinterfragt vorausgesetzt wird, von den *critical whiteness studies* dagegen ins Zentrum der Analyse rassistischer Differenzkategorien gerückt wird. Die Zuordnung zu Rassen war veränderlich. In den europäischen Kolonien wurden beispielweise Japaner nach 1899 rechtlich den «weißen» Europäern gleichgestellt – ab dem Zeitpunkt also, als Japan auch diplomatisch als Großmacht anerkannt wurde. Das Beispiel zeigt, dass geopolitische Verschiebungen auf das Verständnis von «Rasse» durchschlugen – und die nach wie vor einflussreichen ideen- und kulturgeschichtlichen Erklärungen des Rassismus zu kurz greifen. Andrew Zimmerman spricht daher von «drei sich überlagernden Logiken: einer geopolitischen Logik weißer Herrschaft; einer politisch-ökonomischen Logik rassischer Spezifität und einer Verwandtschaftslogik sexueller Reproduktion».[409] Diese Logiken wirkten zusammen, um das moderne Konstrukt der «Rasse» hervorzubringen; vor allem aber operierten sie innerhalb einer globalen Ordnung, in der das Rassendenken nicht nur als legitimierende Ideologie fungierte, sondern auch die geopolitische Tektonik und die kapitalistische Integration von Märkten durchzog.

409 Andrew Zimmerman, Three Logics of Race: Theory and Exception in the Transnational History of Empire, *New Global Studies* 4 (2010), http://www.degruyter.com/view/j/ngs.2010.4.1/ngs.2010.4.1.1105/ngs.2010.4.1.1105.xml (Zugriff 18. Juli 2012).

8 GLOBALGESCHICHTE IN AKTION

Der Boom der neueren Globalgeschichte hat zahlreiche programmatische Texte und Manifeste hervorgebracht; aber die beste Art und Weise, sich mit dem Ansatz vertraut zu machen, ist die Lektüre einschlägiger und relevanter Arbeiten. In diesem Kapitel sollen daher zehn Bücher vorgestellt werden, die in unterschiedlicher Weise das globalgeschichtliche Programm einlösen. Dabei handelt es sich nicht um eine Hitparade oder eine Best-of-Liste;[410] vielmehr sind es exemplarische Texte, die in verschiedener Hinsicht die Erkenntnischancen und das innovative Potential, aber auch die Grenzen globalgeschichtlicher Zugriffe deutlich machen können. Sie sind in chronologischer Reihenfolge nach Erscheinungsjahr geordnet und spiegeln daher auch die Entwicklung globalhistorischer Zugriffe wider. Einige Werke, die man an dieser Stelle erwarten würde, sind hier nicht noch einmal aufgeführt, weil sie in vorherigen Kapiteln bereits ausführlich zur Sprache gekommen sind, etwa Kenneth Pomeranz' «Great Divergence» oder Dipesh Chakrabartys «Provincializing Europe». Auch bestimmte Themen sind unterrepräsentiert, etwa die Wirtschaftsgeschichte oder die Technikhistorie, weil in diesen Feldern globale Perspektiven bereits seit Längerem eingeführt sind und weniger überraschende Ergebnisse vorweisen können als beispielsweise die «merkwürdigen Parallelen» der Staatsbildungsprozesse in Südostasien und Frankreich in Victor Liebermans großer Studie.

410 Vgl. etwa den Buchpreis der World History Association, mit dem jährlich ein weltgeschichtliches Werk ausgezeichnet wird.

Die Mehrzahl der hier vorgestellten Texte ist aus einer Makroperspektive verfasst; sie behandeln die Geschichte einzelner Jahrhunderte, ganzer Epochen oder gar der Menschheitsgeschichte insgesamt. Nur drei – die Bücher von Karl, Hamashita und Manela – begrenzen ihren Gegenstand räumlich und zeitlich und stützen ihr Argument auf eigenes Quellenstudium. Diese Verteilung spiegelt gut wider, wie das globalgeschichtliche Feld häufig wahrgenommen wird; und die besten dieser Werke haben dazu beigetragen, das neue Paradigma unter Fachkollegen attraktiv und in der Öffentlichkeit bekannt zu machen. Die vorangehenden Kapitel haben aber gezeigt, dass inzwischen eine große Zahl von Arbeiten entstanden ist, die globalgeschichtlich argumentieren, nicht aber die Totalgeschichte des Planeten behandeln. Dieser Trend wird ohne Zweifel weiter zunehmen.

Janet L. Abu-Lughod, *Before European Hegemony: The World System A. D. 1250–1350*, Oxford (Oxford University Press) 1989.

Die Debatte über die *great divergence* ist nach wie vor aktuell, und von Max Weber über Immanuel Wallerstein bis hin zu Kenneth Pomeranz sind verschiedene Antworten auf die Frage nach den Ursachen für die europäische Hegemonie seit dem 19. Jahrhundert vorgebracht worden. Einen der originellsten und bis heute einflussreichsten Beiträge zu dieser Diskussion hat bereits im Jahr 1989 Janet Abu-Lughod formuliert. In ihrem Buch «Before European Hegemony» blickt sie in das 13. Jahrhundert zurück und zeigt, wie sehr bereits die mittelalterliche Welt von global wirksamen Strukturen geprägt war – ohne dass Europa dabei eine besondere Rolle gespielt hätte. Im Gegenteil, Europa erscheint hier von Aberglauben und fehlender Rationalität geprägt und insgesamt rückständig – und sein Aufstieg alles andere als absehbar: «Es bestand keine *inhärente historische Notwendigkeit*, dass die Veränderungen des Systems den Westen und nicht den Osten bevorzugen würden.»[411]

Schon durch seinen Titel bezieht sich das Werk auf die Weltsystemtheorie von Immanuel Wallerstein. Aber im Gegensatz zu ihm argumentiert die Soziologin Abu-Lughod, dass sich ein kapitalistisches Weltsystem nicht erst im 16. Jahrhundert, sondern schon deutlich vorher ausgebildet habe. Bereits im 13. Jahrhundert seien die wichtigsten Regionen des eurasischen Kontinents durch eine Vielzahl von Handelsverbindungen und urbanen Knotenpunkten miteinander verbunden gewesen.

Die Vernetzung der Welt beruhte dabei auf der Verknüpfung von acht Subsystemen, die von Abu-Lughod jeweils ausführlich beschrieben werden: die europäische Weltwirtschaft mit den Schwerpunkten Flandern, Champagne und den italienischen Stadtstaaten (I); das Mittelmeer (II); die drei großen Verbindungslinien nach Asien, die den Mittleren Osten zu einer Drehscheibe dieses Systems machten: die große Überlandroute vom Schwarzen Meer bis nach China, die von der mongolischen Expansion und der damit einhergehenden politischen Einigung profitierte (III); die Handelslinien über Bagdad, Basra und den persischen Golf (IV) sowie die Route durch das Rote Meer, die von Ägypten kontrolliert wurde (V). Und schließlich die drei großen Kreisläufe in Asien: der Indische Ozean, der die arabische Welt mit Südasien verband (VI); die Verbindung zwischen Indien und Südostasien (VII) und schließlich die Vernetzung der südostasiatischen Inselwelt und der Straße von Malakka mit den chinesischen Küstenstädten (VIII).

411 Abu-Lughod, *Before European Hegemony*, 12. Die auf S. 251 reproduzierte Karte findet sich ebd., S. 34.

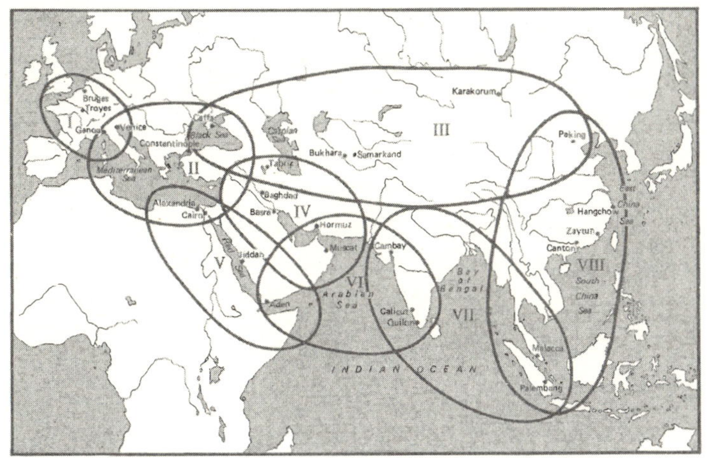

Dieses System umfasste noch nicht den gesamten Globus – und nicht einmal die gesamte Alte Welt; Spanien, Deutschland, das baltische Russland oder Afrika waren noch kaum integriert. Und es handelte sich um ein nicht-hierarchisches System: Es gab keinen Hegemon, der den Rest der Welt lediglich in seine Ordnung inkorporiert hätte. Am ehesten war das noch China – im 13. Jahrhundert sah es noch ganz danach aus, als ob China die Welt dominieren würde, bevor sich das Weltsystem seit etwa den 1330er Jahren nach und nach auflöste. Drei Faktoren macht Abu-Lughod für die Fragmentierung des Systems verantwortlich: den Verfall des mongolischen Imperiums, die Ausbreitung der Pest mit ihren tiefgreifenden demographischen Folgen und schließlich die allmähliche Öffnung des Nordatlantik für die europäische Schifffahrt. Aber der Niedergang des Systems war nicht gleichbedeutend mit seinem sang- und klanglosen Verschwinden. Abu-Lughod argumentiert vielmehr, dass auch das (europäisch dominierte) Weltsystem des 16. Jahrhunderts auf seinem Vorläufer aufbaute und dass die von ihr beschriebenen Strukturen die folgenden Jahrhunderte überdauerten.

«Before European Hegemony» ist ein Klassiker der historischen Soziologie und ein frühes und bis heute vernehmbares Plädoyer für die Überwindung eurozentrischer Geschichtsbilder. Es ist eine wichtige Korrektur des Wallersteinschen Ansatzes, der im Lichte dieses Buches wie eine rückwärts projizierte eurozentrische Teleologie erscheint, also als Versuch, die europäische Vorherrschaft im 19. Jahrhundert mit historischen Ursprüngen zu versehen. Abu-Lughod zeigt demgegenüber, dass die Entwicklung komplexer verlief. Der zweite, weniger sichtbare Gegner, gegen den ihr Buch gerichtet ist, sind auf kulturelle Dynamik abzielende Ansätze in der Nachfolge von Max Weber. Der spätere Triumph Europas kann für Abu-Lughod nicht durch einen kulturellen Sonderweg erklärt werden: «Um die anschließende Hegemonie Europas zu erklären, ist es unabdingbar, den Blick über ihren internen Ideenreichtum und die Tugenden ihres ‹einzigartigen› Unternehmergeistes hinaus zu richten.»[412] Während Weber und seine Epigonen interne Bedingungen in den Vordergrund rückten, betont Abu-Lughod die Bedeutung sich wandelnder geopolitischer Kontexte.

Das Buch ist nicht ohne Kritik geblieben. Historiker haben ihm vorgeworfen, die auch im 13. Jahrhundert bereits angelegte Dynamik Europas zu unterschätzen. Darüber hinaus sind es Einwände, die sich gegen den systemtheoretischen Ansatz richten: zu abstrakt, ganz auf die Ökonomie beschränkt, in eine Rhetorik von Erfolg und Scheitern gekleidet, die der vielschichtigen historischen Realität nicht gerecht werde. Nicht zuletzt ist die historische Forschung, etwa zur Geschichte Südostasiens oder zum Indischen Ozean, vorangeschritten und hat eine Vielzahl neuer Erkenntnisse ermöglicht, auf die Abu-Lughod noch nicht zurückgreifen konnte. Aber es spricht für das Buch, wenn es selbst nach mehr als gut zwei Jahrzehnten – in diesem aktiven

412 Abu-Lughod, *Before European Hegemony*, 18.

Feld eine halbe Ewigkeit – nach wie vor gut lesbar ist und durch die neuere Forschung in seiner generellen Stoßrichtung sogar eher bestärkt wird.

C. A. Bayly, *Imperial Meridian: The British Empire and the World 1780–1830*, Harlow (Longman) 1989.
C. A. Bayly, *Die Geburt der modernen Welt. Eine Globalgeschichte 1780–1914*, Frankfurt am Main (Campus) 2008.

Die große Darstellung der «Geburt der modernen Welt» aus der Feder von C. A. Bayly hat längst den Status eines modernen Klassikers erreicht. Diese Globalgeschichte des 19. Jahrhunderts liest die Herausbildung moderner Gesellschaften und das Zusammenwachsen der Welt gegen den eurozentrischen Strich. Bayly wendet sich einerseits gegen den Mythos vom selbstgenerierten Aufstieg Europas, der Weltgeschichte zu einer Geschichte der Diffusion europäischer Errungenschaften macht; und er kritisiert die Begrenzung der Globalgeschichte auf eine Geschichte der ökonomischen Globalisierung. In seinem Werk stehen Politik, Gesellschaft und soziale Ungleichheit sowie Kultur gleichberechtigt nebeneinander. Baylys Buch ist gewiss kein Einführungswerk, auch kein weltgeschichtliches Handbuch. Es setzt die einigermaßen kundige Leserin voraus – die wichtigen Ereignisse und Prozesse werden behandelt, verglichen und welthistorisch eingeordnet, aber in der Regel nicht noch einmal erzählt. Gleichwohl hat es sich zu einem Referenzpunkt entwickelt, an dem sich Historiker des 19. Jahrhunderts orientieren können, ganz gleich, zu welchem Thema sie arbeiten.

Bayly ist ein renommierter Historiker Britisch-Indiens in Cambridge. Südasien ist daher einer der Ausgangspunkte seiner Analyse. Darüber hinaus ist er ein guter Kenner des 18. Jahrhunderts, und diese Kompetenz bringt er gewinnbringend in seine Synthese ein. Bayly denkt die Globalisierung des 19. Jahrhunderts (anders als häufig üblich) nicht so sehr von ihrem Höhepunkt 1914 her, sondern von ihrer Vorgeschichte. Er interessiert sich daher nicht nur für den Wandel und die Herausbildung einer globalen Moderne, sondern zugleich für Kontinuitäten und Traditionen. Ein wichtiger Gewährsmann für Bayly ist etwa Arno Mayer, dessen «The Persistence of the Old Regime» eine zentrale Perspektive andeutet, die auch sein Buch an vielen Stellen kennzeichnet.[413]

Damit schließt Bayly nicht zuletzt an seine eigene Studie zum «Imperial Meridian» an, ein viel zu wenig bekanntes Buch aus dem Jahre 1989, das viele zentrale Fragen gegenwärtiger Debatten bereits aufgreift. Im Kern geht es um die «Sattelzeit» des englischen Imperialismus, die Bayly jedoch nicht wie üblich als Übergang zum Liberalismus liest, sondern eher als Versuch, Formen neo-absolutistischer Herrschaft auch auf Asien zu übertragen. Der Aufstieg des britischen Empire in Asien lässt sich für ihn nicht auf eine inhärente Überlegenheit Großbritanniens zurückführen, sondern hing mit der Krise der großen Imperien in der Region – des Osmanischen Reichs, der Safawiden-Dynastie und des Mogul-Reichs – zusammen. Es entstanden ambitionierte Nachfolgestaaten, die ebenfalls auf absolutistische Integration und Formen des Merkantilismus setzten – und so den Boden für einen steigenden Einfluss europäischer Mächte bereiteten.

Ein ähnliches Argumentationsmuster liegt auch der «Geburt der modernen Welt» zugrunde. Bayly beschreibt in diesem Buch die Entstehung der modernen Welt als dezentralen und zugleich zusammenhängenden Prozess. Sein Ausgangspunkt ist die Existenz vieler konkurrierender Knotenpunkte, von denen der tiefgreifende Wandel ausging, der das 19. Jahrhundert allerorten kennzeichnete. «Die Ursprünge des Wandels in der Welt-

413 Arno J. Mayer, *The Persistence of the Old Regime: Europe to the Great War*, London (Verso) 1981.

geschichte blieben die ganze Zeit über multizentristisch. Es geht weniger um eine Neuausrichtung der Weltgeschichte als darum, sie zu dezentralisieren.»[414] Gleichwohl beobachtet er eine Tendenz zu globaler Uniformität – die allerdings nicht mit Homogenisierung gleichgesetzt werden sollte, im Gegenteil: «Die Kräfte des globalen Wandels verstärkten zwar die Unterschiede zwischen den menschlichen Gemeinschaften, doch wurden diese Unterschiede zunehmend auf ähnliche Weise ausgedrückt.»[415]

Ein gutes Beispiel ist das eindrucksvolle Kapitel über die Wiederkehr der Religion als globales Phänomen. Gegen die übliche Annahme einer zunehmenden Säkularisierung und des Bedeutungsverlusts der Religion führt Bayly überzeugende Argumente ins Feld, die das 19. Jahrhundert als eine Hochphase religiöser Betätigung ausweisen. Diese Dynamik wurde von unterschiedlichen Akteuren und Glaubensgemeinschaften vorangetrieben. Die großen Weltreligionen wurden in dieser Zeit innerlich konsolidiert; die Formalisierung von Doktrin und Dogma machte aus dem Buddhismus und Konfuzianismus erst ‹moderne› Religionen, die dann mit dem Christentum und Islam konkurrierten. Die äußere und innere Missionierung war nicht nur eine Angelegenheit des Christentums, sondern bald auch anderer Konfessionen, selbst des Hinduismus. Heiligenverehrung, Wallfahrten, aber auch der Kirchenbau hatten im späten 19. Jahrhundert Konjunktur. Bayly behauptet, «dass es in den Jahren nach 1815 zur Ausbreitung und Konsolidierung der großen Weltreligionen gekommen [ist]. Im Nachhinein ist dieser Prozess genauso wichtig wie das Thema des Aufstiegs von Nationalismus oder Liberalismus.»[416]

414 Bayly, *Geburt*, 587.

415 Bayly, *Geburt*, 14.

416 Bayly, *Geburt*, 448–449.

Es hat an seinem Buch auch Kritik gegeben, etwa an dem Modernebegriff, den das Werk nicht nur im Titel trägt, sondern der es auch theoretisch leitet. Zwar verwendet Bayly ein Konzept von Moderne, das sich stark an der Auffassung der Zeitgenossen orientiert. Zugleich spricht er aber auch explizit von einem Prozess und einer Periode der Moderne. Dabei orientiert er sich an den lange Zeit üblichen Kategorien wie Rationalisierung und Bürokratisierung. Rezensenten haben Bayly daher vorgeworfen, den globalgeschichtlichen Zugriff nicht für ein Überdenken des Modernekonzepts genutzt und stattdessen eine geographisch erweiterte Modernisierungstheorie entwickelt zu haben. Darüber hinaus könnte man fragen, ob die zahlreichen Verflechtungen und Interaktionen, die er besonders hervorhebt, nicht stärker in geopolitische und damit systemische Zusammenhänge eingeordnet werden müssten, als dies bei ihm der Fall ist.[417] Ungeachtet dieser Kritik bleibt Baylys Buch über das 19. Jahrhundert jedoch ein großer Wurf. Jede andere Überblicksdarstellung und Gesamtdeutung muss sich an ihm messen lassen.

Hamashita Takeshi, *Kindai chûgoku no kokusaiteki keiki: Chôkô bôeki shisutemu to kindai Ajia (Internationale Faktoren der modernen chinesischen Geschichte. Das System des tributären Handels im modernen Asien)*, Tokyo (Tokyo Daigaku Shuppankai) 1990.

In der Literatur zur Geschichte der Globalisierung gerät häufig in Vergessenheit, wie stark die Integration der Welt innerhalb von großräumigen Strukturen verlief, die sich bereits in der Frühen Neuzeit in unterschiedlichen Regionen ausgebildet hat-

417 Eine besonders kritische Rezension stammt von Jan Nederveen Pieterse, The Long Nineteenth Century Is Too Short, *Victorian Studies* 48 (2005), 113–123.

ten und die Beziehungen und den Austausch zwischen Gruppen und Gesellschaften über lange Jahrhunderte prägten. Ein Beispiel dafür ist das chinesische Tributsystem in Ostasien, über das der japanische Historiker Hamashita Takeshi bahnbrechende Arbeiten vorgelegt hat. Die Geschichte dieser Tributverhältnisse reicht weit in die chinesische Geschichte zurück und war eng mit der konfuzianischen Kosmologie verbunden. Nach und nach bildete sich ein organisches Beziehungsnetzwerk heraus, das vor allem China, Korea und Japan miteinander verband, aber auch an Südostasien und den Indischen Ozean angeschlossen war. Wie Hamashita zeigt, sahen sich die Portugiesen und Holländer, die seit dem 16. Jahrhundert in Ostasien präsent waren, gezwungen, innerhalb der Regeln dieser Netzwerke zu operieren. Und noch im 19. Jahrhundert, als britische und amerikanische Kanonenboote China und Japan zur «Öffnung» nötigten, seien diese Strukturen nicht einfach weggefegt worden, sondern blieben, wenn auch in die Defensive gedrängt, ein Faktor innerhalb der neuen Ordnung des internationalen Staatensystems.

Hamashita Takeshi, lange Zeit an der Universität Tokyo tätig, hat mit seinen Arbeiten maßgeblich dazu beigetragen, eine auf Ostasien bezogene *longue durée*-Perspektive in der Weltgeschichtsschreibung zu verankern.[418] Ausgebildet als Chinahistoriker, entwickelte Hamashita ein an Braudel erinnerndes Panorama eines lange Zeit wirksamen Beziehungsgeflechts im japanischen und ostchinesischen Meer. Seine Arbeiten müssen

418 Hamashita ist nicht der Einzige, der eine solche Perspektive entwickelt hat. In Japan wären auch Sugihara Kaoru zu nennen sowie Kawakatsu Heita und Sugiyama Shinya. Für englischsprachige Literatur, die diese Forschung diskutiert, siehe Ronald P. Toby, *State and Diplomacy in Early Modern Japan: Asia in the Development of the Tokugawa Bakufu*, Stanford (Stanford University Press) 1991; John Lee, Trade and Economy in Preindustrial East Asia, c. 1500–c. 1800: East Asia in the Age of Global Integration, *Journal of Asian Studies* 58 (1999), 2–26; David C. Kang, *East Asia before the West – Five Centuries of Trade and Tribute*, New York (Columbia University Press) 2010.

vor dem Hintergrund der Bemühungen japanischer Historiker der Nachkriegszeit verstanden werden sich von dem noch in der Kriegszeit üblichen Bild der Stagnation Chinas zu befreien. Zugleich wandte er sich gegen die von John Fairbank und seinen Schülern vertretene Deutung der chinesischen Geschichte, die Modernisierungsimpulse in erster Linie als Reaktion auf westliche Anregungen verstanden hatte. Aber auch innerhalb der von marxistischen Ansätzen dominierten japanischen Geschichtswissenschaft nahm Hamashita eine eigenständige Position ein, weil er sich von der Auffassung einer allmählichen, im Wesentlichen passiven «Inkorporierung» Chinas und Ostasiens in die europäische Weltwirtschaft distanzierte.

Sein Ausgangspunkt ist ein breites Verständnis von Tributbeziehungen. Lange Zeit hatte sich die Forschung vor allem auf die politischen Dimensionen der Beziehungen zu Vasallen-Staaten sowie auf ihren Beitrag zur kulturellen Hegemonie Chinas in Ostasien konzentriert. Für Hamashita sind die Mechanismen des Tributverhältnisses jedoch vielfältiger und schließen insbesondere Handelsbeziehungen mit ein. Die regelmäßig entrichteten Tributzahlungen selbst, und die Gegengeschenke des chinesischen Hofes, versteht er als eine Form staatlicher Handelsbeziehungen. Wichtiger noch waren die privaten Handelsprivilegien, die in der Regel mit einer Tributdelegation verknüpft waren. Und darüber hinaus trugen auch die nicht staatlich sanktionierten Austauschbeziehungen, organisiert etwa von chinesischen Händlern oder japanischen Piraten, zur Integration in Ostasien bei. Der Fokus auf diesen vielfältigen Verflechtungen verschiebt den Schwerpunkt der Betrachtung von den landbasierten Staaten hin zu den maritimen Interaktionen, die Hafenstädte, Küstenregionen und Inselwelt zu einer multikulturellen, diversen, zugleich aber gut integrierten «Welt des Meeres» (*kaiiki sekai*) verbanden.

Hamashitas Arbeiten haben das lange Zeit vorherrschende Bild der abgeschlossenen konfuzianischen Reiche in China, Japan und Korea nachhaltig modifiziert. Sie sind daher in erster Linie ein Beitrag zur Geschichte Ostasiens, stellen aber darüber hinaus auch wichtige Anregungen für die globalhistorische Forschung bereit. Drei Aspekte verdienen es, besonders hervorgehoben zu werden. Erstens definierten die regionalen Zusammenhänge die Bedingungen, unter denen sich die Expansion westlicher Mächte und internationaler Handelsketten bis nach Ostasien vollziehen konnte. Hamashitas Geschichte Ostasiens läuft nicht teleologisch auf eine Kolonisierung und Ausbeutung durch den Westen zu; in der Tat spielen diese Kategorien in seinem Buch kaum eine Rolle. Hingegen betont er, dass die Anbindung an eine westlich dominierte Weltwirtschaft vor dem Hintergrund einer aktiv gestalteten Ordnung in Ostasien verstanden werden muss, die über das Tributsystem vernetzt und über die Silberökonomie an andere Kreisläufe angebunden war, bis hin zu den Amerikas. Die Einsicht in die große Bedeutung, die China und Ostasien damit innerhalb der frühen Geschichte des Kapitalismus zukam, gehört zu den zentralen Ergebnissen der Arbeiten von Hamashita.[419]

Ein großer Teil von ihnen ist wirtschaftshistorisch ausgerichtet und vor allem in der Zeit vor 1840 angesiedelt. Aber auch für eine Geschichte der Moderne sind seine Befunde relevant. Ein zweiter wichtiger Anstoß ist die These vom 19. Jahrhundert als «Age of Negotiation». Herkömmlicherweise haben Historiker die Transformation in Ostasien in der Folge der beiden Opiumkriege als Verdrängung des traditionellen Tributsystems durch das moderne System der Vertragshäfen, des Freihandels und der Nationalstaaten beschrieben. Hamashita kann hingegen zeigen, dass dies eine einseitige und eurozentrische Sichtweise darstellt. Noch im späten 19. Jahrhundert, das demonstrieren seine genauen Untersuchungen der Vertragsverhandlungen, bezogen

419 Vgl. etwa die Verwendung der Ergebnisse von Hamashita bei André Gunder Frank, *ReOrient: Global Economy in the Asian Age*, Berkeley (University of California Press) 1998.

selbst die Vertreter europäischer Mächte und der USA das auf China bezogene Tributsystem und die damit zusammenhängenden Vasallen-Verhältnisse mit ein.

Diese Überlegungen führen Hamashita, drittens, dazu, die indigenen Ursprünge und Entstehungskontexte von Modernisierungsprozessen in Ostasien hervorzuheben. Dazu gehört beispielsweise die Entstehung von protonationalistischen Ideologien, etwa in Vietnam oder Korea, die er nicht als Import aus Europa versteht, sondern als spezifische Reaktion auf die chinesische Hegemonie innerhalb des Tributsystems. Und schließlich interpretiert Hamashita auch die japanische Modernisierungspolitik seit der Mitte des 19. Jahrhunderts innerhalb der regionalen Zusammenhänge in Ostasien. Die Industrialisierung etwa deutet er als integralen Bestandteil regionaler wirtschaftlicher Zusammenhänge, und gegenüber dem alleinigen Fokus auf Anleihen aus dem industrialisierten Westen betont er, wie sehr chinesische Händler und ihre Netzwerke zur Entstehung neuer Nachfragemuster beigetragen haben. Und statt die Meiji-Restauration lediglich als Modernisierungsprojekt nach europäischem Vorbild zu betrachten, versteht er sie vielmehr als Versuch, unter den Bedingungen der veränderten internationalen Situation das Zentrum tributär organisierter Handelsstrukturen von China nach Japan zu verschieben.[420] Insgesamt wird in Hamashitas Arbeiten der Zäsurcharakter der Konfrontation mit dem «Westen» deutlich relativiert, zugunsten einer Rekonstruktion der Kontinuitäten bestehender Strukturen in der Region.[421]

420 Vgl. auch Hamashita Takeshi, *Chōkō shisutemu to kindai Ajia*, Tokyo (Iwanami Shoten) 1997. Eine englischsprachige Auswahl seiner Aufsätze findet sich in Takeshi Hamashita, *China, East Asia and the Global Economy: Regional and Historical Perspectives*, hg. von Linda Grove und Mark Selden, New York (Routledge) 2008.

421 Ein guter Überblick über diese Forschungen findet sich auch in Mizoguchi Yuzo, Hamashita Takeshi, Hiraishi Naoaki und Miyajima Hiroshi (Hg), *Ajia kara kangaeru*, 7 Bände, Tokyo (University of Tokyo Press) 1993–94.

Jared Diamond, *Arm und Reich. Die Schicksale menschlicher Gesellschaften*, Frankfurt am Main (S. Fischer) 1998.

Bei Fachhistorikern ist dieses Buch nicht besonders beliebt; meist wird es schlicht ignoriert. Sie halten es für populistisch, für vereinfachend und letztlich für unhistorisch. Hauptkritikpunkt ist die deterministische Argumentationsweise: ein populärer Rundumschlag zur Geschichte der letzten 13 000 Jahre, der die Unterschiede zwischen Arm und Reich in erster Linie auf geographische Differenzen zurückführt. Aber ihrem Autor brachte das Buch den Pulitzer-Preis ein, und es wurde nicht nur zur Ferienlektüre des amerikanischen Präsidenten Bill Clinton, sondern auch weltweit ein Bestseller. Wenige historische Werke haben eine solche Breitenwirkung erzielt.

Jared Diamond, Evolutionsbiologe an der University of California in Los Angeles, hat sich das Ziel gesetzt, die großen Unterschiede zwischen menschlichen Gesellschaften zu erklären. «Wie kam es dazu, daß Reichtum und Macht so verteilt sind, wie wir es in der Gegenwart erleben, und nicht anders? Warum führte die Geschichte nicht dazu, daß beispielsweise Indianer, Afrikaner und australische Aborigines Europäer und Asiaten dezimierten, unterwarfen oder ausrotteten?»[422] Sein Buch ist ein Plädoyer gegen die Annahme genetischer oder «rassischer» Differenzen. Stattdessen geht Diamond davon aus, dass alle menschlichen Gesellschaften mit gleicher durchschnittlicher Intelligenz ausgestattet seien – mit Ausnahme vielleicht der Dschungelbewohner in Neuguinea, die «womöglich intelligenter sind als Menschen aus dem Westen».[423]

422 Diamond, *Arm und Reich*, 18.

423 Diamond, *Arm und Reich*, 25.

Das Resultat ist eine Darstellung der menschlichen Entwicklung, die sich von vielen anderen Weltgeschichten deutlich unterscheidet: ein Beispiel für *big history*. Konventionelle Weltgeschichten beschränken sich, wenn sie überhaupt so weit zurückreichen, auf die Zeit nach der Erfindung der Schrift vor 3000 Jahren – und ignorieren damit 99,9 Prozent der Geschichte der menschlichen Spezies, wie Diamond süffisant anmerkt. Und vor allem begännen sie ihre Erzählung erst dann, wenn die entscheidenden Weichen bereits längst gestellt seien.

Was ist damit gemeint? Diamond illustriert seine These am Beispiel der europäischen Eroberung des amerikanischen Kontinents. Wie kam es, dass Spanier in Amerika landeten – und nicht umgekehrt Inkas in Europa? Und wie war es möglich, dass im Jahr 1532 eine kleine Gruppe von 168 spanischen Eroberern einer Armee von 80 000 Inkas trotzte und den mächtigsten Staat auf dem amerikanischen Kontinent besiegte? Waren es die überlegenen Waffen, die Schwerter und Schusswaffen? Der größere Kampfesmut spanischer Männer, der katholische Glaube? Kulturelle Faktoren wie der spanische Erfindungsreichtum oder die weltanschaulich bedingten Fehleinschätzungen von Atahualpa, des Inka-Königs? Nein, sagt Diamond – der entscheidende Unterschied war die Nord-Süd-Achse des amerikanischen Kontinents, die schlechtere Ausgangsbedingungen bot als das ostwestlich ausgerichtete Eurasien.

Das Argument geht in Kurzform so: Die Komplexität und die Entwicklungschancen von Gesellschaften hingen von drei Faktoren ab, von der Verfügbarkeit von Nutzpflanzen, von domestizierbaren Tieren und von der Abwesenheit von Barrieren, die ihrer Verbreitung entgegenstanden. In allen diesen drei Bereichen war Eurasien, und insbesondere die Region des fruchtbaren Halbmondes, bevorteilt. Erstens kamen hier 32 von 56 weltweit verfügbaren kornreichen Getreidesorten vor (verglichen mit nur vier in Afrika südlich der Sahara), sodass sich Landwirtschaft leichter entwickeln konnte, eine Voraussetzung sesshafter, arbeitsteilig organisierter und mit Schrift operierender Gesellschaften. Zweitens waren auch Tiere, die sich zähmen ließen und als Zugtiere in Frage kamen, vor allem in Eurasien zu finden (Pferde kamen erst mit den Europäern in die Amerikas). Sie ermöglichten Fortschritte im Transport und in der Kriegführung – und nicht zuletzt gewöhnten sie die Menschen an tödliche Krankheiten. Als die Europäer nach 1492 nach Amerika kamen, brachten sie Erreger mit, denen die indigene Bevölkerung schutzlos ausgeliefert war; Schätzungen zufolge fielen 95 Prozent der amerikanischen Bevölkerung eingeschleppten Krankheiten zum Opfer.

Drittens schließlich, so Diamond, erleichterten die Ost-West-Ausrichtung des eurasischen Kontinents und die geringeren natürlichen Barrieren eine rasche Zirkulation von Pflanzen und Tieren, aber auch von Ideen und Erfindungen. Die Ausbreitung von Mais über den amerikanischen Kontinent beispielsweise bedingte eine genetische Anpassung an verschiedene klimatische Zonen und nahm daher viel Zeit in Anspruch – anders als die rasche Übernahme von Nutzpflanzen entlang der Ost-West-Achse Eurasiens. Und in den Amerikas wurden Wagen nie erfunden, vor allem deshalb nicht, weil die in Mexiko entwickelten Räder durch den Isthmus von Panama abgetrennt wurden von den Lamas im Süden des Kontinents.

All diese Faktoren ließen in den Kernregionen Eurasiens Gesellschaften entstehen, die besser dafür vorbereitet waren, Ozeane zu überqueren, Krankheiten zu widerstehen und andere Gruppen zu unterjochen. Die «Kollision von Cajamarca», das erste Treffen von Pizarro und Atahualpa im Hochland von Peru im November 1532, war daher schon lange im Vorhinein entschieden. Und auch die weitere Entwicklung folgte einem Muster, das in der Frühzeit der menschlichen Spezies bereits angelegt war – und weiterhin wirksam bleibt: «Die Bewohner Afrikas südlich der Sahara [...] brauchen sich keine großen Hoffnungen zu machen, dereinst die Herrschaft über die Welt zu erringen. Dafür haben die Entwicklungen, die sich vor 10 000 Jahren abspielten, zu tiefe Spuren hinterlassen.»[424]

Diese Form der knackig formulierten Argumentation hat ihrem Autor ein großes Publikum und viel Bewunderung, aber auch jede Menge Kritik eingetragen. Für viele Historiker liegen die Prozesse, die Diamond beschreibt, weit außerhalb ihres Interesses und ihrer Kompetenz; und auch die Fragen, an denen sich das Buch abarbeitet, entsprechen nicht den konkreten und viel spezifischeren Fragestellungen der meisten Historiker. Ganz allgemein ist eine *big history* nicht jedermanns Sache, zumal der Erkenntniswert sinkt, sobald spezifischere Probleme in den Blick kommen.

Darüber hinaus sind methodische Vorbehalte formuliert worden, die sich vor allem gegen den geographischen Determinismus in Diamonds Argumentation wenden. Kann man aus der Ausrichtung von Kontinenten wirklich so viel ableiten, wie das hier geschieht? Waren Ausbreitung und Transfers – von Tieren oder von Gütern und Ideen – wirklich in erster Linie von biogeographischen Faktoren abhängig oder nicht doch von menschlichen Entscheidungen und gesellschaftlichen Institutionen? Dass Rinder zwar in Europa und Indien, nicht aber in China eine wichtige Rolle spielten, hatte nichts mit Umweltfaktoren und klimatischen Bedingungen zu tun, sondern mit den sozialen und ökonomischen Konstellationen in China.[425]

Daran anknüpfend stellt sich die Frage, ob man mit im Wesentlichen stabil bleibenden Faktoren die zeitweilige Überlegenheit einiger Gruppen über andere wirklich erklären kann. Sind die markantesten Unterschiede zwischen Gesellschaften nicht eher das Resultat von Entwicklungen in den letzten 200 Jahren und insbesondere der Industrialisierung? Diamonds

424 Diamond, *Arm und Reich*, 517.

425 Vgl. die Kritik von J. R. McNeill, The World According to Jared Diamond, *The History Teacher* 34 (2001), 165–174.

Betonung der langfristigen Ursachen lässt auch wenig Möglichkeiten für eine Politik, die sich der Ungleichentwicklung entgegenstellt, lässt kaum Spielraum für die Handlungen Einzelner. Daher erscheint Diamonds Deutung vielen Historikern letzten Endes unhistorisch – auch wenn seine Interpretation ein Stachel bleiben wird, an dem sich die Geschichtswissenschaft abarbeiten muss.

Rebecca E. Karl, *Staging the World: Chinese Nationalism at the Turn of the Twentieth Century*, Durham NC. (Duke University Press) 2002.

Im Jahr 1904 wurde in Shanghai eine Oper mit einem historischen Stoff aufgeführt, der den meisten Zuschauern einigermaßen fremd gewesen sein dürfte: die Geschichte der polnischen Teilung. In den Kreisen der Intellektuellen und politischen Eliten galt Polen damals als Menetekel, als Warnung vor einer Gefahr, die auch das China der Jahrhundertwende bedrohte: die Aufteilung unter den imperialistischen Mächten. Die Thematisierung des polnischen Beispiels war also in erster Linie als Weckruf zu verstehen, als Appell an die chinesische Bevölkerung, ein ähnliches Schicksal zu vermeiden. Der Reformpolitiker Kang Youwei etwa hatte 1898 dem Kaiser Guangxu eine siebenbändige Geschichte Polens vorgelegt, die demonstrieren sollte, dass innere Schwäche die eigentliche Ursache der Teilungen gewesen sei. Wenn auch China die nötigen Reformen zu zögerlich angehe, «dann wird es uns gehen wie Polen».[426]

Rebecca Karl, Chinahistorikerin an der New York University, zielt mit ihrem Buch auf eine globalgeschichtliche Erklärung des Nationalismus in China in der späten Qing-Zeit. Es ist

426 Zitiert nach Karl, *Staging the World*, 34.

in mehrerer Hinsicht revisionistisch: gegenüber der Nationalismusforschung, die entweder die inneren Entstehungsbedingungen des Nationalismus erkundete, oder aber, wie Benedict Anderson, von einem transferierbaren Modell ausging, das von Europa aus die nichtwestliche Welt erfasst habe. Rebecca Karl betont dagegen, dass die Vorstellung von der chinesischen Nation als spezifische Reaktion auf eine globale Konstellation entstand. Das Buch nimmt auch innerhalb der Chinageschichtsschreibung mit ihrer Fixierung auf das Verhältnis zum «Westen» einerseits, zu Japan andererseits eine alternative Position ein, indem es die Bedeutung der kolonisierten Welt für das globale Bewusstsein chinesischer Eliten in den Vordergrund rückt.

Das Kernargument des Buches lautet: Die Vorstellung von China als Nation konnte erst in einem historisch spezifischen Moment Resonanz finden, als China die «Welt» für sich entdeckte. Gemeint ist nicht lediglich eine Wahrnehmung von Regionen außerhalb der «Sinosphäre», dem chinesischen Einflussbereich. Gemeint ist vielmehr die Wahrnehmung der Welt als strukturiertes Ganzes, formatiert zunehmend durch souveräne (National-)Staaten und abhängige koloniale Länder. Dieser systemische Zusammenhang der «Welt», ermöglicht durch die weltumspannenden Kräfte des Imperialismus und Kapitalismus, bedeutete auch, dass sich China dieser Logik nicht mehr entziehen konnte.

Was heißt das konkret? Eines von Rebecca Karls Beispielen mag das illustrieren. Als der hawaiianische König Kalakaua im April 1881 nach China kam, versuchte er Li Hongzhang, den Leiter des Amtes für Außenangelegenheiten (*Zongli Yamen*), davon zu überzeugen, dass beide Länder, bei allen Unterschieden, sich doch in einer gemeinsamen Situation befänden: «Wir sind Asiaten, genau wie ihr», bekam der überraschte Li zu hören, und Kalakaua fuhr fort, ihm die Notwendigkeit einer gemeinsamen Front gegen den europäischen Imperialismus nahezulegen. «[Ich] habe den japanischen Kaiser gewarnt, und ermahne nun Sie, Li: Falls es uns gelingen sollte, Einigkeit unter uns herzustellen, um den Fremden nicht eine Bresche zu bieten, wäre das nicht der beste Weg unsere braunen asiatischen Völker zu erwecken? Sehnsüchtig warte ich darauf, dass dies passiert.» Li nahm diese Warnung nicht ernst – und noch weniger ihren Überbringer. Angeblich hatte er erst am Morgen des Besuchs Kalakauas von seinem Sekretär erfahren, dass ein Land namens Hawaii überhaupt existierte. Li Hongzhang operierte noch ganz innerhalb der Vorstellung eines chinesischen Kulturkreises, einer durch Schrift, Konfuzianismus und kulturelle Traditionen bestimmten «gemeinsamen Zivilisation» (*tongwen*). Zwischen dem großen Reich der Mitte und dem kleinen sowie – geographisch und kulturell – weit entfernten Hawaii konnte es daher keine Gemeinsamkeiten geben.[427]

Knapp zwei Jahrzehnte später, nach dem verlorenen Krieg gegen Japan 1895 und unter dem Eindruck der finanzimperialistischen Durchdringung Chinas, hatte sich die Situation grundlegend gewandelt, und die Position Kalakauas war nun unter chinesischen Eliten breit akzeptiert. Als daher der berühmte Historiker und Reformer Liang Qichao 1899 mehrere Monate in Hawaii verbrachte – die Inselgruppe war gerade ein Jahr zuvor von den Vereinigten Staaten annektiert worden – standen ihm vor allem die Parallelen der Situation vor Augen. Er wurde Zeuge eines Kolonisationsprozesses, der nicht mehr einfach ein entferntes und exotisches Volk betraf, sondern von dem er vielmehr überzeugt war, dass er in ähnlicher Form, und aufgrund global wirksamer Strukturen, auch China bedrohte. Gemeinsamkeiten erschienen nun geopolitisch bestimmt, nicht mehr kulturell: durch koloniale Bedrohung und die periphere Position in der kapitalistischen Weltwirtschaft.[428]

427 Zitiert nach Karl, *Staging the World*, 58–59.

428 Ebenda.

Karls Buch hat eine polarisierende Wirkung gehabt. Kritiker haben ihm eine zu starke Fixierung auf einen theoretischen Analyserahmen vorgeworfen, aus dem die Interpretation der peripheren und kaum repräsentativen Einzelfälle dann weitgehend abgeleitet werde. Zudem haben Leser an dem dicht geschriebenen und von poststrukturalistischem Jargon nicht freien Text Anstoß genommen, der ganz auf der Diskursebene verharre. Auf der anderen Seite ist das Buch als innovativ und originell gepriesen worden. Erstmals werde hier die Rolle, die der kolonisierten und auch von der Geschichtsschreibung marginalisierten Welt – Polen und Hawaii, Philippinen und Ägypten, Südafrika und dem Osmanischen Reich – im chinesischen Elitendiskurs zukam, systematisch betrachtet. Rebecca Karl argumentiert, dass die Gemeinsamkeit mit diesen Ländern der globalen Konstellation geschuldet sei, die dafür gesorgt habe, dass sie für oppositionelle Politiker in China zu einem Vorbild werden konnten.

Die zentrale These lautet, dass die Wahrnehmung von China als einer Nation unter anderen und als Teil von «Asien» – verstanden jetzt vor allem durch die gemeinsame Marginalisierung innerhalb der hegemonialen imperialen Ordnung und weniger durch kulturelle oder ethnische Gemeinsamkeiten – nur möglich geworden sei vor dem Hintergrund globaler Integration. «China wurde erst dann spezifisch national (und kein Imperium) und regional asiatisch, als es sich zur selben Zeit auch der Welt öffnete.»[429] Die Konstituierung der Nation, so kann man das Argument zusammenfassen, war nicht nur eine diachrone Projektion in der Zeit, sondern muss gleichermaßen in seinem räumlichen Kontext rekonstruiert werden. Nicht diachrone Entwicklungsstadien (*stages of development*), so legt der Buchtitel nahe, sondern vielmehr das synchrone «Staging of the

429 Rebecca E. Karl, Creating Asia: China in the World at the Beginning of the Twentieth Century, *American Historical Review* 103 (1998), 1096–1118, Zitat: 1099.

World», die Performanz auf einer globalen Bühne, sei für die Konstituierung und Dynamik des Nationalismus verantwortlich gewesen.

John F. Richards, *The Unending Frontier: An Environmental History of the Early Modern World*, Berkeley (University of California Press) 2003.

Als die kurzlebige holländische Präsenz auf Taiwan, um das 1624 gegründete Fort Zeelandia, gegen Ende des 17. Jahrhunderts zunächst dem Feldherrn Zheng Cheng-Gong (den die Europäer Koxinga nannten) und schließlich den Truppen der Qing-Dynastie weichen musste, begann eine intensive Siedlungspolitik, die den Charakter der Insel nachhaltig veränderte. Siedler strömten ins Land und verdrängten die indigene Bevölkerung in die bergigen und weniger fruchtbaren Regionen an der Ostküste. Die Ausdehnung der Landwirtschaft zerstörte die Lebensgrundlagen der einheimischen Tierwelt; die riesigen Hirschbestände fielen der Abholzung und dem Intensivanbau von Reis und Zuckerrohr zum Opfer, die für den Export nach China und nach Südostasien angebaut wurden. Innerhalb eines guten Jahrhunderts war in Taiwan die Erschließung von Ressourcen und unbewohnter Gebiete abgeschlossen, war die *frontier* an ihr Ende gelangt.

Die Geschichte Taiwans ist eine von 14 Fallstudien in John Richards' Überblick zur Umweltgeschichte zwischen 1500 und 1800, und sie illustriert bereits zwei wichtige Thesen des Autors: Die dramatische Umgestaltung der Umweltbedingungen war nicht nur das Werk von Europäern und somit ein Effekt der Expansion des westlichen Kolonialismus; und diese Transformation setzte bereits in der Frühen Neuzeit ein, lange vor industriellen Fertigungsmethoden und der Nutzung fossiler Brennstoffe: «Menschen haben bereits vor der industriellen Revolution signifikant in die Welt der Natur eingegriffen.»[430]

Das sind wichtige Thesen in einem jungen Forschungsfeld. Eine globale Umweltgeschichte gibt es noch nicht lange, und sie konzentrierte sich zunächst vor allem auf das 19. und 20. Jahrhundert. Die vormoderne Epoche erschien dabei häufig als eine Kontrastfolie zur späteren industriellen Umweltbelastung, zum Teil idyllisiert und von Vorstellungen naturnaher Lebensformen und Gemeinschaften geprägt. Die monumentale Zusammenschau von John Richards – der 2007 verstorbene Richards war im Hauptberuf Historiker Südasiens in der Mogul-Zeit und unterrichtete an der Duke-Universität – hat diesem Klischee ein substantielles Epochenportrait gegenübergestellt. Zwar räumt er ein, dass es vor 1800 noch viele nicht-sesshafte Gruppen gab, deren Lebensweisen die Wälder und Dschungel, Savannen und Meere nicht so radikal gefährdeten wie die technologisch aufgerüsteten Gesellschaften seit dem 19. Jahrhundert. Aber sein Buch legt vor allem das Ausmaß offen, in dem Menschen bereits in der vormodernen Epoche in bestehende Ökosysteme eingriffen und sie veränderten.

Dabei macht Richards vier übergreifende Trends aus. Erstens die Intensivierung der Landnutzung in allen Regionen der Welt: In den drei behandelten Jahrhunderten stieg die Weltbevölkerung von 400-500 Millionen Menschen (1500) auf etwa 900 Millionen im Jahre 1800. Die Folge war eine beispiellose Ausdehnung des bearbeiteten und urbar gemachten Landes – bis heute ist es die Landwirtschaft, die die größten Veränderungen ökologischer Systeme hervorbringt. Zweitens geht es um die biologischen Invasionen, die mit zunehmender menschlicher Mobilität verbunden sind; hier schließt Richards an die Debatten über den *Columbian exchange* und den biologischen Imperialismus

430 Richards, *Unending Frontier*, 2.

an. Drittens beschreibt er ausführlich die Ausbeutung und Dezimierung der Großfauna und maritimen Säugetiere, hervorgerufen durch massenhafte Jagd und Verarbeitung für den Markt. Und viertens führte die steigende Nachfrage nach Energie zu einer Belastung von Holz- und Torfbeständen sowie anderer lokal genutzter Energiequellen.

Wie bei Makrodarstellungen üblich, basiert auch John Richards Buch auf der Auswertung der Sekundärliteratur und ihrer Zusammenschau und Synthese. Dabei entsteht jedoch kein geschlossenes Narrativ; das Buch ist eher wie ein Tableau organisiert, in dem 14 Fallstudien einigermaßen unverbunden nebeneinander stehen. Überhaupt bleibt die Herstellung dezidiert globaler Zusammenhänge weitgehend den Lesern überlassen. Zwar betont Richards die Zunahme von Mobilität und Migration als entscheidenden Auslöser ökologischer Effekte. Aber die Darstellung funktioniert in vielen Kapiteln eher als weit gespanntes Panorama denn als stringente globalhistorische Analyse übergreifender Prozesse und Strukturen.

Die behandelten Fälle reichen von China und Taiwan über den Fischfang in den Ozeanen und die Jagd nach Pelzen in Sibirien bis hin zu den Zuckerplantagen in der Karibik und in Brasilien, dem Bergbau in Mexiko oder der Vernichtung der Großfauna in Südafrika. Die meisten Fälle summieren sich zu einer Geschichte des Niedergangs, zu einem sich beschleunigenden Narrativ der Vernichtung von Öko-Nischen und Biodiversität. Die wichtigste Ausnahme, und in mancher Hinsicht der interpretatorische Angelpunkt der Darstellung, ist das Kapitel über Japan. Richards schließt sich hier der neueren japanischen Forschung an (einer westlichen Leserschaft durch die Arbeiten von Conrad Totman zugänglich gemacht), die Japan in der Tokugawazeit als eine Gesellschaft beschreibt, die durch gezielte Strategien auf die Auszehrung der ökologischen Lebensgrundlagen reagierte und eine Form der Nachhaltigkeit erreichte, die den allgemeinen Trend umzukehren in der Lage war.

Zum Teil ging dies auf die kollektive Wirkung individueller Entscheidungen zurück. So war das stabile Bevölkerungsgleichgewicht nicht etwa das Resultat malthusianischer Logik und hoher Mortalitätsraten, sondern auf die den Umständen angepasste Praxis der Geburtenkontrolle zurückzuführen. Demographische Untersuchungen haben gezeigt, dass wirtschaftliche Notlagen direkt mit einem Rückgang der Geburtenrate korrespondierten. Auch ein bewusster Konsumverzicht, etwa die Konzentration auf Reis als Kern der Ernährung, gehörte dazu. Andere Maßnahmen waren koordiniert, und Initiativen gingen häufig von der lokalen Verwaltung oder aber der Zentralregierung aus. Dazu zählten die Ausweitung der Fischerei oder die Gesetze gegen Luxusaufwendungen. Die spektakulärsten Eingriffe bezogen sich auf die Waldbewirtschaftung. Das Shogunat gebot der verbreiteten Praxis der Abholzung Einhalt, setzte eigene Programme einer regenerativen Aufforstung in Gang und war so in der Lage, eine schleichende Entwaldung zu verhindern. «Keine andere frühneuzeitliche Gesellschaft [...] stellte Überlegungen zu einer solch eindrucksvollen Umformung ihres Naturraums an.»[431]

Die Alternative zur japanischen Strategie der Rationierung und Konservierung war der Ausbau der Energiequellen – zunächst der Kohle und später des Öls und der Kernkraft. Aber auch diese Erweiterung von Energieträgern ist nicht unendlich. Die Zeit der überreichen Ressourcen und der nicht endenden *frontier*, die Richards nicht ganz ohne Nostalgie beschreibt, ist vorbei. Die Gegenwart ist geprägt von der Begrenztheit der zur Verfügung stehenden ökologischen Reserven und daher darauf angewiesen, rationale Strategien der Rohstoffverwendung zu entwickeln. Richards sagt es nicht explizit, aber sein Buch liest sich auch wie ein Plädoyer für die Wiederentdeckung von Tu-

431 Richards, *Unending Frontier*, 621.

genden wie Sparsamkeit und Rationierung, die in Tokugawa-Japan praktiziert wurden, um ein nachhaltiges Zusammenleben auf dem Planeten zu ermöglichen.

Victor Lieberman, *Strange Parallels: Southeast Asia in Global Context, c. 800–1830. Vol. 1, Integration on the Mainland*, Cambridge (Cambridge University Press) 2003; *vol. 2, Mainland Mirrors: Europe, Japan, China, South Asia, and the Islands*, Cambridge (Cambridge University Press) 2009.

Victors Liebermans zweibändiges *opus magnum* «Strange Parallels» ist in vieler Hinsicht ein gigantisches Unterfangen. Auf mehr als 1400 Seiten wird hier ein großes Panorama entwickelt, das ein ganzes Jahrtausend der Geschichte großer Teile des eurasischen Kontinents vergleichend in den Blick nimmt – und zu dem überraschenden Schluss kommt, dass die staatliche Entwicklung in Frankreich, Japan oder Burma in dieser Zeit ganz ähnlichen Rhythmen unterlag und in zentraler Hinsicht eine parallele Richtung eingeschlagen hat.

Hinter diesem Buch steht die Absicht, für Südostasien – und hier vor allem die großen Staaten auf dem Festland: Burma, Thailand und Vietnam – einen Platz in der Weltgeschichte zu reklamieren und es aus dem «historiographischen Ghetto» zu befreien, in dem es lange Zeit gefangen war.[432] Victor Lieberman, Professor für die Geschichte Südostasiens in Ann Arbor, Michigan, will zeigen, dass diese Region nicht abseits der großen Entwicklungen der Geschichte stand. Um das zu demonstrieren, greift er zu der Strategie großer Makro-Vergleiche, wie sie in der älteren Weltgeschichtsschreibung üblich waren. Dabei ist das Werk in der Sprache der Sozialwissenschaften gehalten,

432 Lieberman, *Strange Parallels*, Band 2, xxi.

und das präferierte Vokabular – Integration, Konsolidierung, Transformation, Fragmentierung, Synchronisierung etc. – verrät die Hoffnung auf die Bestimmung allgemeiner Entwicklungsmuster.

Das komplexe und auf einer ungeheuer breiten Sichtung der Sekundärliteratur basierende Argument – Lieberman scheint bei der jahrelangen Arbeit daran so gut wie alles gelesen zu haben – lautet in knapper Form wie folgt: Große Teile des eurasischen Kontinents haben zwischen 800 und etwa 1830 einen ähnlichen Prozess der staatlichen Konsolidierung durchlaufen. Dabei unterscheidet Lieberman zwei unterschiedliche Typen von Regionen: die «geschützten Zonen» und die «exponierten Zonen». Geographisch umfasst die zweite Kategorie vor allem Südasien und China, die aufgrund langer Grenzen und geopolitischer Lage immer wieder von den Invasionen nomadisierender Reitervölker aus Zentralasien bedroht waren; hinzu kommt seit dem 16. Jahrhundert die südostasiatische Inselwelt, die den Einflüssen der maritimen Expansion europäischer Staaten ausgesetzt war. Die «geschützten Zonen» hingegen – Lieberman untersucht hier Burma, Thailand, Vietnam, Frankreich (stellvertretend für Westeuropa), Russland und Japan – blieben von diesen kriegerischen Einfällen weitgehend verschont, und ihre innere Entwicklung blieb zwischen 1200 und 1800 vornehmlich in den Händen lokaler Eliten.

Bei allen Unterschieden im Einzelnen, so lautet nun die wichtigste These, nahm in der «geschützten Zone» das Maß an staatlicher Macht, gesellschaftlicher Durchdringung und politisch-kultureller Kohärenz deutlich zu; zwar nicht linear und auch nicht ohne Rückschläge, aber doch insgesamt in Form einer Aufwärtsbewegung. Staaten waren um 1830 besser in der Lage als 500 oder 1000 Jahre zuvor, ihre Außengrenzen zu sichern, durch Expansion die Zahl unabhängiger politischer Einheiten zu verringern, ihre jeweiligen Bevölkerungen zu kontrollieren und zu Steuerleistungen zu zwingen, eine staatliche

Bürokratie aufzubauen und eine von der Durchsetzung einer Standardsprache abgesicherte kulturelle Integration zu gewährleisten.

Das Argument erschöpft sich dabei nicht in der Beschreibung eines allgemeinen, je nach lokalen Bedingungen etwas anders ablaufenden, aber in die gleiche Richtung weisenden Basisprozesses. Darüber hinaus sieht Lieberman die Formierung von Staatlichkeit auch zeitlich synchronisiert; die Phasen der Krise und der Konsolidierung verliefen zeitlich parallel: «Zwischen 1240 und 1470 kollabierten in allen sechs Regionen [der «geschützten Zone», SC] die politischen Ordnungen [...] Zu unterschiedlichen Zeitpunkten zwischen 1450 und 1560 setzte in allen sechs Reichen eine erneute Konsolidierung ein, die sich bis in die 1820er Jahre und darüber hinaus fortsetzte.»[433] Und während um 1400 in Burma, Moskau oder Frankreich die Möglichkeit staatlicher Desintegration und Auflösung noch real war, verlor sie im Zuge weiterer staatlicher Verstetigung zunehmend an Wahrscheinlichkeit.

Die Parallelität der Ereignisse, und die Ähnlichkeit der zugrundeliegenden Strukturen, legen für Lieberman nahe, von einer eurasischen Epoche der frühneuzeitlichen Moderne (*early modernity*) zu sprechen. «Die Kombination von forcierter politischer Integration, feuerwaffengestützter Kriegsführung, zunehmender Alphabetisierung, religiöser Textualität, landessprachlichen Literaturen, verbreiteterer Verwendung von Geld und komplexeren internationalen Beziehungen – sowohl kultureller als auch materieller Natur – kennzeichnet die Jahre zwischen 1450 und 1800/1850 in allen sechs zur Betrachtung herangezogenen Regionen als eine mehr oder weniger kohärente Epoche.»[434] Auf diese Weise werden die unterschiedlichen Re-

433 Lieberman, *Strange Parallels*, Band 2, 896–7.

434 Lieberman, *Strange Parallels*, Band 1, 79.

gionen Eurasiens nicht nur begrifflich innerhalb eines einheitlichen Analyserahmens behandelt, sondern als Teil einer gemeinsamen Geschichte verstanden. In dieser dezidierten Wendung gegen eine europäische Sonderrolle in der Weltgeschichte besteht die größte Herausforderung und Provokation des Buches.

Der groß angelegte und in vieler Hinsicht beeindruckende Makrovergleich hat viel Bewunderung, aber auch Kritik erfahren. Dazu gehört der Vorwurf, bei dem Versuch einer nichteurozentrischen Deutung der Weltgeschichte letzten Endes doch auf ein eurozentrisches Narrativ zurückzufallen: Liebermans Untersuchung liest sich bisweilen wie der Versuch, eine Erfolgsgeschichte europäischer Staatlichkeit auch auf Asien zu übertragen. Das Ergebnis, so hat man ihm vorgeworfen, sei eine aufgewärmte Modernisierungstheorie, die schließlich überall einen modernen Nationalstaat entstehen sieht – selbst in Vietnam, «dem am wenigsten kohärenten Territorium der Welt».[435]

Die wichtigste methodische Frage bezieht sich auf den komparativen Zuschnitt des Werkes. Zwar betont Lieberman wiederholt, dass er sich auch für die Beziehungen zwischen den untersuchten Regionen interessiere. Er macht zwar den Versuch, Gemeinsamkeiten aus übergreifenden Prozessen abzuleiten: «Meine zentrale These lautet, dass in den letzten mindestens tausend Jahren große Teile Eurasiens in weitgehend vergleichbarer Weise auf koordinierte wirtschaftliche, klimatische und militärische Stimuli reagiert haben.»[436] Diese großen Hintergrundfaktoren bleiben jedoch sehr abstrakt, und Lieberman ist auch vorsichtig genug, beispielsweise aus dem Klimawandel keine zu weitreichenden Rückschlüsse auf die Dynamik der

435 Lieberman, *Strange Parallels*, Band 1, 338.

436 Lieberman, *Strange Parallels*, Band 2, 895.

Staatswerdung abzuleiten. Insgesamt wird die Dynamik der verschiedenen Regionen in erster Linie aus sich selbst heraus generiert; Liebermans Bild der Staatengeschichte beruht letzten Endes auf interner Entwicklung und Eigengesetzlichkeiten. In das Feld der gegenwärtigen Globalgeschichte – mit ihrer Privilegierung von Austausch, Beziehungen und Interaktionen – ragt dieses Werk mit seinem Beharren auf universalen Entwicklungen, die sich jedoch jeweils unabhängig voneinander realisieren, daher etwas wie ein Solitär hinein.

Erez Manela, *The Wilsonian Moment: Self-Determination and the International Origins of Anticolonial Nationalism, Oxford* (Oxford University Press) 2007.

Im Frühjahr 1919 brachen an unterschiedlichen Orten, beinahe gleichzeitig und doch scheinbar völlig unabhängig voneinander, nationalistische Aufstände aus, die sich gegen die imperiale Ordnung richteten. Am 1. März erlebte Korea die größte Erhebung gegen die japanische Kolonialherrschaft, unter der das Land seit 1910 stand. In Ägypten gingen im März Menschen aus allen Bevölkerungsschichten auf die Straße, um gegen die britische Herrschaft zu demonstrieren; die gewalttätigen Auseinandersetzungen sind als «Revolution von 1919» bekannt geworden. In Indien reagierten die Briten gewaltsam auf die zunehmenden Proteste der Nationalbewegung, kulminierend im Massaker von Amritsar am 13. April, das beinahe 400 unbewaffnete Todesopfer forderte. Und in China markierte der große Aufstand vom 4. Mai den Höhepunkt der *Neuen Kultur-Bewegung*, die sich eine an der westlichen Moderne orientierte kulturelle Erneuerung sowie eine Absage an die imperialistische Ordnung in Asien auf ihre Fahnen geschrieben hatte.

Alle vier Ereignisse sind nicht nur bekannt, sondern ikonische Momente in den jeweiligen Historiographien und Schlüsselereignisse der nationalen Erinnerungskulturen. Zu allen vier Fällen gibt es bereits eine umfassende und sogar ausufernde Geschichtsschreibung. Wenn Erez Manela, Historiker für die Geschichte internationaler Beziehungen an der Harvard-Universität, zu diesen Themen dennoch etwas Neues beitragen kann, dann deshalb, weil er sich dem Gegenstand aus einer anderen Richtung nähert. Sein Anliegen besteht darin, unter Berücksichtigung des breiteren internationalen Kontextes die Gleichzeitigkeit der Ereignisse zu erklären und mit der Transformation der internationalen Ordnung nach dem Ende des Ersten Weltkrieges in Verbindung zu bringen.

Die zentrale Verbindung, die Manela zwischen den vier unterschiedlichen Fällen sieht, hängt mit den Friedensverhandlungen in Versailles und noch spezifischer der Proklamation des Selbstbestimmungsrechts der Völker durch den amerikanischen Präsidenten Wilson zusammen. Dieses Recht, das Wilson den Bevölkerungen der vor der Auflösung stehenden Imperien der Habsburger und der Osmanen in Aussicht stellte, wurde bald von nationalistischen Eliten in der kolonisierten Welt eingeklagt. Befördert wurde die rasche Rezeption von Wilsons Slogan durch eine Pressekampagne und Propagandamaschinerie, die Wilson in einen globalen Hoffnungsträger und eine Ikone der Befreiung vom kolonialen Joch verwandelte. Als jedoch klar wurde, dass die Regelungen in Versailles den hochfliegenden Hoffnungen nicht entsprechen würden, wandelte sich die Euphorie in tiefe Enttäuschung, die dann zum Katalysator für den gewaltsamen Ausbruch nationaler Protestbewegungen geworden sei.

Manela interpretiert den kurzen Zeitraum, der durch die Resonanz auf Wilsons Programm und die anschließende Desillusionierung charakterisiert war (Januar 1918 bis Juni 1919), als einen spezifischen welthistorischen Augenblick, den «Wilsonian Moment». Der Begriff des *global moment* ist über das konkrete Beispiel hinaus einflussreich geworden, und Historiker haben seitdem gefragt, ob auch andere Ereignisse – der 11. September 2001, die Umbrüche von 1989 oder die Proteste von 1968, der «Schwarze Freitag» 1929, der japanische Sieg über Russland 1905 oder gar der Ausbruch des indonesischen Vulkans Krakatau im Jahre 1883, den Historiker zum ersten globalen Medienereignis stilisiert haben – als «globale Augenblicke» fungiert haben, die zwar ganz unterschiedlich und zum Teil widersprüchlich wahrgenommen wurden, aber eine weltweite Aufmerksamkeit erfuhren.

Das Konzept des *global moment* ist mit einer methodischen Strategie verbunden, die innerhalb der globalgeschichtlichen Literatur häufig anzutreffen ist. Die vier behandelten Fälle werden nicht lediglich verglichen und auf ähnliche Dynamiken hin befragt; Manela geht über den klassischen Vergleich hinaus. Zugleich spielen aber direkte Beziehungen zwischen Korea und Indien, China und Ägypten keine zentrale Rolle; die Arbeit unterscheidet sich insofern auch von den herkömmlichen transfergeschichtlichen Ansätzen. Stattdessen werden die Fallstudien mit einem gemeinsamen Bezugspunkt in Relation gesetzt, in diesem Fall Wilson und dem Diskurs der «Selbstbestimmung»; in anderen Studien sind es global wirksame Ereignisse oder auch übergreifende Prozesse, etwa die imperialistische Ordnung, die kapitalistische Integration von Märkten oder die geopolitischen Strukturen des Kalten Kriegs. Die Einheit des Untersuchungsgegenstandes wird also durch den globalen Kontext hergestellt, auch dann, wenn direkte Austauschbeziehungen zwischen den Einzelfällen nicht zu beobachten sind.

Manelas Buch wurde breit rezipiert und ist mehrfach ausgezeichnet worden. Zugleich ist es aber nicht unwidersprochen geblieben und die Kritiker sind häufig ebenso entschieden wie seine Anhänger. Dem Buch wird unter anderem vorgeworfen, die Rolle Lenins zugunsten Wilsons zu vernachlässigen. Damit hänge auch eine Konzentration auf diejenigen Formen des Nationalismus zusammen, die nach staatlicher Souveränität strebten und somit zwar anti-imperialistisch auftraten, aber das liberale System der Nationalstaaten gleichwohl anerkannten; radikalere (etwa antikapitalistische) Positionen hingegen habe Manela ignoriert. Der in methodischer Hinsicht wichtigste Vorwurf lautet, in der Begeisterung über Wilsons Weltwirkung die langen, im Wesentlichen internen Traditionslinien nationaler Bewegungen zu gering zu achten. Der Untertitel des Buches, der 1919 zu einem Ursprungsmoment des antikolonialen Nationalismus macht, könnte dann als eurozentrisch erscheinen.[437]

Manela betont daher, dass die Handlungsräume und politischen Optionen, die sich durch den «Wilsonian Moment» eröffneten, zwar eine wichtige, aber keineswegs ausschließliche Rolle für die antikolonialen Widerstandsbewegungen spielten; die Formierung des nationalen Protests hatte jeweils eine längere Vorgeschichte. Die Spannung zwischen einer breiten Kontextualisierung im Raum einerseits und den internen Konfliktlagen der jeweiligen Gesellschaften andererseits wird an diesem Beispiel, und an den gegensätzlichen Reaktionen auf das Buch, sehr gut deutlich. Die neue Perspektive, die sich durch die Betonung der Gleichzeitigkeit eröffnet, bringt die Gefahr mit sich, die langfristig wirksamen Genealogien zu vernachlässigen. Beide Dimensionen, Synchronität und Kontinuität, angemessen zusammenzubringen, wird auch in Zukunft zu den wichtigsten Herausforderungen der Globalgeschichte gehören.

437 Für sein Buch erhielt Manela den Stuart L. Bernath Book Prize der Society for Historians of American Foreign Relations sowie den Akira Iriye International History Book Award. Für die Spannweite der Reaktionen vgl. die positive Besprechung von Ussama Makdisi in *Diplomatic History* 33 (2009), 133–137 sowie die kritischen Kommentare von Rebecca E. Karl im *American Historical Review* 113 (2008), 1474–1476.

John Darwin, *Der imperiale Traum. Die Globalgeschichte großer Reiche 1400–2000*, Frankfurt am Main (Campus) 2010.

John Darwins umfassende Makrogeschichte der großen Imperien in den letzten sechs Jahrhunderten ist in vieler Hinsicht ein ikonoklastisches Buch, das mit überkommenen Ansichten aufräumt. Sein Ausgangspunkt ist nicht Kolumbus oder Vasco da Gama, sondern Tamerlan (Timur der Eroberer, 1336–1405), der letzte Herrscher über das eurasische Kernland zwischen Russland, Indien und der arabischen Halbinsel. Und sein Hauptnarrativ ist nicht die Erzählung vom unaufhaltsamen Aufstieg Europas, sondern von den großen Ähnlichkeiten imperialer Expansion in Europa und Asien vor 1800. Eine welthistorische Sonderrolle Europas erkennt er erst im 19. Jahrhundert.

John Darwin, Historiker in Oxford, hat sich als einer der besten Kenner des *British Empire* sowie des Dekolonisationsprozesses einen Namen gemacht. Der «Imperiale Traum» ist jedoch mehr als eine globale Erweiterung der *imperial history*; das britische Weltreich ist nicht einmal einer der zentralen Akteure seines Buches. Vielmehr entwirft Darwin ein Panorama konkurrierender Reichsbildungen seit dem späten Mittelalter und widmet dabei den Imperien Chinas und Mogul-Indiens, Russlands und dem Osmanischen Reich ebenso viel Raum wie den maritimen Imperien Europas. Dabei erweist sich der Aufstieg Europas mindestens so sehr als das Produkt von Zufällen und günstigen Konstellationen wie genuiner Leistungen und Errungenschaften – wenn überhaupt: «Womöglich trug am Ende nicht die europäische ‹Moderne› den Sieg davon, sondern die militärische Überlegenheit der Europäer.»[438]

438 Darwin, *Der Imperiale Traum*, 40

Das Buch ist sehr gut geschrieben und liest sich wie aus einem Guss. Das hat ihm die Bewunderung einer großen Leserschaft und die Zustimmung vieler Fachkollegen eingebracht. Makrogeschichte mit so viel Eleganz und Gelehrsamkeit, auch mit so vielen überraschenden Einsichten und griffigen Zuspitzungen findet man selten. Die wichtigste These lautet dabei, dass in der Frühen Neuzeit die Expansionsbestrebungen Westeuropas keineswegs die dynamischsten imperialen Projekte hervorbrachten. Im 16. Jahrhundert war das vielmehr Akbars Mogul-Reich, neben dem Osmanischen Reich und der iranischen Safawiden-Dynastie eines der drei islamischen Großreiche. Und noch bis in die Mitte des 18. Jahrhundert standen die seegestützten europäischen Imperien in Konkurrenz zu zahlreichen anderen imperialen Großräumen: Russland expandierte nach Sibirien und in die Ukraine (Darwin vergleicht die russische Annexion der Ukraine 1709 mit dem britischen Sieg in Plassey, der Bengalen und dann den indischen Subkontinent an England fallen ließ); China eroberte unter den Qing-Kaisern große Bereiche Zentralasiens; und selbst in Südasien, wo die Mogul-Dynastie allmählich an Einfluss einbüßte, waren die europäischen Handelsvorposten nur geduldete Gäste. «Aber noch als der junge Robert Clive 1744 in Madras landete, war die Vorstellung beinahe absurd, dass eine europäische Kompanie […] eine indische Territorialmacht werden könnte.»[439]

Die frühen Kapitel, in denen Darwin ein eurasisches Gleichgewicht nachzeichnet und der eurozentrischen Deutung des «Sonderwegs Europas» mit Vehemenz entgegentritt, gehören zu den Höhepunkten des Buches. Auch die späteren Kapitel enthalten konzise Zusammenfassungen, aber sie sind stärker auf die Rolle Europas konzentriert und warten daher seltener mit Überraschungen auf. Vor allem wird nicht ganz klar, welche

439 Darwin, *Der Imperiale Traum*, 150.

Faktoren zu der europäischen Hegemonie im 19. Jahrhundert am Schluss dann beigetragen haben. Das Kapitel über die «eurasische Revolution», die Phase zwischen 1750 und etwa 1830, bleibt hier sehr vage. Einige gängige Erklärungen – technologische Neuerungen, die *military revolution* oder der *fiscal-military state* – werden kaum herangezogen, andere – insbesondere die Industrialisierung – werden abgelehnt. Stattdessen bemüht Darwin auch kulturelle Faktoren, wobei allerdings die Standard-Unterscheidung von europäischer Aufklärung und intellektueller Stagnation andernorts bisweilen durchscheint. Daneben ist sehr allgemein von geopolitischen Verschiebungen die Rede – die ja gerade erklärt werden müssten. Aber selbst im 19. Jahrhundert war europäische Kolonialherrschaft noch limitiert, wie Darwin sehr plausibel zeigen kann; bis 1880 waren die meisten Staaten noch gut in der Lage, sich gegen westliche Übergriffe zu wehren. Er schildert das 19. Jahrhundert als «Wettrennen mit der Zeit», in dem viele Gesellschaften versuchten, sich durch «Selbststärkung» gegen eine Kolonisierung zu immunisieren; mal mit weniger Erfolg (Ägypten), mal mit mehr (Japan).

John Darwins Buch ist auf positives Echo gestoßen und in vielen Überblicksseminaren gehört es mittlerweile zur Standardlektüre. Aber es hat auch Kritiker auf den Plan gerufen, die vor scharfen Urteilen nicht zurückschrecken. Ein Teil der Vorbehalte ist strukturell bedingt: So fügt Darwin zwar immer wieder Zitate aus der behandelten Epoche ein und kann auf diese Weise die zum Teil sehr abstrakten Prozesse veranschaulichen; aber wer sich für den Beitrag einzelner Akteure und Gruppen interessiert, sucht bei ihm vergeblich. Einzelne Fachvertreter haben Darwin außerdem vorgeworfen, in bestimmten Regionen nicht auf dem neuesten Stand der Forschung zu sein – ein erwartbarer Einwand von Spezialisten gegenüber einer Makroperspektive. Aber auch das übergreifende Narrativ ist zur Zielscheibe geworden: So hat Felipe Fernandez-Arnesto bemängelt, durch die Beschränkung auf Eurasien bekomme der Autor eine große Zahl von Reichsbildungen gar nicht erst in den Blick: die Azteken und Inkas, die Sioux und Cheyennes, das Reich der Fulani, Burma, Siam oder Vietnam: «Darwins Darstellung ist auf beunruhigende Weise eurozentrisch.»[440] Aber auch das Gegenteil wird behauptet: Die besondere Position Großbritanniens werde eingeebnet, und die Unterschiede zwischen Westeuropa und Ostasien politisch korrekt nivelliert.[441] Zu eurozentrisch und zugleich zu wenig – die beiden Vorwürfe simultan ausgelöst zu haben, ist nicht die geringste Leistung dieses Buches.

Jürgen Osterhammel, *Die Verwandlung der Welt. Eine Geschichte des 19. Jahrhunderts*, München (C.H. Beck) 2009.

Wann begann eigentlich das 19. Jahrhundert, und wann endete es? Diese trivial klingende Frage ist für Jürgen Osterhammel Anlass für ein originelles Einstiegskapitel, in dem bereits zentrale Probleme der «Verwandlung der Welt» aufscheinen. Sollte man sich an den kalendarischen Eckpunkten orientieren, also 1800 bis 1900? Allerdings gab es das Jahr 1800 nur in wenigen Ländern; nach muslimischer Zählung befand man sich im Jahr 1215 nach der Flucht des Propheten, in China im fünften Jahr des Kaisers Jiaqing, in Siam und anderen Ländern im Jahr 2343 der buddhistischen Ära; nicht mal Frankreich orientierte sich damals am Gregorianischen Kalender (sondern zählte das Jahr 9 der Revolution). Und wann endete das Jahrhundert? Möglicherweise erst 2006, als Harriet, die Schildkröte von

440 Felipe Fernandez-Armesto, A Review of John Darwin, *After Tamerlane: The Global History of Empire Since 1405, Britain in the World* 1 (2008), 120.

441 Vgl. beispielsweise Peer Vries, A Review of John Darwin, *After Tamerlane: The Global History of Empire Since 1405, British Scholar* 1 (2008), 111–117.

Charles Darwin, in Australien verstarb, mithin die letzte namentlich bekannte Augenzeugin des 19. Jahrhunderts? Weniger anekdotisch, wie steht es mit dem «langen» Schulbuch-Jahrhundert, also von der Französischen Revolution bis zum Ersten Weltkrieg? Diese Einteilung geht von tiefgreifenden Zäsuren aus – aber die Pariser Ereignisse von 1789 strahlten noch wenig in die Welt aus, und anders als 1945 war der Erste Weltkrieg kaum ein globaler Einschnitt. Überhaupt eignen sich die politischen Wegmarken in dieser Zeit nur bedingt für eine globalgeschichtliche Periodisierung. Wenn man an übergreifender Veränderung interessiert ist, so eine erste These von Jürgen Osterhammel, dann muss eine Phaseneinteilung komplexer und flexibler sein. Er unterscheidet daher eine globale «Sattelzeit» zwischen 1760 und 1830 von dem «eigentlichen» 19. Jahrhundert, einer viktorianischen Epoche zwischen 1830 und den 1880er Jahren; das letztgenannte «Schwellenjahrzehnt», charakterisiert unter anderem durch globale Marktintegration und Hochimperialismus, eröffnete dann das *fin de siècle*, das bis in die 1920er Jahre reichte.

Mit der «Verwandlung der Welt» hat der Konstanzer Historiker Jürgen Osterhammel, die wichtigste globalgeschichtliche Stimme in Kontinentaleuropa, ein wahres *opus magnum* vorgelegt. Osterhammel hat vorher ausführlich zur chinesischen Geschichte gearbeitet, bevor er mehrere Bücher zu Europas Außenbeziehungen vom 18. Jahrhundert bis in die Gegenwart vorgelegt hat. In ihm hat das 19. Jahrhundert nun seinen globalgeschichtlichen Biographen gefunden; Jonathan Sperber hat Osterhammel schon als den «Braudel des neunzehnten Jahrhunderts» bezeichnet.[442] Genau genommen ist es bereits die zweite Gesamtschau dieses Scharnierjahrhunderts von Weltrang, wenige Jahre nach Baylys «Geburt der modernen Welt».

442 Jonathan Sperber, *The Braudel of the Nineteenth Century,* H-German (Juni 2010), http://www.h-net.org/reviews/showrev.php?id=29916. (Zugriff: 5. November 2012).

Wenn man beide Bände nebeneinander legt, werden die jeweiligen Besonderheiten rasch deutlich.

Dabei weisen Baylys und Osterhammels Ansätze durchaus einige Gemeinsamkeiten auf. Ihre Deutung der Welt beruht jeweils auf einer genauen Kenntnis der Geschichte asiatischer Gesellschaften, und sie räumen nicht-westlichen Akteuren daher eine wichtige Rolle ein. Beide schreiben ihre Geschichte vom 18. Jahrhundert her, nicht lediglich aus der Perspektive der bereits globalisierten Welt um 1900. Auf diese Weise kommen Gruppen und Institutionen zu ihrem Recht, die sich in eine simple Teleologie der immer größeren Vernetzung nicht recht fügen wollen – beispielsweise nomadische Gruppen und die Bauern; Osterhammel erinnert zu Recht daran, dass während des 19. Jahrhunderts überall die Landwirtschaft der größte Sektor blieb.

Aber es gibt auch Unterschiede. Osterhammel sieht sich selbst «vielleicht etwas ‹eurozentrischer› eingestellt» und räumt Europa eine zentralere Rolle bei der Herausbildung einer globalen Welt ein als Bayly das tut.[443] Außerdem hat die «Verwandlung der Welt» den vielfachen Umfang von Baylys Synthese, und das nicht ohne Grund. Während Baylys Buch sich zwar keiner Meistererzählung unterwirft, aber doch an analytischen Fragestellungen und dem Problem der Modernisierung orientiert ist, sperrt sich Osterhammel bewusst gegen eine übergreifende und vereinheitlichende These, die das Buch durchzieht und ordnet. Sein Buch ist eher wie ein Atoll aufgebaut, bei dem in detaillierter Grundlagenarbeit immer weitere Schichten ringförmig übereinander gelagert sind; Osterhammel selbst spricht von «konsekutiver Umkreisung».[444] Das behandelte Themenspektrum ist daher noch breiter. Vor allem aber werden einzelne

443 Osterhammel, *Verwandlung*, 16.

444 Osterhammel, *Verwandlung*, 19; die Atoll-Metapher verdanke ich Christopher Clark in Cambridge.

Aspekte umfassender vorgestellt, systematischer und mit mehr geographischer Variation; viele Kapitel haben die Länge von kleinen Büchern. Dieser Umfang ist jedoch nicht nur einer Vorliebe für Ausführlichkeit geschuldet – wie man sie manchmal mit der deutschen Wissenschaftstradition assoziiert, und natürlich mit der Gelehrsamkeit der behandelten Epoche selbst. Vielmehr macht diese Darstellungsweise deutlich, dass man das 19. Jahrhundert, zumal aus globalgeschichtlicher Sicht, nicht über einen Kamm scheren kann. Man kann das kritisieren und sich eine stärker interpretatorisch durchgreifende Hand des Verfassers wünschen. Aber Osterhammel beharrt darauf, dass sich einzelne Wirklichkeitsbereiche nicht einem globalen Takt fügten, sondern häufig einer Eigendynamik folgten. «Jeder Teilbereich hat seine eigene Zeitstruktur: einen besonderen Beginn, ein besonderes Ende, spezifische Tempi, Rhythmen, Binnenperiodisierungen.»[445] Das heißt auch, dass regionale Besonderheiten weiterhin eine tragende Rolle spielten, aller Vernetzungs- und Homogenisierungseuphorie zum Trotz.

Die «Verwandlung der Welt» ist von einer skeptisch-ironischen Grundhaltung geprägt, und Osterhammel zeigt auf sehr unterhaltsame Weise und mit vielen überraschenden Volten, dass einige liebgewonnene Gewissheiten in ihrer Verallgemeinerung nicht zutreffen. Zu den dekonstruierten Legenden gehört die Vorstellung vom 19. Jahrhundert als Epoche des Aufstiegs des Bürgertums, des Nationalstaats, der Industrialisierung, der demographischen Explosion. Besonderes Augenmerk legt der Autor auf die ökonomische Entwicklung (wobei die Bedeutung des Handels gegenüber der Industrialisierung stark betont wird), auf die Migration, der ein brillantes Kapitel gewidmet ist, oder auch auf die Frage nach sozialer Ungleichheit, die in verschiedenen Abschnitten zur Sprache kommt. Man ist

445 Osterhammel, *Verwandlung*, 19.

angesichts seines einschüchternden Umfangs und der häufig abstrakten Sprache erstaunt, wie gut sich das Buch liest. Es bietet immer wieder wunderbare Vignetten und überraschende Einzelheiten und Zusammenhänge und wird auf absehbare Zeit eine der beiden autoritativen Darstellungen der Zeit bleiben, in der sich die Welt als global zu begreifen lernte.

DANKSAGUNG

Diese Einführung hat sehr von den vielen Diskussionen und kritischen Auseinandersetzungen in meinen Seminaren zu globalgeschichtlichen Fragen und Themen profitiert. Mein Dank gilt daher den Studierenden an der Freien Universität Berlin und am European University Institute in Florenz, die durch aufgeschlossenes Interesse und kritische Nachfragen dazu beigetragen haben, die Chancen und Grenzen globalgeschichtlicher Ansätze auszuloten. Das Buch ist auch das Ergebnis des langjährigen und intensiven Austauschs mit einer großen Zahl von Historikerinnen und Historikern in der ganzen Welt, von denen sich viele nicht unmittelbar als Globalhistoriker verstehen würden. Ein besonderer Dank geht an alle, die einzelne Kapitel oder größere Abschnitte gegengelesen haben und mich mit Hinweisen und Kritik vor einigen (sicher nicht allen) Unklarheiten und Fehldeutungen bewahrt haben: Andreas Eckert, Harald Fischer-Tiné, Christoph Kalter, Kiran Patel, Glenn Penny, Dominic Sachsenmaier und Ulrike Schaper. Yannick Bauer, Anna Clart, Julius Redzinski, Stefanie Senger und Matthias Thaden haben viel zur Recherche, zur Textgestalt und Vermeidung von Fehlern beigetragen. Sebastian Ullrich im C. H. Beck Verlag hat das Manuskript gewohnt wohlwollend begleitet. Mein Dank geht auch an den Academy of Korean Studies Grant funded by the Korean Government (MEST) (AKS-2013-DZZ-3103).

BASISLITERATUR GLOBALGESCHICHTE

Einführungswerke, Methode und Theorie

AHR Conversation: On Transnational History, *American Historical Review* 111 (2006), 1440–1464.

Bentley, Jerry H. (Hg), *The Oxford Handbook of World History*, Oxford (Oxford University Press) 2011.

Budde, Gunilla, Sebastian Conrad und Oliver Janz (Hg), *Transnationale Geschichte. Themen, Tendenzen und Theorien*, Göttingen (Vandenhoeck & Ruprecht) 2006.

Chakrabarty, Dipesh, *Provincializing Europe: Postcolonial Thought and Historical Difference*, Princeton (Princeton University Press) 2000.

Conrad, Sebastian, Andreas Eckert und Ulrike Freitag (Hg), *Globalgeschichte. Theorien, Ansätze, Themen*, Frankfurt am Main (Campus) 2007.

Crossley, Pamela Kyle, *What is Global History?*, Cambridge (Polity Press) 2008.

Dirlik, Arif, *Global Modernity: Modernity in the Age of Global Capitalism*, Boulder, CO. (Paradigm Press) 2007.

Grandner, Margarete, Dietmar Rothermund und Wolfgang Schwentker (Hg), *Globalisierung und Globalgeschichte*, Wien (Mandelbaum) 2005.

Hopkins, Anthony G. (Hg), *Globalization in World History*, London (Pimlico) 2002.

Knöbl, Wolfgang, *Die Kontingenz der Moderne. Wege in Europa, Asien und Amerika*, Frankfurt am Main (Campus) 2007.

Komlosy, Andrea, *Globalgeschichte. Methoden und Theorien*, Wien (Böhlau) 2011.

Manning, Patrick, *Navigating World History: Historians Create a Global Past*, New York (Palgrave Macmillan) 2003.

Mazlish, Bruce, *New Global History*, London (Routledge) 2006.

Pernau, Margrit, *Transnationale Geschichte*, Göttingen (Vandenhoeck & Ruprecht) 2011.

Sachsenmaier, Dominic, *Global Perspectives on Global History: Theories and Approaches in a Connected World*, Cambridge (Cambridge University Press) 2011.

Saunier, Pierre-Yves und Akira Iriye (Hg), *The Palgrave Dictionary of Transnational History: From the Mid-19th Century to the Present Day*, Basingstoke (Palgrave Macmillan) 2009.

Stuchtey, Benedikt und Eckhardt Fuchs (Hg), *Writing World History, 1800–2000*, Oxford (Oxford University Press) 2003.

Globalgeschichtliche Synthesen und Überblickswerke

Arrighi, Giovanni, *The Long Twentieth Century: Money, Power, and the Origins of Our Times*, London (Verso) 1994.

Bayly, C. A., *Imperial Meridian: The British Empire and the World 1780–1830*, Harlow (Longman) 1989.

Bayly, C. A., *Die Geburt der modernen Welt. Eine Globalgeschichte 1780–1914*, Frankfurt am Main (Campus) 2006.

Burbank, Jane und Frederick Cooper, *Empires in World History: Power and the Politics of Difference*, Princeton (Princeton University Press) 2010.

Christian, David, *Maps of Time: An Introduction to Big History*, Berkeley (University of California Press) 2004.

Crosby, Alfred W., *The Columbian Exchange: Biological and Cultural Consequences of 1492*, Westport CT. (Praeger Publishers) 2003.

Darwin, John, *Der imperiale Traum. Die Globalgeschichte großer Reiche 1400–2000*, Frankfurt am Main (Campus) 2010.

Diamond, Jared, *Arm und Reich. Die Schicksale menschlicher Gesellschaften*, Frankfurt am Main (S. Fischer) 1998.

Feldbauer, Peter, Bernd Hausberger und Jean-Paul Lehners (Hg), *Globalgeschichte. Die Welt 1000–2000*, 8 Bände, Wien (Mandelbaum) 2009–2011.

Fisch, Jörg, Wilfried Nippel und Wolfgang Schwentker (Hg), *Fischer Weltgeschichte,* 21 Bände, Frankfurt am Main (Fischer) seit 2012.

Ferguson, Niall, *Civilisation: The West and the Rest, London* (Allen Lane) 2011.

Frank, Andre Gunder, *ReOrient: Global Economy in the Asian Age*, Berkeley (University of California Press) 1998.

Grove, Richard H., *Green Imperialism: Colonial Expansion, Tropical Island Edens and the Origins of Environmentalism, 1600–1860*, Cambridge (Cambridge University Press) 1995.

Headley, John M., *The Europeanization of the World: On the Origins of Human Rights and Democracy*, Princeton (Princeton University Press) 2008.

Headrick, Daniel R., *Power Over Peoples: Technology, Environments, and Western Imperialism, 1400 to the Present,* Princeton (Princeton University Press) 2009.

Hoerder, Dirk, *Cultures in Contact: World Migrations in the Second Millennium*, Durham, NC. (Duke University Press) 2002.

Iriye, Akira und Jürgen Osterhammel (Hg), *Geschichte der Welt*, 6 Bände, München (C. H. Beck) seit 2012.

Lieberman, Victor B., *Strange Parallels: Southeast Asia in Global Context. c. 800–1830*, 2 Bände, Cambridge (Cambridge University Press) 2003–2009.

Linebaugh, Peter und Marcus Rediker, *The Many-Headed Hydra: The Hidden History of the Revolutionary Atlantic*, Boston (Beacon Press) 2001.

Marks, Robert B., *Die Ursprünge der modernen Welt. Eine globale Weltgeschichte*, Darmstadt (Wissenschaftliche Buchgesellschaft) 2006.

McNeill, John R., *Blue Planet. Die Geschichte der Umwelt im 20. Jahrhundert*, Frankfurt am Main (Campus) 2003.

McNeill, John R., *Mosquito Empires: Ecology and War in the Greater Caribbean, 1620–1914*, Cambridge (Cambridge University Press) 2010.
McNeill, William H. und John R. McNeill, *The Human Web: A Bird's-Eye View of World History*, New York (Norton) 2003.
Morris, Ian, *Wer regiert die Welt? Warum Zivilisationen herrschen oder beherrscht werden*, Frankfurt am Main (Campus) 2011.
Ogborn, Miles (Hg), *Global Lives: Britain and the World 1550–1800*, Cambridge (Cambridge University Press) 2008.
O'Rourke, Kevin H. und Jeffrey G. Williamson, *Globalization and History: The Evolution of a Nineteenth-Century Atlantic Economy*, Cambridge, MA. (MIT Press) 1999.
Osterhammel, Jürgen, *Die Verwandlung der Welt. Eine Geschichte des 19. Jahrhunderts*, München (C. H. Beck) 2009.
Osterhammel, Jürgen und Niels P. Petersson, *Geschichte der Globalisierung. Dimensionen, Prozesse, Epochen*, München (C. H. Beck) 2003.
Pagden, Anthony, *Worlds at War: The 2,500-Year Struggle Between East and West*, Oxford (Oxford University Press) 2008.
Parthasarathi, Prasannan, *Why Europe Grew Rich and Asia Did Not: Global Economic Divergence, 1600–1850*, Cambridge (Cambridge University Press) 2011.
Radkau, Joachim, *Natur und Macht. Eine Weltgeschichte der Umwelt*, München (C. H. Beck) 2000.
Richards, John F., *The Unending Frontier: An Environmental History of the Early Modern World*, Berkeley (University of California Press) 2003.
Wallerstein, Immanuel, *Das moderne Weltsystem*, 4 Bände, Wien (Promedia Verlag) 1986–2012.

Globalgeschichtliche Fallstudien

Abu-Lughod, Janet, *Before European Hegemony: The World System A. D. 1250–1350*, Oxford (Oxford University Press) 1989.
Armitage, David und Sanjay Subrahmanyam (Hg), *The Age of Revolutions in Global Context, c. 1760–1840*, New York (Palgrave McMillan) 2009.
Aydin, Cemil, *The Politics of Anti-Westernism in Asia: Visions of World Order in Pan-Islamic and Pan-Asian Thought (1882–1945)*, New York (Columbia University Press) 2007.
Belich, James, *Replenishing the Earth: The Settler Revolution and the Rise of the Anglo-World, 1783–1939*, Oxford (Oxford University Press) 2009.
Bender, Thomas (Hg), *Rethinking American History in a Global Age*, Berkeley (University of California Press) 2002.
Bender, Thomas, *A Nation among Nations: America's Place in World History*, New York (Hill and Wang) 2006.
Conrad, Sebastian, *Globalisierung und Nation im Deutschen Kaiserreich*, München (C. H. Beck) 2006.

Conrad, Sebastian und Dominic Sachsenmeier (Hg), *Competing Visions of World Order: Global Moments and Movements, 1880s-1930s*, New York (Palgrave Macmillan) 2007.

Drayton, Richard, *Nature's Government: Science, British Imperialism and the Improvement of the World*, New Haven, CO. (Yale University Press) 2000.

Goswami, Manu, *Producing India: From Colonial Economy to National Space*, Chicago (University of Chicago Press) 2004.

Gruzinski, Serge, *Les quatre parties du monde: Histoire d'une mondialisation*, Paris (Seuil) 2006.

Ferguson, Niall, Charles Maier, Daniel Sargent und Erez Manela (Hg), *The Shock of the Global: The 1970s in Perspective*, Cambridge, MA. (Harvard University Press) 2010.

Hamashita, Takeshi, *China, East Asia and the Global Economy: Regional and Historical Perspectives*, hg. von Linda Grove und Mark Selden, New York (Routledge) 2008.

Hill, Christopher L., *National History and the World of Nations: Writing Japan, France, the United States, 1870–1900*, Durham, NC. (Duke University Press) 2008.

Hopkins, Anthony G. (Hg), *Global History: Interactions between the Universal and the Local*, New York (Palgrave) 2006.

Inikori, Joseph, *Africans and the Industrial Revolution in England: A Study in International Trade and Economic Development*, Cambridge (Cambridge University Press) 2002.

Karl, Rebecca E., *Staging the World: Chinese Nationalism at the Turn of the Twentieth Century*, Durham, NC. (Duke University Press) 2002.

Lake, Marilyn und Henry Reynolds, *Drawing the Global Colour Line: White Men's Countries and the International Challenge of Racial Equality*, Cambridge (Cambridge University Press) 2008.

Magee, Gary und Andrew Thompson, *Empire and Globalisation: Networks of People, Goods and Capital in the British World, c.1850–1914*, Cambridge (Cambridge University Press) 2010.

Manela, Erez, *The Wilsonian Moment: Self-Determination and the International Origins of Anticolonial Nationalism*, Oxford (Oxford University Press) 2007.

McKeown, Adam, *Melancholy Order: Asian Migration and the Globalization of Borders*, New York (Columbia University Press) 2008.

Moyne, Sam, *The Last Utopia: Human Rights in History*, Cambridge, MA. (Harvard University Press) 2010.

Pomeranz, Kenneth, *The Great Divergence: China, Europe, and the Making of the Modern World Economy*, Princeton, NJ. (Princeton University Press) 2000.

Sartori, Andrew, *Bengal in Global Concept History: Culturalism in the Age of Capital*, Chicago (Chicago University Press) 2008.

Sohrabi, Nader, Global Waves, Local Actors: What the Young Turks Knew about Other Revolutions and why it Mattered, *Comparative Studies in Society and History* 44, (2002), 45–79.

The Modern Girl Around the World Research Group, *The Modern Girl Around the World: Consumption, Modernity, and Globalization*, Durham, NC. (Duke University Press) 2008.

Van der Linden, Marcel, *Workers of the World: Essays Toward a Global Labor History*, Leiden (Brill) 2008.

Vries, Peer, *Via Peking back to Manchester: Britain, the Industrial Revolution, and China*, Leiden (Brill) 2003.

Westad, Odd Arne, *The Global Cold War: Third World Interventions and the Making of Our Times*, Cambridge (Cambridge University Press) 2005.

Wong, Roy Bin, *China Transformed: Historical Change and the Limits of European Experience*, Ithaca, NY. (Cornell University Press) 1997.

Wright, Donald R., *The World and a Very Small Place in Africa: A History of Globalization in Niumi, the Gambia,* second Edition, Armonk, NY. (M. E. Sharpe) 2004.

Zimmerman, Andrew, *Alabama in Africa: Booker T. Washington, the German Empire, and the Globalization of the New South*, Princeton, NJ. (Princeton University Press) 2010.

REGISTER

AUS DEM VERLAGSPROGRAMM